KB116944

새우에서 고래로

새우에서 고래로

라몬 파체코 파르도 지음 박세연 옮김

세계의 눈으로 본 한국의 어제와 오늘

SHRIMP TO WHALE:
SOUTH KOREA FROM THE FORGOTTEN WAR TO K-POP
by RAMON PACHECO PARDO

한국의 독자들에게

지금 나는 한국에서 가장 좋아하는 장소 중 한 곳인, 광화문을 내려다보는 한 카페 위층에서 『새우에서 고래로』 한국어판 서문을 쓰고 있다. 이곳을 처음 찾은 때는 한국으로 유학을 왔던 2003년이었다. 당시 광화문 일대는 큰 차도와 좁은 인도의 모습이었다. 이곳은 한국인들이 최대한 빨리 일터로 이동할 수 있도록 자동차와 운전자를 위해 만들어진 거리였다.

그런데 지금은 그 모습이 많이 달라졌다. 한국인과 외국인 모두에게 이곳은 걷기와 먹거리, 혹은 공연을 즐기는 성인과 아이들이 우선인 공간이 되었다. 내 생각에, 광화문 일대는 이 나라가 최근 몇 년간 겪은 변화를 상징적으로 보여 준다. 2020년대에 한국인들은 과거 어느 때보다 그들의 삶을 공개적이고 자랑스럽게 즐기고 있으며, 바깥세상을 향해 더욱 활짝 문을 열어 놓고 있다.

그리고 세상은 한국의 이러한 변화에 화답하고 있다. 나는 지금까지 스무 해 동안 한국에 관해 조사하고 연구했다. 처음 서울에서 일을 시작하면서 이곳에 머무르는 동안, 나는 스페인 학생은 단 한 명도 만나지 못했다. 다만 한국이나 북한에 아무런 연고가 없는 몇몇 유럽 학생들만 봤을 뿐이다. 오늘날 내 고향인 마드리드에서는 유행을 좇는 10대와 20대들이 거리에 모여 좋아하는 케이팝 음악에 맞춰 함께 춤을 춘다. 한국어 수업은 모든 연령대에서 인기가 높고, 김치는 혁신을 추구하는 요리사들의 주재료가 되었다. 말할 것도 없이 삼성과 현대, LG는 누구나 아는 브랜드가 되었고, 한국이 인공 지능과 양자 컴퓨터 기술, 생명 공학 분야를 이끌어 갈 것이라는 기대가 높다. 또한 스페인은 전략적, 외교적, 안보적 차원에서 한국과 협력 관계를 맺고 있다. 한국에 대한 관심, 그리고 한국과 협력하려는 열망은 유럽을 비롯하여 모든 대륙에 걸쳐 똑같이 나타나고 있다. 이런 모습은 이제 보편적인 현상이 되었다.

　　오늘날 결코 부인할 수 없는 한국의 인기는 내가 이 책의 제목을 이렇게 정한 이유를 잘 설명해 준다. 그 이유를 묻는 독자들에게, 그리고 미래의 독자들에게 나는 이렇게 대답한다. 그 제목이 가장 먼저 떠올랐고, 글을 쓰기 시작할 때부터 내 마음 속에 자리를 잡았다고 말이다. 나는 글을 쓰기 시작했던 첫날부터 〈새우에서 고래로〉라는 표현이 한국이 걸어온 여정과 세상이 한국을 바라보는 관점을 잘 담아낸 제목이라고 확신했다. 또한 〈한국 전쟁으로부터 케이팝〉으로 나아간 변화를, 아는 사람도, 혹은 관심을 가진 사람도 거의 없는 전쟁으로부터 21세기에 떠오른 세계 최대의 문화 현상으로 나아간 그 모든 이야기를 글로 쓰기만 하면 되었다!

이 책을 쓰는 일은 내 인생 최고의 즐거움이었다. 나는 자리에 앉아 새로운 문장과 단락, 장을 써 내려가는 시간을 날마다 고대했다. 새로운 자료를 확인하고, 과거의 조사 기록을 훑어보고, 보고서와 뉴스 기사를 읽고 또 읽고, 영상을 보고 또 보고, 내게 필요한 이야기를 들려줄 한국인을 만나기를 고대했다.

가령 나만큼 서울 올림픽 개회식 영상을 많이 본 사람은 세상에 거의 없을 것이라고 장담한다. 나는 정말로 열정적으로 그 영상을 봤다. 행사 주최자들은 왜 한국의 특정한 전통을 보여 주기로 선택했던 걸까? 왜 특정한 표현을 개회사에 넣기로 선택했던 걸까? 개회식에서 다양한 장면을 연출하는 동안 올림픽 경기장을 메운 한국인들은 어떤 반응을 보였던가? 이러한 물음은 책에서 소개한 모든 내용을 조사하고 글을 써내려 가는 동안 나를 이끌어 준 지침이었다.

나는 특정한 역사적 사건이 어떻게 일어났고, 당시 사람들은 그 사건을 어떻게 인식하고 이해했는지 독자들에게 들려주고 싶었다. 혹자는 어쩌면 그건 너무 지나친 욕심이라고 말할 것이다. 하지만 그 일은 내가 누릴 수 있는 최고의 특권이었다.

이 책이 한국어판으로 번역되어 나온다니 뿌듯한 마음이

든다. 한국인들은 다른 나라 사람들이 어떻게 자신의 나라를 바라보는지 항상 궁금하게 여겼다. 나의 원래 목적은 한국인이 아니라, 이 나라의 역사에 대해 더 많이 알고 싶어 하는 외국인을 위한 책을 쓰는 것이었다. 그런데 이 책의 영어판이 나오고 나서 많은 한국인이 내게 그 책을 읽어 봤다는 이야기를 들려줬고, 한국어판으로도 나올 예정인지 물었다. 그럴 때마다 나는 한국어판이 출간되어도 좋겠다는 생각이 들었다. 우리가 우리나라를 바라보는 방식이 다른 나라 사람이 우리나라를 바라보는 방식과 항상 일치하는 것은 아니기 때문이다.

　　우리는 스스로 〈객관적인〉 관점으로 세상을 바라본다고 믿는다. 그리고 나 역시 이 책을 쓰는 내내 최대한 객관적으로 바라보려고 애썼다. 물론 절대적으로 객관적인 관점이란 존재하지 않겠지만 말이다. 나는 이 책의 한국어판을 읽게 될 독자들 역시 그렇게 생각해 주기를 바란다. 나는 내가 한국의 놀라운 역사를 정당하게 평가했기를 소망한다. 그래서 무엇보다 흥분된 마음으로 한국어판이 나오길 기다리고 있다.

　　한국어판 서문을 마무리하면서, 내가 가장 많이 받았던 질문을 소개하고자 한다. 한국이 〈변화〉해야 한다는 주장에 대해 어떻게 생각하는가? 한국이 〈발전하고〉, 그리고 〈더 나은〉 나라가 될 수 있다는 주장에 대해 어떻게 생각하는가?

　　사실 나는 이러한 질문에 대답하기를 항상 주저해 왔다.

그게 나의 몫이라고 생각하지 않았기 때문이다. 어떤 나라를 만들고 싶은지에 대한 판단은 한국인들의 몫이다. 그래도 나는 그런 질문을 받는 것을 좋아한다. 이러한 질문은 내가 한국과 한국인을 사랑하는 이유를, 또 소망하건대 절대 변하지 않을 가치를 떠올리도록 하기 때문이다. 그 가치란 자기 자신을 위해서든, 아니면 국가 전체를 위해서든 발전하고, 혁신하며 더 나은 나라가 되기 위한 도전 정신을 말한다. 물론 도전이라는 개념 속에는 부정적인 요소도 들어 있다. 그리고 이와 관련해서 누군가는 자신이 살고 있는 나라에 대해 만족하지 못할 수도 있다.

그러나 내가 보기에, 모든 것을 고려할 때 도전 정신은 긍정적인 힘이다. 그것은 한국을 활기차게 만들고, 흥분시키고, 변화하게 하는 핵심 동력이다. 그래서 내가 한 가지 조언을 해야 한다면, 한국과 한국인을 움직이게 만드는 도전 정신을 잃어버리지 말라는 것이다. 그것이야말로 한국을 진정으로 특별한 나라로 만들어 줄 힘이기 때문이다.

서울 광화문에서

2024년 3월

라몬 파체코 파르도

머리말

한국의 역사는 대단히 특별하다. 유라시아 대륙의 동쪽 구석에 자리 잡은 한국은 불과 70년의 세월 동안 분단의 아픔과 전쟁의 황폐화, 빈곤에 따른 배고픔, 빠른 경제 성장에 대한 흥분감, 민주화의 기쁨, 그리고 멋진 문화 대국으로 인정받는 환희를 모두 경험했다. 다른 나라들이 수백 년에 걸려 해냈던 것을 한국은 단 70년 만에 해냈다. 그 시대를 살았던 한국인들은 2023년인 지금까지도 해외에 제대로 알려지거나 논의되지 않은 한국의 변화를 목격했다.

그러나 한국을 벗어나면 이 나라의 역사를 잘 아는 사람은 거의 찾아볼 수 없다. 한국 전쟁? 이는 잊힌 전쟁이라는 이름이 붙었다. 제2차 세계 대전 종전과 냉전의 시작, 그리고 베트남 전쟁 사이에 벌어진 한국 전쟁은 한국 밖 외부의 시각에서는 여전히 제대로 알려지지 않은 채 남아 있다. 박정희 대통령은 어떠한가? 좋아하든 싫어하든 간에, 박정희 대통령은 분명하게도 20세기 후반에 아시아를 비롯한 그 너머 지역의 주요 인물 중 하나였다. 그럼에도 한국과 그 주변 지역을 제외하고 거의 알려지지 않았다. 다음으로 1980년대 한국의 민주화는 어떠했는가? 이는 국민이 그들의 힘을 보여 준 주목할 만한 사례였다. 그러나 남부 유럽과 남미 일부 국가가 민주화를 이룬 이후에도, 그리고 냉전이 종식되기 직전까지도 외부 세계는 구체적인 사실을 거의 알지 못했다. 또한 1990년대에 한국이 완전히 개발된 경제를 구축했다는 사실은? 물론 현대와 LG, 삼성은 이제 모두가 아는 이름이다. 그러나 한국의 경제를 돌아가게 만드는 과정에서 이들 기업과 한국 노동자의 역할은 제대로 주목받지 못했다.

사실 한국보다 북한이 해외 언론의 입에 더 자주 오르내린다. 북한은 그 권력이 할아버지에서 아들과 손자까지 이어진 역사적으로 유일한 공산주의 독재 국가다. 북한은 핵무기와 장거리 미사일 실험을 하고 있다. 또 주민들의 인권을 짓밟고 있다. 북한은 한국과 미국, 일본은 물론 그들이 적대시하는 모든 다른 나라를 끊임없이 비난한다. 그리고 때로는 파괴하겠다는 협박까지 한다. 북한은 다른 나라들이 하지 않는 방식으로 자극적인 뉴스 기삿거리를 만들어 낸다.

그러나 내게 더 흥미로운 쪽은 한국이다. 5천1백만이 넘는 인구가 한반도 남쪽에 살고 있다. 전자 제품과 자동차, 이동통신, 조선, 철강이 중심이 된 한국 경제는 아시아에서 네 번째로 크고, GDP는 세계에서 열 번째로 높다. 한국은 외교 정책및 안보 분야에서 동아시아 지역의 핵심 일원이며, 그 지역에 걸쳐 형성된 외교 관계와 더불어 미국과 수십 년에 걸쳐 강력한 동맹 관계를 유지하고 있다. 한국은 또한 세계에서 여섯 번째, 아시아에서 두 번째로 큰 음악 시장이다. 그리고 2022년을 기준으로 세계 최고의 보이 그룹과 걸 그룹인 BTS와 블랙핑크를 보유한 아시아 국가다. 나아가 한국은 세계에서 여섯 번째로 큰, 그리고 아시아에서 네 번째로 큰 영화 시장이기도 하다. 또한 비영어권 영화로서는 오스카 역사상 처음으로 최우수 작품상을 수상한 「기생충」을 만들어 낸 나라다. 〈한국인의 평균 나이〉는 43.7세이며 기대 수명은 83.2세다. 그리고 구매력 평가 지수로 조정된 소득은 4만 1천960달러이며, 한 가구에 2.2명이 살고 있다.

　　최근 세계는 한국을 주목하기 시작했다. 전 세계 수백만 명의 팬들이 케이팝과 한국 드라마, 한국 영화에 열광하고 있다. 미식가들은 이제 다양한 김치의 종류를 구분한다. 〈테크 기술〉 마니아들은 한국의 홈서비스 로봇과 평면 TV, 폴더블 스마트폰에 주목한다. 경제학자와 정책 결정자들은 한국이 어떻게 30년 만에 가난한 나라에서 부자 나라로 성장했는지 연구한다. 정치학자들은 한국이 어떻게 30년 만에 세계 기준에 부합하는 강력한 민주주의 사회를 구축했는지 논의한다. 의료 전문가들은 어떻게 한국이 코로나 국면에서 세계 최고의 대처 능력을 보여 줬는지 궁금해한다. 한국이 월드컵을 공동 주최했던 이듬해인 2003년에 한국을 찾은 관광객 수는 5백만 명이 되지 않았다. 그러나 코로나가 세계를 강타하기 이전인 2019년에 한국을 방문한 관광객 수는 1천750만 명을 넘었다.

내가 한국을 처음 찾은 때는 2003년이었다. 나는 관광객이 아니라 학생으로서 공부하기 위해 그 나라에 갔다. 인천 국제공항에 내려 여권 심사를 받고, 수하물을 찾아 버스를 타고, 앞으로 살게 될 이문동으로 향했던 기억이 난다. 영종도를 떠나 내륙으로 접어드는 버스의 차창 밖을 바라보며, 나는 한반도 서쪽으로 뻗어 있는 바다의 아름다움에 감탄했다. 때는 7월 말의 무덥고 습한 날이었다. 나는 내가 살게 될 새집을 보고 싶어 참을 수 없었다.

버스는 마침내 서울에 도착했다. 곧 나는 충격을 받았다. 그곳은 화려하고 생기가 넘쳤으며 흥분으로 가득했다. 거리는 사람으로 넘쳐 났다. 에너지가 흘러넘쳤다. 그 순간 내가 태어나고 자랐던 스페인이 떠올랐다. 실제로 한국인들은 자신의 나라를 〈아시아의 이탈리아〉라고 생각한다. 두 나라 사람들 모두 반도에서 살아간다. 그들은 노래하고 춤추기를 좋아한다. 먹고 마시는 것을 좋아한다. 아니 사랑한다. 또한 열정적이다. 가족과 친구는 한국인에게 모든 것이다. 그들은 스페인과 이탈리아가 서로 비슷하다고 말한다. 내 생각에, 한국과 스페인 역시 비슷하다. 두 나라 모두, 동족 간 가슴 아픈 전쟁을 치렀고, 경제 개발 시기에 독재 정권을 겪었으며, 이후 민주화된 사회로, 그리고 부유한 나라로 성장했다. 실제로 내가 처음으로 한국에서의 삶을 경험해 보고 싶은 마음이 들었던 것도 두 역사 사이의 이러한 유사성 때문이었다.

이후로 나는 한국과 사랑에 빠졌다. 부산과 대전, DMZ, 경주, 인천, 설악산. 그 모든 곳은 저마다 고유한 역사를 간직하고 있었다. 내 눈에는 그곳들 모두 독특한 방식으로 아름다웠다. 그리고 비빔밥과 짜장면, 김치찌개, 삼겹살, 순두부찌개, 떡볶이. 이 모든 식사에는 반찬이 곁들여졌다. 식당마다 조금씩 다르게 조리된 음식들은 놀랍게도 맛있었다. 다음으로 〈사람들 이야기〉를 빼놓을 수 없다. 결국 이 나라를 만든 것은 바로 한국 사람들이었다. 이러한 점에서 한국은 축복받은 나라다.

한국에서 처음으로 살기 시작한 이후로, 나는 운 좋게도 한국에서 일하고, 한국에 대해 생각하고, 그 안에서 삶의 많은 시간을 보낼 수 있었다. 그 이후 두 번째로 한국에서 살 기회가 생겼다. 이번에는 박사 과정 학생 신분이었다. 또한 역시 운 좋게도 종종 한 번에 몇 주일 동안 한국을 돌아다닐 수 있었다. 강의를 하든, 콘퍼런스에 참석하든, 아니면 단지 휴가를 즐기든 간에 사람들을 공항으로 실어 나르는 버스를 볼 때마다 내 심장은 뛰었다. 게다가 다행스럽게도 이곳에서 일자리를 잡을 수 있었다. 덕분에 나는 한국에서 연구하고, 가르치고, 토론하고, 그리고 한국에 관한 다양한 행사를 조직할 수 있었다. 지금 나는 경복궁에서 도보로 10분 거리에 있는 한옥에서 이 책의 마무리 작업을 하고 있다. 나의 꿈은 그렇게 이뤄졌다.

이제 이 책이 나올 수 있도록 힘써 준 사람들에게 감사드려야 할 일만 남았다. 허스트 출판사의 마이클 드와이어는 내가 그에게 제안한 순간부터 이 프로젝트를 맡아 주었다. 역시 허스트에 있는 라라 와이스와일러-우, 앨리스 클라크, 캐슬린 메이, 메이 제인 예우는 편집 과정 내내 값진 조언과 도움을 주었다. 강나경은 소중한 연구 지원을 해주었다. 그들 모두 이 책을 더 좋은 작품으로 가꿔 주었다. 익명의 두 검토자 역시 원고에 대해 귀중한 조언을 해주었다. 그래도 실수가 남았다면 그건 내 몫이다. 오랜 시간에 걸쳐 수많은 친구와 동료, 지인, 그리고 한국 내, 외부의 학생들은 내가 이 나라를 더 잘 이해하도록 도와주었다. 언급해야 할 이름은 너무도 많다. 하지만 나는 그들 역시 내가 감사해하는 사람이라는 사실을 잘 알 것으로 생각한다. 다음으로 우리 부모님인 라몬과 마리아 루이사, 그리고 내 누이인 마리사에게도 고마움을 전하고 싶다. 내가 처음으로 한국에서 1년을 보내고 싶다는 생각을 꺼냈을 때, 그들은 내 계획을 지지해 주었다. 아마도 그들이 한국을 방문했을 때 내가 이 나라를 소개해 줄 수 있으리라 기대했기 때문일 것이다. 마지막으로, 내 등불이 되어 준 아내 미나와 딸 한나의 격려와 사랑이 없었다면 이 책을 끝내지 못했을 것이다. 이 책을 쓰느라 보낸 수많은 밤들에 대해 미안하게 생각한다. 두 사람이 버텨 줬기에 이 책이 나올 수 있었다. 그들 모두 이 책을 재미있게 읽었으면 좋겠다. 독자들 역시 그랬으면 좋겠다. 내가 사랑하는 나라에 관한 글을 쓰는 일은 내게 정말로 큰 즐거움이었다.

런던과 서울에서
2023년 5월
라몬 파체코 파르도

차례

프롤로그
한국 역사의 개괄

한국의 탄생

곰이 한국을 낳았다. 적어도 전설은 그렇게 전한다. 때는 기원전, 환인(하늘의 신)이 아들을 낳았다. 그의 이름은 환웅이었다. 그러나 환웅은 천국에서 살기를 거부했다. 그는 땅에 자신의 왕국을 짓고 푸른 계곡과 갈색 산과 더불어 살고자 했다. 그의 아버지는 환웅의 청을 허락했고 환웅과 3천 명의 신하들이 그렇게 한반도로 내려왔다. 그들은 거기서 반도의 첫 문명을 개척했다. 환웅의 왕국을 흠모했던 곰과 호랑이는 인간이 되기를 기도했다. 그 기도를 들은 환웅은 그들에게 과제를 냈다. 그는 스무 쪽의 마늘과 한 다발의 쑥만 먹고 동굴에서 100일 동안 지내면 인간으로 태어나게 해주겠다고 약속했다. 호랑이는 실패했지만 곰은 끝내 성공했고 여자로 다시 태어났다. 그리고 웅녀(곰-여인)가 되었다.[1]

웅녀는 어느덧 슬픔에 잠겼다. 그녀는 아이를 갖게 해달라고 빌기 시작했다. 그 기도에 감복한 환웅은 스스로 인간이 되어 그녀와 결혼했다. 그리고 9개월 후 아들이 태어났다. 그의 이름은 단군왕검, 혹은 단군이라고 했다.[2] 기원전 2333년,

단군은 고조선을 세웠다. 원래 이름은 조선이었지만, 500년간 한반도를 통치한 조선 왕조와 구분하기 위해 그 이름은 고조선(옛 조선)으로 바뀌었다. 고조선은 〈고요한 아침의 나라〉(지금도 한국은 여전히 그 이름으로 알려져 있다)[3]가 되었다. 이 이야기는 한국의 토착 샤머니즘에서 비롯된 전설이기는 하지만, 기원전 20만 년경에 인간이 한반도에 살았으며, 또한 현대 인류가 3~4만 년 전에 그곳에 모습을 드러냈다는 인류학적인 증거가 있다.[4] 실제로 수천 년이 흐른 지금도 한국과 북한은 10월 3일을 개천절(건국일)로 지정해서 기원전 2333년 나라를 세운 그날을 기념하고 있다.

수 세기에 걸쳐서 여러 원형 국가가 랴오허강을 따라 한반도와 중국 북동부를 아우르는 지역을 중심으로 생겨났다. 중국 문헌을 보면, 기원전 7세기 한반도 북단 및 중국 북동부 지역에 자리 잡은 이러한 여러 원형 국가들이 고조선 아래에서 연합을 형성했다는 증거를 확인할 수 있다. 이 연합은 기원전 108년에 중국 한 왕조에 패배하면서 해체되었다.[5] 이후로 혼란의 시기가 찾아왔다. 한나라 정복자들은 그 지역을 평화롭게 통치하거나 통합된 국가를 형성하지 못했다. 이후 등장한 여러 부족 국가들이 무너진 고조선의 여러 영토를 차지하면서 세력 확장을 위해 경쟁을 벌였다.

기원전 57년을 시작으로 이들 국가는 서로 다른 세 왕국으로 통합되었다. 그렇게 시작된 삼국 시대는 고구려, 신라, 백제를 중심으로 668년까지 이어졌다. 고구려의 기원은 기원전 37년으로 거슬러 올라간다. 전성기 시절의 고구려는 한반도는 물론, 만주 지방의 대부분, 그리고 오늘날 극동 러시아 지역 일부까지 지배했다. 한편으로 기원전 57년에 세워진 신라는 한반도의 남쪽 중 주로 동쪽 절반을 차지했다. 반면 기원전 18년에 생겨난 백제는 남쪽 절반 중 주로 서쪽을 통치했다. 남쪽 지방에는 가야도 있었다. 이들은 일종의 도시 국가 연합으로서 신라에 의해 멸망할 때까지 42~562년에 걸쳐 존속했다.[6]

　삼국은 서로 전쟁을 벌이면서도 새로운 국가로서 모습을 드러내는 여러 가지 공통된 특성을 공유했다. 여기에는 중앙 집중화된 군사력이 포함되는데, 이는 영토를 확장하기 위한 전쟁의 핵심 근간이었다. 게다가 세 나라는 학문적, 군사적 기술에 집중한 체계적인 교육 시스템도 갖췄다. 삼국은 공통으로 귀족 정치가 뒷받침하는 강력한 세습 군주제를 유지했다. 또한 그들은 대단히 세련된 문화를 발전시켰는데, 여기에는 그들의 유산을 보존하고 국가의 힘을 과시하기 위한 수단으로서 역사를 편찬하는 사업이 포함되었다.[7] 이후 중국이 내전으로 분열되면서, 삼국은 정치적, 경제적, 문화적으로 발전을 도모하기 위한 시간과 공간을 확보하게 되었다.

　신라는 7세기에 삼국 간의 전쟁에서 승리를 거뒀다. 당나라와 연합한 신라는 660년에 백제를 무너뜨렸고 668년에 고구려를 함락했다. 이는 한반도 영토 대부분이 통일된 국가의 통치하에 들어가게 된 첫 번째 시기였으며, 한국사에서 중요한 전환점이었다. 한반도 대부분 지역의 통일을 향해 가는 과정은 고구려가 5세기부터 그 이름을 고려[8]로 단순화했다는 점에서 또한 중요했다. 〈코리아〉는 바로 고려에서 비롯된 이름이다. 간단하게 말해서 바로 이 시기에 걸쳐 오늘날 한국의 기반이 형성되었다.

그렇게 남북국 시대가 시작되었다. 남쪽에서는 후(통일)신라 시대가 668년에서 935년까지 이어졌다. 신라 왕조는 오늘날 대한민국을 구성하는 지역부터 평양의 남쪽에 이르는 지역까지 통치했다. 신라의 통치자들은 200년 넘게 비교적 평화롭고 번성하는 시절을 이끌었다. 통일 신라는 왕과 강력한 군사, 그리고 잘 훈련된 관료제에 힘을 집중시켰다. 삼국 시대에 등장하기 시작한 귀족층은 삼국 전쟁이 끝나면서 부유하게 성장했다. 당시 남성과 여성은 비교적 평등했고, 여러 여왕이 그 왕국을 통치했다. 나아가 통일 신라는 중국 및 일본과의 무역을 확대했다. 특히 중국은 통일 신라에 강한 영향을 미쳤다. 많은 귀족은 유교 사상을 심화하기 위해 중국을 여행했고, 이후 유교는 엘리트 집단 사이에서 무속 신앙을 대체하고 주류 믿음 체계로 성장했다. 또한 귀족들은 다분히 제한적인 사회적 유동성으로 이익을 얻었다. 농부는 부유한 계층으로 합류할 수 있다고 기대하지 못했다. 출신이 곧 개인의 미래를 결정했던 것이다.[9]

통일 신라는 근대 한국 문화의 출발점이었다. 특히 수도 경주는 문화 중심지가 되었다. 경주는 지금까지도 한국에서 가장 아름다운 도시 중 하나로 손꼽힌다(내 생각에, 겨울에 눈이 내릴 때가 가장 아름답다). 통일 신라는 불교와 유교에 영향을 받아 독창적인 양식을 발전시켜 나갔다. 월지(옛 안압지)는 674년에 조성되었다. 불국사는 751~774년에 재건되었다. 성덕 대왕 신종은 771년에 주조됐다.[10] 이들 모두 왕실에 어울리는 웅장한 건축물이었으며, 현재 국보로 지정되어 있다. 751년경에는 세계 최고 목조 인쇄본인 무구 정광 대다라니경이 만들어졌다.[11] 인쇄술은 통일 신라 시대에 번성했고 중국과 일본에 많은 영향을 미쳤다.

북쪽에서는 698년에 고구려 유민들이 발해를 세웠다. 발해는 926년까지 고구려의 이전 영토에 해당하는 많은 부분을 통치했다. 이는 한반도 북부에서 만주와 오늘날 극동 러시아 지역에 이르는 지역을 포함한다. 다시 말해 발해는 고구려를 계승한 국가로 볼 수 있다. 발해의 통치자들은 그러한 생각을 분명히 갖고 있었고, 외교 문서에서 고려라는 명칭을 사용했다.[12] 중국 당나라 옆에 위치한 발해는 이웃 나라들과 활발하게 무역을 했다. 통일 신라와 마찬가지로 왕과 귀족이 다스리는 사회였다. 그러나 통일 신라와는 달리 발해는 내부적인 분열을 겪었다. 분열은 새롭게 유입된 고구려 유민과 제2 시민으로 취급받았던 말갈족 사이에서 뚜렷하게 드러났다. 이러한 국가적 분열은 발해가 멸망하는 중요한 이유로 작용했다.[13]

통일 신라에서도 평화는 끝내 무너지고 말았다. 내부 갈등이 고조되는 가운데 백제와 고구려가 통일 신라로부터 다시 갈라져 나왔다. 후백제는 892년에 모습을 드러냈고 (태봉으로도 불렸던) 후고구려도 901년에 그 뒤를 따랐다.[14] 그렇게 후삼국 시대가 시작되었다. 이들 세 국가의 왕들은 한반도의 통제권을 놓고 싸움을 벌였다. 다른 한편으로, 발해는 유목 민족 거란이 세운 요나라에 의해 멸망했다.[15]

918년 왕건은 후고구려를 대체해서 고려를 세웠다. 태조로 알려진 왕건은 그 기원이 고구려로 거슬러 올라가는 상인 가문에서 태어났다. 뛰어난 군사 지도자인 그는 기존 왕에 반대하는 고위 장성들의 힘을 업고 왕으로 추대되었다. 왕좌에 오른 그는 한반도 중심부에 위치한 개경(오늘날 개성)을 고려의 수도로 삼았다. 왕건은 발해 유민들이 포함된 고려의 군사를 이끌고 936년 후백제와 신라에 승리를 거뒀다. 한반도는 한 명의 통치자에 의해 통합되었다. 또한 고려는 북쪽으로 세력을 확장하면서 발해의 옛 영토 중 일부를 차지했다. 이러한

점에서 우리는 왕건의 칭호인 태조가 〈위대한 건국자〉라는 의미임을 이해할 수 있다.[16]

고려 왕조는 1392년까지 이어졌다. 943년 왕건은 자신의 생애를 넘어서 이어질 왕국의 기반을 다지고자 훈요십조를 제창했다. 훈요십조는 고려의 정체성을 정의한 최초의 문헌으로 알려져 있다. 훈요십조는 고려가 자신만의 문화적 정체성을 갖고 있다고 주장하고 불교와 풍수지리, 그리고 국정 운영의 근간으로서 유교의 역할을 강조했으며, 또한 고려 북부의 〈야만 민족〉에 대해 경고했다.[17] 특히 훈요십조는 지리적 위치와 민족의 특성으로 볼 때 고려가 중국과는 다르다는 점을 명시적으로 언급했다. 그러므로 고려는 중국과 거리를 둬야 했다. 왕건은 고려가 중국에 흡수되거나 훨씬 더 큰 이웃 국가에 부속되는 것을 원치 않았다. 고려 역사 전반에 걸쳐, 왕건은 그 나라를 고유하게 만들어 주는 요소에 집중한다면 독립적인 정치 조직으로 살아남을 수 있다고 강조했다. 게다가 그는 중국을 문화적으로 세련되지 못한 국가로 인식했다. 외국을 바라보는 이러한 사고방식은 한국 역사에서 종종 살펴볼 수 있다.

그렇게 불교는 고려인의 삶에서 중요한 요소가 되었고, 이 글을 쓰는 지금도 한국의 주요 종교로 남았다. 비록 무속 신앙이 여전히 지대한 영향을 미치고 있었지만, 불교는 귀족 계층과 일반 계층 모두에게 종교적인 가치관을 제시했다. 또한 불교가 국가와 공생 관계를 형성하면서 불교 사원이 한반도 전역에 걸쳐 생겨나기 시작했다. 불교 승려들은 정치적 영향력을 행사했고 이를 통해 그들의 이해관계를 충족시키고자 했다.[18] 동시에 불교는 국가의 문화를 새로운 차원으로 높이는 데 중대한 기여를 했다. 1011년 불교 승려들은 목판 인쇄 기술을 새로운 단계로 끌어올렸다. 당시 그들은 8만 자가 넘는 6천 권의 경전으로 이뤄진 대장경(초조대장경) 제작에 착수했고 1087년에 완성했다.[19] 이후 13세기에 제작한 대장경(팔만대장경)이 경상남도의 해인사에 보존되어 있다.

　　1234년 무렵 고려는 더욱 유연하고 이동 가능한 금속 활자 기술로 나아갔다. 이 새로운 기술을 통해 인쇄된 첫 번째 문헌은 유교 자료인 상정예문(불교 의식을 위한 고려의 자료)이었다. 상정예문은 불교와 정치권력이 서로 협력해야 한다는 점을 강조했다.[20] 이 문헌은 지금 남아 있지 않다. 하지만 가장 오래된 금속 활자본 역시 고려에서 나왔다. 그것은 직지심경(불교와 선종의 가르침을 정리해 놓은)이라는 문헌으로 1377년에 인쇄된 불교 경전 선집이다.[21]

　　고려 시대의 경제적, 군사적 관계는 이웃 나라에 대한 양면적인 입장을 보여 주었다. 유교 사상에 영향을 받은 고려는 국경을 맞댄 가장 큰 이웃 나라인 중국에 정기적으로 공물을 바쳤다. 다른 한편으로, 고려는 중국과 더불어 일본 및 거란과 같은 인근 국가들과 귀금속, 서적, 의류, 비단, 식품, 동물 등을 교류했다. 반면 거란은 993~1018년에 걸쳐 고려를 세 차례 공격했다.[22] 몽고가 중국 영토를 차지하고 1231년부터 수차례 침공을 한 이후, 고려는 1270~1356년에 걸쳐 몽골 제국의 속국이 되었다.[23] 이후 몽골 제국이 무너지기 시작하면서 고려는 몽골 세력을 그들의 영토에서 내쫓았다. 다른 한편으로 고려는 동쪽으로 왜구를 물리쳐야 했다.[24] 그 무렵 고려가 깨달은 바는 분명했다. 그들은 독립 국가였지만 자칫 〈고래 사이에 긴 새우〉 신세가 될 수 있었다. 〈고래 싸움에 새우 등 터진다〉는 한국 속담처럼 말이다.

조선 왕조

때는 1388년. 이성계 장군은 특별한 임무를 부여받았다. 그것은 명나라를 침공하는 것이었다. 그러나 몽골을 몰아내고 왜구의 침략을 막아 낸 그 전쟁 영웅은 마음속에 다른 생각을 품고 있었다. 그것은 그가 생각하기에 어리석은 임무를 자신에게 내린 고려 왕조를 무너뜨리는 것이었다. 압록강에 있는 위화도에 이르렀을 때, 이성계는 개경으로 회군했다. 많은 군사 지도자와 장병 및 귀족들, 그리고 명나라 침공에 대해 반대했던 많은 일반 대중의 지원을 받은 이성계는 왕의 군사를 재빠르게 물리친 후 꼭두각시 왕을 내세웠다. 결국 이성계는 고려

를 지배했던 왕족을 완전히 몰아냈다.[25]

1392년 이성계는 공식적으로 권좌에 올랐다. 그는 조선 왕조를 세우고 조선의 태조가 되었다.[26] 조선 왕조는 1910년까지 이어지면서 한국 역사에서 가장 긴 기간을 차지했다. 519년에 달하는 세월은 한반도 전역에 걸쳐 강력한 영향을 미쳤고, 오늘날 우리는 그 흔적을 한국 사회 곳곳에서 느낄 수 있다. 먼저 수도 이야기로 시작해 보자. 1394년 그 새로운 왕은 수도를 한양, 즉 공식적으로 (오늘날 서울에 해당하는) 한성으로 알려졌던 곳으로 옮겼다. 그 새로운 도시는 한반도 중심의 요새화된 도시였다는 점에서 개경에 비해 방어가 수월했다. 또한 한강 바로 북쪽에 자리 잡은 지리적 특성 덕분에 상업과 교통의 중심지가 되었다. 한강을 통하면 서쪽으로 이동할 수 있었고, 그 길은 결국 중국으로 이어졌다. 그리고 그 새로운 수도는 강풍을 막아 주는 네 개의 산으로 둘러싸인 지리적 특성으로 풍수적 이점도 누렸다.[27] 백제의 수도로서 기원전 18년까지 거슬러 올라갈 수 있는 한양은 조선의 정치적, 경제적, 문화적 중심지로 재빨리 자리 잡았다. 그 이름이 19세기 말에 처음 사용되었던 서울은 조선 건국으로부터 6세기가 흐른 지금, 수도로서 명맥을 이어 오고 있다.

유생들은 태조의 쿠데타를 지지했다. 그들은 자신의 믿음 체계가 불교를 대신하여 삶의 모든 측면을 지배하기를 원했다. 이러한 시도는 성공을 거뒀고, 세월이 흐르면서 조선은 세계에서 가장 유교적인 국가가 되었다. 성리학은 조선 초기에 국가의 이념이 되었다. 그 결과, 행정은 엄격하고 수직적인 형태의 두 가지 주요 단계로 나뉘었다. 우선 의정부(국무)와 관련 기관이 있었고, 그 아래에 지역별로 지방 정부가 생겨났다. 당시 공무원이 되기 위해서는 유교 경전에 대한 심오한 이해를 요구하는 국가 고시를 통과해야 했다.[28] 실제로 이 제도는 관료가 되는 가능성을 엘리트 집단으로 제한하는 기능을 했다.

〈양반〉으로 알려진 엘리트 집단은 조선 시대 전반에 걸쳐 국가의 정치적, 문화적, 경제적 삶을 지배했다(한국의 많은 가문은 이러한 초기 〈양반〉으로부터 뿌리를 찾고 있다). 아래에는 〈양민〉, 그 아래에는 〈천민〉이 있었다. 그리고 맨 밑에는 사고팔 수 있는 노예 신분인 〈노비〉가 있었다.[29] 이들 네 계층의 기원은 고려 시대로까지 거슬러 올라간다. 유교 이념은 조선이 통치하는 세월 동안 이처럼 엄격한 수직 계층 시스템을 강화하는 역할을 했다.

성리학은 문화와 학문을 지배했다. 오늘날 한국인들은 그 사실을 지갑 속에서 확인할 수 있다. 1천 원권과 5천 원권 각각은 가장 유명한 두 명의 성리학자인 이황과 이이의 초상을 담고 있다. 두 사람은 철학과 서예, 그리고 시가에 능한 이상적인 유교 학자의 모범이었으며, 정계 활동과 더불어 수직적인 사회에서 하층민의 삶을 개선하기 위해 노력했다.

조선 사회 곳곳에 스며든 성리학은 신하가 군주를 섬겨야 한다고 말했다. 또한 중요하게도 성리학 이념은 통치자가 신하를 위해 도덕적 방향을 제시하고 모범이 될 것을 요구했다. 이러한 요구를 가장 잘 실천한 인물로 우리는 세종 대왕을 꼽을 수 있다. 1418년에서 1450년까지 통치했던 조선 왕조의 네 번째 왕인 세종 대왕은 공정한 과세 정책과 더불어 출산 및 육아 휴직처럼 당시로서는 대단히 혁신적인 개혁으로 백성의 삶을 개선하기 위해 노력했다. 또한 농부가 더 많은 수확을 할 수 있도록 과학과 기술을 장려했다.[30] 특히 세종 대왕은 한글을 창제했다. 한글은 한국의 고유한 문자로서 오늘날 한국 사회는 여전히 이 문자를 사용하고 있다. 1446년에 선포된 한글은 특히 일반 백성이 더 쉽게 읽고 쓰는 법을 배울 수 있도록 만들어졌다.[31] 잘 알지 못하는 사람이 보더라도 한글은 조선에서 사용되던 전통적인 한자보다 더욱 단순하게 생겼다. 한국인들은 원래 28개 문자(현재 24개)로 구성된 한글을 국가의 최고 업적으로 여긴다. 공문서와 더불어 상류 계층은 이후로도 수 세기 동안 한자를 사용했지만, 세종 대왕의 새로운 문자는 결국 지배적인 문자 체계로 자리 잡았다. 그 이름에 걸맞게도 세종 대왕은 오늘날 한국 사회로부터 두 가지의 최고 영예를 누리고 있다. 우선 가장 많이 사용되는 1만 원권에 그의 초상이 담겨 있다. 그리고 그의 동상이 경복궁 앞에 세워져 있다. 1395년에 건립된 경복궁은 조선 왕조에 걸쳐 왕족이 거주하고 정부 기관이 들어선 공간으로 기능했다. 2023년인 지금도 경복궁과 그 앞에 놓인 세종 대왕 동상은 서울 중심부의 경관에서 중요한 자리를 차지하고 있다.

그러나 성리학적 이상은 동시에 조선 인구의 절반에 어두운 그림자를 드리웠다. 성리학은 아내가 남편에게 복종해야 하고 가족의 생계를 책임지는 것은 남편이라고 규정했다. 여성들은 차별받았다. 나아가 장남은 유산과 가정의례 차원에서 우선시되는 존재였다.[32] 여성의 지위는 이전 시대에 비해 낮아졌다. 신사임당은 이러한 점을 잘 보여 준다. 그녀는 유명 문인이었다.[33] 2009년에 신사임당은 5만 원권에 모습을 드러내면서 한국의 지폐에 등장한 첫 번째 여성이 되었다. 하지만 신사임당 초상이 지폐에 들어가게 된 것은 예술적 재능뿐만이 아니라 이상적인 어머니상을 구현했기 때문이었다. 신사임당의 아들은 이이였고, 이이의 어머니였던 그녀는 〈현모양처〉로 널리 알려졌다.[34] 가문의 성을 이어받을 수 있는 남성 상속자를 출산하는 것은 여성의 삶에서 주요한 목표가 되었다. 여성의 사회적 역할과 해석에서 비롯된 다양한 문제는 이 글을 쓰는 지금도 한국 사회를 괴롭히고 있다.

　　조선 초기의 외교 관계 역시 성리학을 근간으로 삼았다. 조선의 통치자들은 중국 명나라에 조공을 계속해서 보냈고, 형의 나라인 명은 동생 국가인 조선을 보호했다. 한편으로 일본과의 무역은 양국 사이의 대한 해협에 있는 쓰시마섬을 중심으로 이뤄졌다. 일본과의 무역은 대부분 고려 시대에 동북아시아에 걸쳐 거래되었던 것과 비슷한 물품들로 이뤄졌다.[35]

　　외교 관계는 14~16세기에 걸쳐 평화와 안정을 보였다. 하지만 16세기 말에 상황은 크게 바뀌었다. 1590년 도요토미 히데요시가 일본을 통일했다. 그는 이후 조선과 중국을 정복하겠다는 야심을 품고 서쪽으로 시선을 돌렸다. 임진왜란은 1592년에서 1598년 사이에 일본과 조선 사이에 벌어진 전쟁을 일컫는 이름이다. 이 기간에 일본은 조선을 두 차례 침략했다. 첫 번째는 1592~1593년에 있었다. 이순신 장군은 조선의 남해에서 벌어진 전투에서 일본 해군을 무찔렀다. 이후 일본은 1597~1598년에 두 번째 침략을 감행했다. 이순신 장군은 침략자에 맞서 두 번째 승리 전략을 세웠다. 그러나 그는 두 번째 전투에서 전사하고 말았다.[36] 이 글을 쓰는 지금, 이순신은 경복궁 앞에 놓인 세종 대왕 동상에서 250미터 떨어진 곳에서 동상으로 불멸을 누리고 있다.

　　일반적으로 임진왜란 이후를 조선 후기로 본다. 조선 후기가 시작되면서 그 나라는 새로운 침략의 시대를 맞이했다.

이번에는 서쪽으로부터 왔다. 당시 만주족은 중국 명 왕조를 무너뜨리고자 했다. 당시 조선은 그 새로운 왕조에 대해 이중적인 입장을 보였다. 이에 만주족은 1627년과 1636~1637년에 두 차례 조선을 침략했다. 그리고 두 번 모두 한양까지 진격했다. 만주족이 두 번째 침략에서 수도를 점령한 뒤, 조선은 중국 영토에 대한 만주족의 지배를 인정해야만 했고 조공을 보내기 시작했다. 1644년 만주족은 마침내 명나라를 무너뜨리고 청 왕조를 세웠으며, 청나라는 1911년까지 중국 영토를 지배했다.[37] 외교 관계의 차원에서 〈새우〉에 불과했던 조선은 19세기 말에 이르기까지 중국의 〈보호〉 아래에 놓여 있었다. 이러한 정세는 국내 상황에 중대한 영향을 미쳤다.

17세기 중반에서 19세기 중반에 이르기까지 조선 사회는 비교적 평화로운 시절을 누렸고, 이러한 분위기는 문화 부흥으로 이어졌다. 이러한 점은 1756년 처음으로 언급된 「아리랑」에 잘 드러나 있다. 한국에서 가장 널리 알려진 민요인 아리랑은 수백 년 전 정선 지방에서 시작되었다.[38] 한국을 여행해 본 사람이라면 알겠지만, 「아리랑」은 수천 가지는 아니라고 해도 수백 가지에 달하는 다양한 형태가 있으며, 그 가사도 다 다르다. 그래도 모든 버전의 아리랑은 하나같이 사랑과 슬픔에 대해 노래한다. 임을 향한 사랑과 사랑을 잃어버린 슬픔에 대해서 말이다. 한국인들은 그 보편적인 주제를 이해한다.

그리고 그 주제는 조선 후기에 평화가 어느 정도 유지되면서 문자로 기록되었다. 「아리랑」은 이후 한국과 북한 모두, 비공식적인 국가의 노래로 자리를 잡으면서 오늘날까지 이어지고 있다.

그러나 평화와 고요의 시대에서도 두 가지 주요한 변화가 일어나고 있었다. 우선 새로운 상인 계급이 출현하기 시작했다. 시장이 국가 전역에 생겨났고 발 빠른 무역상들은 조선의 평민으로서 이전에 상상할 수 없는 부를 축적해 나갔다. 다음으로 파벌주의가 의정부와 정부 기관들 내에 나타나기 시작했다. 정부 관료들은 동인과 서인으로 나뉘었고, 동인은 다시 북인과 남인으로 나뉘었다. 나아가 서인들 사이에서도 분열이 일어났다.[39] 이후 당파주의는 조선 정치에서 한 번도 사라지지 않았다.[40]

이러한 변화는 19세기 후반부에 나타나게 될, 더 중대한 변화를 예견하는 것이었다. 1860년 양반이자 선비인 최제우는 동학 운동을 일으켰다. 그는 모든 인간이 평등하다고 주장하면서도 서구 세력에 반대했다. 그리고 1862년 동학 운동에 영향을 받은 농민들이 한반도 남부 지역에 걸쳐 봉기를 일으켰다. 그들은 정부 관료와 양반 및 새롭게 등장한 상인 계급이 더 높은 수준의 삶을 누리고 있었던 반면, 자신들에게 엄청난 고통을 가져다주었던 세금 정책에 불만을 품었다. 물론 그전에도 농민 봉기는 있었다. 가령 1811~1812년에 홍경래의 난이 있었다. 그러나 1862년 농민 봉기는 동학의 확산과 더불어 농민들 사이에서 광범위한 봉기를 촉발했으며, 이후 산발적인 봉기가 이어졌다.[41] 1894년에는 갑오개혁으로 전면적인 변화가 일었다. 그 개혁안에는 계급제와 노예제 폐지, 공직에 대한 차별 없는 능력주의 선발, 상인 독점 폐지, 그리고 공문서에 한자가 아닌 한글 사용이 포함되었다.[42] 이후 유교는 점차 조선 사회의 근본이념으로서 지위를 잃어 갔다.

조선 내부의 변화는 이웃 정세의 변화로 인해 더욱 빨라졌다. 1866년 미국 상선 제너럴셔먼호가 평양에 도착해서 무역 협정을 강요했다. 그러나 조선은 관심을 보이지 않았다. 이제 제너럴셔먼호 선원들은 조선의 관료들을 잡아들였다. 이후 싸움이 이어졌고 모든 선원이 사망했다.[43] 이러한 과정에서 제국주의가 조선에 스며들기 시작했다. 서쪽 이웃인 중국은 국경을 걸어 잠그고 서구화에 저항했다. 그럼에도 중국은 1842년을 시작으로 불평등 조약을 빌미로 여러 항구를 개방하라는 압박에 시달렸다. 그러나 중국 황실은 그 나라의 수천 년 역사가 유럽과 미국에서 온 〈야만인〉들을 끝내 이길 것이라고 믿었다.[44] 반면 조선의 동쪽 이웃인 일본은 서구를 받아들이는 방식으로 대응했다. 1853년 첫 미국 전함이 도쿄만으로 들어왔다. 그리고 1년 후 일본은 첫 번째 불평등 조약에 서명했다. 그러나 1868년 일본은 유럽과 미국의 사고방식과 기술, 심지어 의복까지 받아들이는 서구화의 길을 택했고, 이러한 흐름은 결국 메이지 유신으로 이어졌다.[45]

조선의 경우, 어느 쪽을 택할 것인지를 놓고 분열이 벌어졌다. 그러던 1876년에 일본은 조선에게 강화도 조약을 요구했다. 이는 서구 열강이 중국과 일본에게 들이밀었던 불평등 조약과 흡사했다. 조선은 결국 일본 상인들에게 몇몇 항구를 개방하고 치외 법권을 허용할 수밖에 없었다.[46] 이후 몇 년에 걸쳐 조선은 서구 열강과도 불평등 조약을 체결했다. 조선이 알고 있던 세상이 허물어지고 있었다. 1894~1895년에 일어난 첫 번째 청일 전쟁 이후로 일본은 동북아 지역에서 지배 세력으로 떠올랐고, 조선이 중국에게 조공을 바치는 관계는 끝났다. 조선을 둘러싼 세상은 급격하게 변화하고 있었지만 조선의 통치자들은 어떻게 대응해야 할지 알지 못했다. 일본은 서구 세력을 〈모방〉함으로써 올바른 길을 선택한 것으로 보였다. 조선의 많은 사람은 그들의 나라 역시 그와 똑같은 길을 걸어야 할 것인지 관심을 보였다.

이후 조선은 서구 사회에 알려지게 되었다. 외교관과 상인, 선교사들이 조선으로 들어왔다. 그러는 동안 조선에 대한 생생한 묘사는 더 많은 이의 관심을 자극했다. 1882년 교사이자 선교사인 윌리엄 엘리엇 그리피스William Elliot Griffis는 『은둔의 나라 한국*Corea: The Hermit Nation*』을 썼다. 그 제목은 일본과는 대조적인 조선의 쇄국 정책을 언급한 것이었으나, 책의 전반적인 내용은 긍정적이었으며 이웃 국가들과 비교하여 조선의 고유한 특성을 보여 주고자 했다.[47] 1885년 미국 사업가 퍼시벌 로웰Percival Lowell이 『조선, 고요한 아침의 나라*Choson: The Land of the Morning Calm*』를 통해 조선을 긍정적인 차원에서 조명했다. 그 제목은 조선의 아침에서 펼쳐진 〈평화로운 풍경〉을 묘사하는 것이었으며, 조선은 그 이름으로 서구 세상에 널리 알려지게 되었다.[48]

조선이 불평등 조약을 체결하고 외부 열강으로부터 더 많은 관심을 받는 가운데, 조선의 왕실과 조선인들은 그들의 운명을 그들 손으로 결정하고자 했다. 이러한 움직임은 1895년 10월에 명성 황후가 일본 암살범에 의해 시해되는 사건이 벌어지면서 더욱 뚜렷하게 드러났다. 당시 고종과 혼인한 명성 황후는 일본으로부터 조선의 독립을 지지하는 가장 강력한 지지자로 알려졌다.[49] 그러나 명성 황후의 죽음은 독립 국가로 남고자 하는 조선의 의지를 더욱 강화했을 뿐이었다. 1896년 한글로 발간된 최초 신문인 『독립신문』이 창간되었고 독립 협회가 설립되었다. 독립 협회는 외세로부터의 독립과 애국심, 그리고 국가의 사회 경제적 발전을 주창했다.[50] 조선인들은 독립 국가로 살아남기 위해서는 근대화를 향한 전면적인 노력이 필요하다는 사실을 점차 깨닫게 되었다. 이는 중국이 선택한 노선에 대한 완전한 거부였다.

왕실 또한 곧 그 길을 따랐다. 1897년 10월 고종은 대한 제국을 선포하면서 황제의 자리에 올랐다.[51] 그것이 의미하는 바는 분명했다. 이는 한국이 중국을 비롯한 다른 모든 국가와 평등하며, 서쪽의 중국, 그리고 동쪽의 제국주의 세력에 굴복하지 않겠다는 선언이었다. 또한 대한 제국의 선포는 분명하게도 왕실의 권력을 회복하기 위한 노력의 일환이었다. 독립 운동 내에서 일부 목소리는 민주화와 반부패 개혁을 요구했다. 그 핵심 인물 중 한 사람인 서재필은 미국에서 10년 넘게 거주한 경험이 있었다.[52] 비록 명백한 증거는 없지만 서재필을 비롯한 많은 이들이 공화국 이념을 받아들였다는 사실은 황실과 그 추종 세력으로서는 용납할 수 없었다. 결국 독립 협회는 1898년 해산되고 말았다.

고종 황제는 권좌를 유지하기 위해 새로운 제국의 백성들의 요구를 수용해야 한다는 사실을 알았다. 그래서 광무개혁을 실시했다. 기존 계급제는 적어도 법적으로 폐지되었다. 초기 토지 개혁 또한 시작되면서 소유권이 확대되고 세제 개편이 이뤄졌다. 교육과 보건 시스템이 확충되고 근대화되면서 산업화의 근간이 마련되었다. 서울을 비롯하여 조선 곳곳이 변화를 맞이했다. 1899년에는 서울에 전차가 들어왔다. 그리고 같은 해 서울과 인천을 연결하는 첫 번째 철도가 개통되었다.[53] 이처럼 조선은 근대 독립 국가로 도약하기 위해 안간힘을 쓰고 있었다. 일본이 서구의 사고방식과 기술을 받아들임으로써 서구와 경쟁할 수 있다면, 조선도 얼마든지 그럴 수 있었다.

하지만 일본의 속셈은 달랐다. 1904~1905년 일본은 조선과 만주 영토에 대한 지배를 놓고 러시아와 전쟁을 벌였다. 일본은 수천 명의 군대를 한국에 배치하면서 러시아를 물리쳤다. 1905년 일본과 미국 사이의 가쓰라-태프트 협정, 그리고 이후 러일 전쟁을 공식적으로 끝낸 일본과 러시아 사이의 포츠머스 조약이 한국의 운명을 결정했다. 이러한 합의에 따라 미국과 러시아는 각각 한국이 일본의 영향 아래에 놓여 있음을 인정했다.[54] 더 나아가 국제 사회 역시 이를 받아들였다. 그 과정에서 조선의 목소리는 반영되지 못했다. 설상가상으로 미국 대통령 시어도어 루스벨트는 그 협상을 중재한 것으로 노벨 평화상까지 받았다.[55] 조선은 고래의 세상에서 새우가 되고 말았다.

1905년 11월 대한 제국은 일본과 을사조약(보호 조약)을 체결했다. 이 조약은 대한 제국을 일본의 보호국으로 규정했다. 일본 정부가 작성한 그 조약은 대한 제국의 외교 정책 및 무역에 대한 통제권이 일본에 있다고 주장했다. 대한 제국 정부는 처음에 그 조약에 대한 서명을 거부했다. 그러나 서울을 비롯하여 한반도 전역에 배치된 일본 군사의 존재는 대한 제국의 서명을 강요했다. 그 조약이 체결된 이후로도 대한 제국은 계속해서 저항했다. 전국적으로 의병이 일어나 일본 침략자에 맞섰다. 그러나 일본 군대에 의해 제압되고 말았다.[56] 다른 한편으로, 1907년 고종 황제는 만국 평화 회의에 특사를 파견해서 그 조약의 부당함을 알리고자 했다. 그러나 회의 사절단들은 대한 제국 특사의 입장을 허락하지 않았다.[57] 대한 제국은 혼자만의 힘으로 그 문제를 알렸지만 세상은 귀 기울이지 않았다. 이를 빌미로 일본은 고종 황제의 퇴위를 압박했고, 대한 제국의 내정 관리를 실질적으로 일본에게 넘기고 대한 제국 군대를 해산시키는 조약을 강압적으로 체결했다. 이후 순종이 아버지 고종을 대신하여 대한 제국 황제의 자리에 올랐다. 순종은 결국 조선의 마지막 왕으로 남았다. 1910년 8월, 일본과 대한 제국은 합방 조약을 체결했다. 순종이 강제 퇴위와 더불어 일본 황실에 복속된 왕으로 전락하면서 519년을 이어 온 조선의 통치는 막을 내렸다.[58] 대한 제국은 일본 식민지가 되었다.

이러한 모든 변화는 외세에 의한 변화와 그 흐름에 제대로 대처하지 못한 무능한 지도자를 바라보면서 자유에 대한 인식을 높여 나가던 대한 제국 국민들에게 중대한 영향을 미쳤다. 〈민족〉이라고 하는 강력한 통합의 구심점이 등장하면서 1900년 무렵부터 공식적인 개념으로 자리 잡았다. 여기서 민족이란 다른 민족 인종 및 국가와는 차별화된, 그리고 단일 핏줄과 기원전 2333년 단군으로 거슬러 올라가는 역사를 공유한 고유한 정체성을 정의하는 개념이었다.[59] 간단하게 말해서, 민족은 한국인의 고유성을 드러내는 개념이었다. 그리고 이 개념은 20세기 전반에 강력한 세력을 집결시키는 구심점으로 기능했다.

한국에 대한 일본의 식민지화

한국의 식민지 기간은 특히 남한 지역에 중대한 영향을 미친 변혁의 시대였다. 일본은 1910년에서 1945년까지 35년간 한국을 지배했다. 그동안 일본은 한국어와 한국 문화를 억압했고, 한국 경제를 그들의 제국주의 야심을 위한 발판으로 삼았으며, 궁극적으로 한국인 대부분을 그들 나라의 2급 시민으로 만들었다.[60] 그리고 4만 건의 문화유산과 고대 문헌을 약탈하는 동시에 20만 권에 달하는 역사적인 자료를 불태움으로써 한국 역사를 체계적으로 말살하고자 했다.[61] 일본 정부는 한국 식민지를 통치하기 위해 총독을 임명했다.[62] 총독은 황제에게 직접 보고를 했다. 그는 일본이 서울에 붙인 새로운 이름인 〈게이조〉(경성)에서 대부분의 시간을 보냈다.

식민지 시기 첫 10년 동안, 일본은 통치를 강화하기 위한 제반 시설 구축에 주력했다. 가장 먼저 식민지 정부는 1910년부터 1918년까지 8년간 토지 조사를 실시했다. 이를 통해 새로운 토지와 부동산 등록제 기반을 마련함으로써 식민지 정부는 스스로 최대 토지 소유주가 되었다. 한국의 많은 농부는 소유권을 빼앗기고 소작농 신세로 전락했으며, 종종 새로 유입된 일본 지주들 밑에서 일했다.[63] 1930년대에는 한국인 절반 정도가 일본 지주들 밑에서 일을 했고, 가장 생산성이 높은 토지도 그런 방식으로 활용되었다.[64] 일본은 자국 경제를 위해 조선의 농업 분야를 재편했으며 쌀을 비롯한 다양한 작물의 절반 이상을 수탈했다.

한국인 대부분 심한 고통을 받았고 많은 이들은 민족주의를 중심으로 일본 지배에 저항했다. 실제로 일본의 억압은 국가적 고유함에 기반을 둔 한국의 민족주의를 불러일으켰다.[65] 1919년 3월 1일, 민중의 분노가 폭발했다. 오늘날 한국은 그날을 3.1 운동 기념일로 기리고 있다. 당시 지식인과 학생이 포함된 사회 운동가 집단은 총독부 관저가 있고 경복궁에서 멀리 떨어지지 않은 인사동에서 독립 선언문을 낭독했다.[66] 2023년 현재, 독립 선언문은 운동가들이 원래 낭독을 하고자 했던, 인사동 바로 옆에 위치한 탑골 공원에 전시되어 있다. 한국인에 대한 지속적인 차별에 경악했고 두 달 전 고종 황제의 죽음을 둘러싼 실제 이유를 알고 싶어 했던, 또한 식민지 자결권을 주창한 미국 14대 대통령 우드로 윌슨의 14개 조항에 영감을 얻어 독립 선언문을 낭독했던 이들은 일본 지배의 종식을 요구했다. 1910년 이후로 전국적으로 수천 명이 독립운동에 참여했지만, 3.1 운동이야말로 대규모 운동의 촉매제로 작용했던 첫 번째 시위였다. 전국에서 사람들은 〈대한 독립 만세!〉를 외쳤다. 이에 일본 경찰과 군대는 수천 명을 죽였고 수만 명을 체포했다.[67]

그로부터 몇 주가 흐른 4월 11일, 독립운동가들은 상하이에 대한민국 임시 정부를 수립했다. 몇몇 국가로부터 그 존재를 인정받은 임시 정부는 망명 상태에서 공화국 대한민국을 세웠다. 초대 대통령은 이승만이었다.[68] 이승만은 1948년 설립된 대한민국의 첫 대통령이 된 인물이다. 그러나 대한민국 임시 정부가 일본에 대한 저항 운동을 독점한 것은 아니었다. 1925년 서울에서는 조선공산당이 결성되었다.[69] 그리고 이듬해는 서울에 있는 대학과 학생들이 6월 10일 만세 운동을 벌였다. 이들 학생은 순종(창덕궁에서 사실상 감금 생활을 했던 전 황제)의 장례식에 이어 대한민국의 독립을 요구하는 여러 건의 시위를 벌였다.[70] 일본 경찰과 군대는 시위를 진압했다. 또한 1929년 11월에는 일본 국가 제창을 거부한 광주 지역 학생들이 새로운 독립운동을 벌여 나갔다. 이러한 흐름은 국가 전역으로 퍼졌고, 결국 1930년 3월 일본 군대는 다시 한번 독립운동을 억압했다.[71] 그럼에도 국내외 다양한 집단이 일본에 맞서 싸움을 이어 나갔다.

또한 일본 지배에 맞선 상징들이 모습을 드러내면서 민족주의를 강화했다. 그중 일부는 목숨을 걸고 맞섰던 용감한 인물들이었다. 가장 대표적인 사례로 유관순을 꼽을 수 있다. 유관순은 열여섯의 나이로 3.1 운동에 뛰어들었으며 자신의 고향인 충청남도 지역을 중심으로 독립운동을 이끌었다. 그녀는 일본 경찰에 체포되었고 형을 경감받으려면 〈유죄〉를 인정하고 다른 독립운동가의 이름을 대라고 요구받았다. 그러나 그러한 요구를 거부한 유관순은 이후 수개월 동안 고문과 폭력에 시달렸고, 이때 얻은 부상으로 인해 생을 마감하고 말았다.[72] 그러나 유관순은 끝까지 저항했고 그녀의 이름은 역사에 남았다. 그녀는 독립운동의 주역이었다. 그리고 순교자였다.

그 밖에 다른 상징은 일상생활 속에서 찾을 수 있다. 그것은 영화와 스포츠다. 1926년 무성 영화 「아리랑」이 개봉되었다. 한국에서 가장 유명한 노래의 이름을 딴 그 영화는 일본 지배에 대한 풍자였으며 민족주의를 표방한 걸작으로 인정받았다.[73] 10년의 세월이 흐른 1936년에 손기정은 베를린 올림픽 마라톤 종목에서 금메달을 땄다. 손기정은 또 다른 유형의 상징이 되었다. 메달 수여식에서 손기정은 우승자에게 주는 월

계수를 가슴 앞에 쥐고 서 있음으로써 유니폼에 새겨진 일장기를 가렸다. 그리고 고개를 떨군 채 일본 국가 제창을 거부했다. 베를린에서 이뤄진 인터뷰에서 손기정은 한국이 독립 국가임을 강조했다.[74] 올림픽 경기가 끝나고 손기정은 식민지 조국으로 돌아갔고, 그로부터 52년을 기다려 독립된 조국에서 올림픽이 열리는 영광의 순간을 누렸다. 하지만 그는 1936년에 이미 국가의 영웅이었다.

반면 새로운 식민 정권에 협력했던 이들도 있었다. 식민지 시대가 끝나고 〈친일파〉라는 이름으로 알려진 그들은 당시 정부 요직을 차지했고, 식민지 경찰과 일본 군대에 들어갔으며, 식민지 정부와의 인맥으로 사업을 성공적으로 이끌어 갔다. 또한 그들은 일본이 한국의 근대화를 돕고 있다는 이야기를 퍼뜨렸다. 이완용은 친일파의 상징적인 인물이었다. 독립협회 설립자 중 한 사람인 이완용은 1905년 일본이 한국을 지배하기 시작하면서부터 식민지 정부에 부역했다. 이후 내각 총리대신이 되어 1910년 합병 조약에 서명했다.[75]

이러한 갈등 속에서도 한국 사회는 식민지 시대를 거치면서 계속해서 변화했다. 유교는 국민의 가치관을 계속해서 지배했지만, 그러한 상황에서도 기독교가 유입되기 시작했다. 기독교가 처음 들어온 것은 17세기였지만, 많은 이가 실제로 개종하게 된 것은 1910년대와 1920년대에 들어서였다. 그들은 (기독교 국가인) 미국이 일본에 반대하는 모습으로부터 그 새로운 종교에 매력을 느꼈다. 또한 미국 선교사들은 19세기 말부터 근대적인 병원과 학교를 열었고 계속해서 기독교 전파를 강화해 나갔다.[76] 다른 한편으로, 유교 가치관에 기반을 둔 여성에 대한 가부장적 제약도 대도시를 중심으로 조금씩 느슨해지기 시작했다. 1925년에는 『신여성』이라는 잡지가 창간되어 조금씩 새로운 자유를 얻어 나가고 있던 여성들의 요구에 부응했다.[77] 그리고 3.1 운동 이후로 총독이 한글을 사용한 출판과 의사소통을 합법화하면서 대중문화가 형성되기 시작했다. 1920년에 『조선일보』와 『동아일보』(한국에서 가장 오래된 신문들)가 창간되었고 1927년에는 라디오 방송국이 생겨났다. 그리고 1920년대에 걸쳐 다양한 유형의 문학이 번성하기 시작했다.[78]

　　1930년대에 걸쳐 일본의 제국주의 야심은 새로운 단계로 접어들었다. 일본은 자국 경제를 뒷받침하기 위해, 그리고 만주와 동아시아 지역에서 앞으로 벌어질 전쟁에 대비하기 위해 조선 영토 전역에 걸쳐 도로망과 철도망을 구축하고자 했다. 또한 (주로 이후 북한의 영토가 된 지역에) 1930년대부터 산업 시설을 계속해서 확충했다. 1931년 말 일본은 만주를 침공했고 몇 개월 만에 쉽게 그 영토를 차지했다.[79] 이는 그 지역에서 일본 제국주의 흐름이 모습을 드러낸 첫 번째 사건이었다.

그리고 그 흐름은 한국과 그 국민에게 치명적인 피해를 입혔다.

제2차 세계 대전 준비가 진행되는 가운데, 1938년 일본은 「국가 총동원법」을 공표했다. 이에 따라 5백만 명 이상의 한국인이 강제 노동으로 징집되었다. 그중 50만 명 이상이 일본으로 압송되어 주로 공장이나 탄광에서 일했다. 일본의 군사적 야심을 뒷받침하기 위한 노역을 하는 과정에서 수만 명이 목숨을 잃었다.[80] 다른 한편으로, 수만 명의 한국인 여성이 성노예가 되었다. 완곡한 표현으로 〈위안부〉라고 불린 이들 여성(많은 이들이 10대 소녀였다)은 확장하는 일본 제국 전역에 세워진 〈위안소〉로 보내졌고, 매일 수십 명의 군인에게 강간을 당했다.[81] 그리고 일본의 전쟁 시도에 한국의 중요성을 상징화하고 또한 한국의 정체성을 말살하기 위해 1939년 창씨개명이 실시되었다. 이는 조선인들이 일본 이름을 등록하고 사용하도록 강요하는 제도였다. 그리고 2년 후 한국어 과목은 교과 과정에서 완전히 사라졌다.[82]

1945년 8월 15일, 한국 역사는 위대한 전환점을 맞이했다. 환호하는 군중이 거리로 쏟아져 나왔다. 그날의 모습을 잘 보여 주는 한 사진을 보면, 석방된 독립운동가들이 서울에 있는 전차 앞에서 손을 들고 만세를 부르고 있다. 그날 한국은 독립을 맞이했다. 같은 날 일본 천왕 히로히토는 항복을 선언하면서 제2차 세계 대전에 종지부를 찍었다.[83] 광복절로 알려진 그날은 치욕스러운 역사의 마지막이었다. 이후 새로운 국가가 시작될 것이라는 희망에 들뜬, 그리고 국가 안에서, 만주에서, 중국을 비롯한 전 세계 다양한 지역에서 조선의 해방을 위해 싸웠던 수천 명의 군인과 지식인들이 서울로 모여들기 시작했다. 그들은 국가의 미래를 향한 부푼 꿈을 간직하고 있었다.

해방 후 분단

남한과 북한은 한국의 선택으로 수립된 것이 아니었다. 일본이 항복하고 한국이 독립하기 며칠 전, 미군의 (나중에 미 국무장관이 된) 딘 러스크Dean Rusk와 찰스 본스틸Charles Bonesteel은 워싱턴 DC에 있는 한 조용한 방에 앉아 있었다. 두 사람은 미국의 전쟁부로부터 분명한 임무를 지시받았다. 그것은 한반도를 둘로 쪼개기 위한 장소를 마련하고, 이를 통해 (일본에 대한 공격의 일환으로 한국으로 진격하고 있었던) 소련이 한반도 전체를 차지하지 않도록 하는 것이었다. 두 사람은 서울을 남쪽에 두는 방식으로 38선을 그었다.[84] 그들의 제안은 상부의 승인을 받았고 소련 또한 여기에 동의했다. 통일 국가로서 한국의 수천 년 역사는 이제 종말을 맞이할 운명에 처했다.

　　히로히토가 일본의 항복을 발표하는 역사적인 연설을 준비하고 있을 때, 소련 군대는 이미 한반도에 들어와 있었다. 그들은 일본이 종전을 선언하자마자 한반도 북쪽 절반을 잽싸게 차지할 계획이었다. 또한 주로 오키나와에 주둔해 있던 미군은 곧바로 한반도 남쪽으로 들어올 것이었다. 몇 주 후 미국 정부는 한국에 재조선 미국 육군사령부 군정청United States Army Military Government in Korea, USAMGIK을 세웠다.[85] 한국은 당시 떠오르는 두 슈퍼파워 국가들의 우선순위가 아니었다. 그럼에도 냉전이 서서히 모습을 드러내고 있던 무렵에 두 나라는 상대가 한반도 전체를 차지하기를 원치 않았다. 결국 12월에 미국과 소련은 5년간의 한국 신탁 통치를 결정했다. 한국인들은 깜짝 놀랐다. 그들은 즉각적인 독립을 원했다.[86] 그러나 신탁 통치가 시작되면 완전한 독립은 그 이후로 미뤄질 수밖에 없었다.

　이 시기에 걸쳐 한국인들은 국가 재건을 위해 바삐 움직였다. 해방을 맞이하고 이틀 후, 조선 건국 준비 위원회가 설립되었다. 9월에는 조선 인민 공화국이 설립되어 조선 건국 준비 위원회의 역할을 대체했다. 여러 위원회 가운데에서 설립된 조선 인민 공화국은 (공산주의에 대한 동조를 뜻하는) 그 명칭에도 불구하고 처음에는 다양한 입장을 포괄하는 정부가 될 것임을 약속했다. 실제로 망명 중이었던 우파 지도자 이승만이 한국으로 돌아왔을 때, 그는 조선 인민 공화국의 지도자로 선출되었다.[87] 이후 남한에 설립된 많은 (전부는 아니라고 할

지라도) 위원회는 민족주의를 표방했고 공산주의보다 보수
성향에 가까웠다. 그러나 미국은 12월에 남한에서 이들 위원
회의 활동을 불법으로 규정했다. 그 위원회들은 이후 북쪽에
서 해산되었다.[88]

1948년까지 모든 한국인을 하나로 묶는 것은 단 한 가지
였다. 그것은 즉각적인 독립을 향한 염원이었다. 그래서 신탁
통치가 결정되자마자 그들은 이에 반대했다. 하지만 미국과
소련이 배후 세력으로 작용한 거대한 국내 분열은 한국을 분
단국가로 가혹하게 밀어붙였다. 또한 북측에서는 김일성을 비
롯하여 새롭게 귀국한 다른 공산주의 지도자들이 북조선 인민
위원회를 설립하고 산업 시설을 국유화했으며, 법률을 개혁하
고 김일성종합대학의 설립과 더불어 초기 인격 숭배 작업에
들어갔다. 그리고 조선 인민군을 창설했다.[89] 남측에서는 새롭
게 귀국한 김구가 이승만과 권력 투쟁을 벌였다. 좌파 운동가
들은 살해되거나 투옥되었으며, 시위와 봉기는 잔인하게 진압
되었다. 이승만을 비롯하여 여러 정치 지도자들은 38선 이남
의 영토를 기반으로 단독 정부를 수립하는 방안에 대해 공공
연하게 논의했다.[90]

UN이 주도했던, 남북한 총선거는 성공을 거두지 못했다.
1948년 4월 평양에서 열린 남북 대표 회의는 실패로 돌아갔
다. 남측 대표들은 참석을 거부하거나 회의 중에 자리를 떠났

다. 그 회의에 참석했던 김구는 〈북이 의지만 있다면 소련의 도움을 받아 남쪽을 쉽게 점령할 수 있다〉고 생각하며 남으로 돌아갔다.[91] 같은 달에 제주도 주민들은 (제주 4.3 사건으로도 불리는) 〈4.3 항쟁〉을 벌였다. 그들은 갈등을 해결하지 못하는 정치인들의 무능함에 지쳤고 남측에서 단독으로 열릴 예정이었던 선거에 반대했다. 주로 남측 군인들로 구성된 군대는 그 주민들을 잔인하게 제압했다.[92] 국민들의 목소리는 묵살당했다. 국가 분열은 더욱 뚜렷해졌다.

독립과 전쟁, 그리고 가난
1948~1960

1948년 8월, 대한민국 정부 수립을 축하하는 사람들

1950년 12월, 무너진 대동강 철교

공화국의 탄생

그날은 한국 역사상 가장 행복한 날 중 하나여야 했다. 하지만 씁쓸하면서도 달콤한 날이 되고 말았다. 1948년 5월 10일, 38선 이남에 살고 있던 한국인은 국가 역사상 처음으로 자신들의 지도자를 투표로 선출하게 되었다.[1] 그들은 대표를 선출해서 국회를 구성하고자 했다. 어떤 한국인도 그때까지 그들이 선호하는 정부를 구성하는 경험을 하지 못했다. 이제 남쪽의 한국인들은 그 기회를 놓치지 않으려 했다. 글을 읽고 쓸 줄 아는 유권자 중 95퍼센트 이상이 UN이 주재하는 선거에 투표한 것으로 드러났다.[2] 1만 3천 곳에 달하는 투표소 중 몇몇 곳에서 폭력 사태가 보고되었다. 그리고 투표 당일에 38명이 살해당했다. 전국 각지에서 부정 투표에 대한 많은 고발이 이어졌다.[3] 그럼에도 그 선거는 35년간의 식민 지배와 3년 동안 이어진 폭력 사태로 피폐해진 국가 상황을 감안할 때 비교적 성공한 것으로 평가받았다.

그러나 그 선거에서 불편한 진실이 드러났다. 남북은 실질적인 분열에 직면해 있었다. 선거는 국가 전체에 걸쳐 시행되었어야 했다. 그러나 김일성은 UN이 한반도 북쪽에서 선거를 실시하도록 허락하지 않았다. 그는 소련의 지원을 받았고 UN 선거 관리인도 38선을 넘지 못하도록 무력으로 막았다.[4] 그 결과, 북쪽에 살고 있던 절반의 국민은 투표권을 행사할 수 없었다. 선거 이후 구성된 합법적인 국회는 북한에서 선거가 이뤄졌을 때 북측 대표들이 차지했을 자리를 비워 둬야 했다.[5] 그 자리는 공석으로 남았다.

이번 선거는 한국이 고래들에게 의존하고 있음을 보여 주었다. 남쪽에서만 치러진 그 선거는 미국이 뒤에 있었기 때문에 가능한 것이었다. 그러나 많은 남한 인사는 그들의 나라가 외세에 의존하고 있다는 사실에 반감을 느꼈다. 독립운동가인 김구와 김규식은 유명 정치인들을 이끌고 이번 선거를 거부했다.[6] 두 사람은 이 선거로 인해 갈라진 조국을 하나로 합치는 일이 더욱 어려워질 것이라고 정확하게 진단했다. 그들은 미국과 소련이 점령지를 떠나고 한국인들이 <u>스스로</u> 통치하도록 내버려두길 희망했다. 그리고 제주도를 비롯하여 국가 전역에 흩어져 있는, 외세 지배에 반대하는 동료 시민들과 우려와 뜻을 모았다.

그러나 결국 선거는 시행되었다. 이승만이 이끄는 대한 독립 촉성 국민회가 24퍼센트 이상을 득표하고 국회 200개 의석 중 55석을 차지하면서 승리를 거뒀다.[7] 이승만은 곧바로 새롭게 구성된 국회에서 가장 영향력 있는 인물로 떠올랐다. 프린스턴 대학교에서 박사 학위를 받았고, 또 신실한 개신교도였던 이승만은 미국에서 가장 널리 알려진 독립운동가였다. 1904년 이후로 이승만은 미국에서 줄곧 살았다. 그리고 그는 UN 헌장을 승인했던 샌프란시스코 회의를 포함해서 여러 국제회의에서 대한민국 임시 정부의 대표로 참석했다. 이승만은 1919~1925년 동안 임시 정부 대통령을 지냈다. 그리고 여러 미국 대통령과 수많은 미국 및 유럽 정치인, 군 지도자를 만났다.[8] 그는 한국의 독립운동가로서 서구 세상에 널리 알려진 유일한 인물이었다. 또한 남한을 이끌 지도자로 미국 정부가 선호했던 유일한 인물이기도 했다.

이승만은 즉각 남측 단독 정부 수립을 밀어붙였다. 7월 17일 국회는 대한민국의 첫 번째 헌법을 공포했다.[9] 이는 한국 역사에서 새로운 이정표를 의미했다. 그것은 비록 남쪽 절반에 불과하지만 입헌주의 도입을 공표하는 사건이었다. 그러나 독립 후 대한민국을 뒤흔든 여러 사건의 소용돌이 속에서 그 새로운 이정표의 순간은 그저 하나의 사건으로 지나가고 말았다. 그보다 더 중요한 것은 7월 20일 대통령 선거였다. 여기서 국회 의원들은 이승만을 한국의 새 대통령으로 선출했다. 이승만은 196표 중 180표를 얻었다.[10] 국회와 한국 전반에 대한 이승만의 장악력은 공고해졌다. 그 직후 이승만은 새로운 국가의 초대 대통령이 되었다.

　　제대로 논의가 이뤄지지 않았던 헌법은 수 세기에 걸친 한국 역사에 종지부를 찍는 중요한 조항을 담았다. 그것은 토지를 농민들에게 이양하는 것이었다. 1945년 당시 남한 지역 농부들의 약 70퍼센트는 소작농이었다. 그들은 수확한 작물에서 최대 60퍼센트를 임대료로 지불했다.[11] 양반들은 여전히 토지 대부분을 소유했고, 국가의 정치적, 문화적, 그리고 분명하게도 경제적 삶을 지배하고 있었다. 다시 말해 남한 국민의 3분의 4 이상의 삶을 장악하고 있었다. 1948년 헌법은 이러한 상황을 급격하게 바꿔 놓은 1950년 「토지 개혁법」을 위한 기반을 마련했다.[12] 「토지 개혁법」은 남한 정부가 실행했던 가장 대표적인 정책이었다. 그러나 1948년 남한 국민은 그 법의 존재를 알지 못했다. 그리고 많은 이들은 나라의 절반이 나아가고 있던 방향에 동조하지 않았다.

　　1948년 8월 15일, 대한민국이 수립되었다. 건국 행사에는 1883년 조선 왕조가 처음으로 채택한 국기인 거대한 태극기가 등장했다. 태극기는 국회 앞에 걸렸다. 평범한 한복 차림의 이승만이 태극기 앞에 섰다. 그리고 그 옆에는 (점령된) 일본에 있었던 연합군 최고 사령관인 더글러스 맥아더 장군이 서 있었다. 그날은 또한 남한에 있던 미 군사 정부인 USAMGIK의 마지막 날이기도 했다. 이승만과 맥아더는 그들 앞에 모인 거대한 군중을 바라봤다. 이들은 대한민국의 새로운 시민이었다. 공식적으로 남한은 이제 북한과는 따로 떨어진 독립 국가가 되었다. 그러나 군중은 3년 전 일본 천왕 히로히토가 항복을 선언하면서 한국이 독립을 되찾았을 때 그랬던 것처럼 환호하거나 기뻐하지 않았다. 그들은 역사를 목도했지만 흥분하지는 않았다.

　　대한민국은 그렇게 기쁨보다 고통으로부터 탄생했다. (이제 대문자로 South Koreans라고 표기하게 된) 한국 국민 절반 이상은 자율 통치를 한 번도 경험하지 못했다. 그러나 이제 현실이 되었다. 그들은 한반도 절반의 주인이 되었다는 사실을 깨닫기 시작했다. 이후 한 달이 지나기 전에 북한 정권이 세워졌다. 9월 9일 김일성은 북한의 첫 번째 최고 지도자가 되었다.[13] 또 다른 독립운동 영웅이었던 김일성은 그가 사망한 1994년까지 계속해서 북한을 통치했다. 그는 건국 후 2년이 채 지나기 전에 무력에 의한 한국 재통합을 꾀하고 있었다. 그러나 한국의 국민들은 이를 알아채지 못했다. 그들이 알고 있던 것, 혹은 꿈꾸었던 것은 그들 나라가 곧 다시 하나로 통합되리라는 것이었다.

　　대한민국은 또한 거대한 사회적 분열을 거쳐 탄생했다. 그해 9월 보수주의와 민족주의를 기반으로 한 이승만 정부는 반국가 활동을 처벌하기 위한 「국가 보안법」을 내놨다. 그리

고 3개월 후 그 법을 통과시켰다.[14] 이러한 방식으로 한국 정부
는 공산주의는 물론 북한에 동조하는 활동, 더 나아가 정부에
반대하는 것으로 해석할 수 있는 모든 활동을 억압했다. 이승
만은 본질적으로 민주주의자가 아니라는 사실이 점차 명확해
졌다. (민주주의를 강화하기보다 공산주의 확장을 막는 데 혈
안이 되어 있었던) 미국이 묵인하는 가운데 전제주의가 서서
히 새로운 국가를 잠식하기 시작했다.

공산주의 이념에 동조하고 북한으로부터 지원받았던 남
한의 좌파 진영은 이승만 정권에 맞서 싸웠다. 이승만 정권은
제주도 〈4.3 항쟁〉을 완벽하게 진압하지 못했다. 시위는 전국
적으로 일었다. 경찰과 군인은 폭압으로 일관했다. 그러나 저
항 세력은 쉽게 물러서지 않았다. 예를 들어 10월에는 여수-
순천 사건이 일어났다. 당시 여수와 순천을 비롯하여 전라남
도의 인근 지역에 주둔하고 있던 2천 명에 달하는 좌파 군인들
이 봉기를 일으켰다. 그들은 동료를 진압하기 위해 제주도에
투입되는 것을 거부했다. 결국 1948년 8월에 창설된 대한민국
국군이 투입되었다. 11월 초 그들은 저항군을 제압했고, 봉기
를 주도하거나 가담했다고 의심되는 이들을 처형했다. 일반
시민들도 화를 면치 못했다.[15] 긴장 상태는 그렇게 1949년까
지 이어졌다. 특히 가혹한 사례로, 경찰이 제주도의 한 마을인
북촌에서 300명의 주민을 모아 놓고 단 하루 만에 모두를 처

형하는 사건을 들 수 있다.[16] 이는 그 기간에 걸쳐 시민을 대상으로 자행한 수많은 폭력 사건 중 하나였다.

폭력과 억압은 국내의 좌우 대립을 끝내지 못했다. 그리고 이 문제는 지금까지도 한국 정치를 괴롭히고 있다. 게릴라 전투는 한국 전쟁이 발발할 때까지도 이어졌다. 심지어 일부 지역에서는 한국 전쟁이 시작되고 몇 달 동안 이어지기도 했다. 불안은 특히 남부 지역에서 심했으며, 이러한 분위기는 한국 역사를 통해 계속해서 반복적으로 나타났다. 그러나 이승만 정부는 1949년 중반까지 강력하게 국가를 통제했다. 그래서 마지막으로 주둔해 있던 미군은 6월 말에 한국으로부터 완전히 철수했다.[17] 사실 미국 정치인들은 한반도에서 되도록 빨리 발을 빼고 싶어 했다. 그러나 그들의 바람과는 달리 미군은 1년 뒤 다시 한반도로 돌아와야 했다.

전쟁 중의 남한과 북한

백악관에서 걸어서 10분 거리에 있는 내셔널 프레스 클럽에서는 기대감이 감돌았다. 미 국무장관 딘 애치슨이 〈미국인과 아시아인 사이의 관계〉에 대해 논의하기 위한 연설이 예정되어 있었다. 1950년 1월 12일의 그 연설에서 애치슨은 공산주의 확장을 저지하기 위해 아시아 지역에 미국의 방어선을 설정해야 한다고 주장했다.[18] 그러나 한반도는 그 방어선 안에 포함되지 않았다. 그리고 일주일 후 미 하원은 한국에 대한 6천만 달러 원조에 반대 투표를 했다.[19] 미 정부의 메시지는 분명했다.

1만 1천 킬로미터 떨어진 한국 정부는 그 연설과 투표 결과에 실망을 금치 못했다. 당시 이승만 정부는 필요하다면 무력을 동원해서라도 북을 점령하려는 계획을 세우고 있었다. 내부의 폭력 사태는 어느 정도 제압된 상태였다. 물론 좌파 게릴라는 반정부 투쟁을 계속 이어 나가고 있었지만, 군은 점점 더 통제력을 높여 가고 있었고, 봄에는 거의 진압되었다. 당시 3만 명에 달하는 정치범이 투옥되어 있었다. 그리고 좌익 인사를 교화하고 전향시킬 목적으로 조직된 단체인 보도 연맹에는 약 30만 5천 명이 등록되어 있었다.[20] 이승만은 국회를 장악했다. 그리고 반정부 운동을 이끌 수 있었던 김구는 1년 전에 암살을 당했다.[21] 또 다른 잠재적인 야당 지도자인 김규식은 정계를 은퇴했다. 이승만은 여전히 이어지고 있었던 워싱턴과의 관계를 바탕으로 북을 침공하려는 자신의 계획과 관련해서 미 정부로부터 지원을 기대했다. 하지만 애치슨과 미 하원은 그러한 기대의 싹을 잘라 버렸다.

결국 전쟁이 발발했다. 1950년 6월 25일 새벽, 조선 인민군이 38선을 넘어 공격을 감행했다. 김일성 역시 이승만과 마찬가지로 재통합된 한국의 지도자가 되길 원했다. 그리고 군

사적 준비가 되었다고 확신하자마자 망설임 없이 남측을 타격
했다. 38선 부근에서 2년 가까이 이어진 소규모 접전으로 인
해 지치고 제대로 정비되지 않은 한국 군대는 북한군의 상대
가 되지 못했다. 북한군은 제대로 훈련을 받았고, 중국 내전의
마지막 2년에 해당하는 1948~1949년 동안 중국 군대와 함께
전투를 벌였다. 또한 북한군의 무장 상태는 뛰어났다. 미국과
는 달리 소련은 북한에게 탱크와 대포를 비롯하여 다양한 물
질적 지원을 했다. 이러한 상황에서 북한군은 불과 이틀 만에
서울에 입성했다.[22] 이승만 정부는 남쪽으로 피신해야 했다.

　　북한의 예상치 못한 공격은 이후 3년간 이어진 전쟁의 시
작이었다. 소련이 UN 안전 보장 이사회 참석을 거부하는 가운
데 안전 보장 이사회는 북한의 움직임을 비난하는 결의안을
통과시켰다.[23] 그리고 이틀 후 안전 보장 이사회는 회원국들이
한국에 군사적 지원을 제공하도록 허용했다.[24] 미국은 즉각
B-29 폭격기를 보내 6월 29일에 평양을 폭격했다. 이틀 후에
는 미군이 처음으로 한반도에 상륙했다.[25] 15개국에 이르는 나
라들 역시 파병을 했다. 미 대통령 해리 트루먼은 미국의 파병
에도 불구하고 소련은 한반도에 군대를 투입하지 않을 것이라
고 확신했다. 그렇다면 한국 전쟁이 초강대국 사이의 직접적
인 충돌로 이어질 위험은 없을 것이었다.[26] 잠재적인 공산주의
와 분열된 한국, 초기 단계의 냉전, 그리고 중국이 대만(당시

포르모사였던)에 가했던 위협으로부터 일본을 보호해야 할 필요성 등은 미 정부가 한국 전쟁에 개입하기로 결정한 중요한 이유였다. 간단하게 말해서 미 정부의 목적은 한국이 아니었다. 혹은 적어도 유일한 목적은 아니었다. 미국이 개입한 것은 거대한 권력 게임 때문이었다. 말 그대로 한국은 고래들 사이에 낀 새우였다.

　　미국의 개입에도 불구하고 북한군은 계속해서 남하했다. 산악 지대와 마을에 흩어져 있던 수만 명에 달하는 공산주의 동조자들이 그들과 합류했다. 수많은 한국군이 북한군에 투항을 하거나 그들이 신뢰하지 않은 정부를 위해 싸우기를 거부했다. 남과 북의 싸움은 종종 〈단순한〉 대결로 묘사되지만, 현실은 훨씬 복잡했다. 공산 정권하의 삶을 두려워했던 많은 이들이 전쟁 중에 북한을 떠났다. 동시에 많은 한국인이 남하하는 북한군에 투항했다. 그것은 이승만보다 김일성에게서 더 많은 희망을 봤기 때문이었다. 몇 주 만에 한국은 낙동강 방어선으로 후퇴하고 말았다.[27] 한국군은 퇴각하는 과정에서 공산주의 동조자 혹은 그 혐의자 등 수천 명을 죽였다. 이러한 잔인성은 북한군 역시 뒤지지 않았다. 그들은 반공주의자로 의심되는 많은 지역 정치인과 사업가를 죽였다.[28] 일본의 억압에 수십 년 동안 저항하고 난 뒤, 한국인들은 이제 서로 싸우고 있었다. 많은 경우에 그들은 오랫동안 이어진 가문 및 지역의 갈등을 해소하는 데 전쟁을 이용하고 있었다. 그리고 그러한 싸움은 대부분 이념과 관련이 없었다.

대한 해협에서 부산 일대를 끼고 돌아 동해에 이르는 약 240킬로미터에 이르는 낙동강 방어선은 한국군과 연합군의 마지막 교두보였다. 이후 미국을 비롯한 많은 국가는 더 많은 군사적 지원을 했다. 8월 4일, 부산 교두보 전투가 시작되었다. 2주 만에 이승만 정부는 낙동강 방어선 아래로 피신해야 했다. 한국군과 연합군은 강하게 버텼다. 미국이 주축이 된 연합국은 전투기와 전함, 탱크를 보냈다. 그러나 북한군의 공세는 낙동강 방어선마저 위협했다.[29] 북한군은 전투 물자에서 우위를 확보하지 못했다. 하지만 그들은 상대에게는 없는 정신력을 갖고 있었다. 혹은 그렇게 보였다.

이러한 전쟁의 흐름이 바뀐 곳은 서울에서 서쪽으로 27킬로미터 떨어진 항구 도시인 인천이었다. 오늘날에도 한 동상은 기둥 앞에 서 있는 세 명의 미국 해병을 기리고 있다. 또 다른 동상은 방파제를 기어오르는 여섯 명의 해병을 묘사하고 있다. 그리고 그 인근에는 제2차 세계 대전 당시의 제복을 입은 더글러스 맥아더 장군의 또 다른 동상이 서 있다. 3미터 높이의 그 동상은 인천 상륙 작전을 성공으로 이끈 맥아더 장군을 기리고 있다. 9월 15일 오전, 7만 명의 군대가 서로 다른 세 곳의 해안으로 상륙 작전을 감행했다. 그리고 5일 후, 연합군은 인천 상륙 작전에서 승리를 거뒀다. 그들은 서울을 향해 진격하기 시작했고, 2주 만에 다시 서울을 탈환했다.[30] 낙동강 방어선에서 싸우고 있던 북한군을 지원하는 보급선이 차단되었다. 결국 그들은 서둘러 북으로 퇴각하기 시작했다. 많은 이들이 진격하는 한국군에 투항했다. 그들 역시 북한 정권과 그 이념을 믿지 않았다. 그래서 남측이 전쟁에서 승리를 거둔다면, 그들은 기꺼이 역사의 편에 설 생각이었다.

이제 한반도는 민주주의 국가하에 재통합될 것으로 보였다. 10월 중순에 한국과 연합군은 한반도와 중국의 경계 지역에 이르렀다. UN은 통일된 한국을 위한 민주주의 독립 정부를 세우고자 〈한국 통일 부흥 위원단〉을 설립했다. 트루먼의 예측은 옳았다. 소련은 북한에게 총과 탱크를 지원했다. 그리고 위장한 소련 MIG-15기가 전쟁 지역을 날아다니고 있었다. 하지만 이오시프 스탈린은 북한을 위해 미국과 전면전을 벌일 생각은 없었다. 결국 김일성을 비롯한 북한 지도자들은 고립되고 말았다. 맥아더는 조선 인민군의 항복을 요구했다. 그들의 병력 규모는 2만 5천 명 정도에 불과했다. 한국군과 연합군을 합하면 그 규모는 15배나 더 컸다.[31] 이승만은 미소를 지을 여유를 찾았다. 통일된 한국을 이끌겠다는 그의 장기적인 목표가 손안에 들어온 듯 보였다.

그러나 그 꿈은 끝내 실현되지 못했다. 10월 25일 압록강을 몰래 건넌 중공군이 공격을 감행했다. 인민 의용군을 가장한 수십만 명의 중공군이 한국과 연합국 군대와 맞섰다. 스탈린과는 달리 마오쩌둥은 망설이지 않았다. 마오쩌둥은 김일성이 그를 방문한 5월에 전쟁 지원을 약속했다.[32] 중국의 지원은 북한이 한반도 남쪽을 향해 진격했던 전쟁 초기 단계에는 불필요하게 보였다. 그러나 이제 상황은 달라졌다. 중국이 개입하면서 한국군과 연합군은 퇴각했다. 1951년 봄 전선은 38선을 중심으로 정체되었다.[33] 러스크와 본스틸이 그은 그 가상의 선이 이제 실제 전투에서 양측을 갈라놓았다. 그 선은 전쟁이 끝난 이후에도 그대로 남았고, 70년이 흘러 이 글을 쓰는 오늘에 이르기까지 두 나라를 갈라놓고 있다.

  그러나 전쟁은 이후로 2년 넘게 이어졌다. 당시 가장 유명한 사진 중 하나를 보면 한 소녀가 어린 동생을 업고 있다. 소녀는 일곱이나 여덟 살로 보이고, 소년은 서너 살 정도로밖에 보이지 않는다. 소녀는 한복을 입고, 전쟁 중에 미군이 배치한 수십 대의 중급 탱크 중 하나인 M-26 앞에 서 있다. 그날은 1951년 6월이었다. 둘은 난민 신세가 되었다. 최악의 전투는 끝났다. 하지만 수백만의 한국인이 전쟁으로 난민 신세가 되었고, 그중에는 부모를 다시 보지 못하게 된 수많은 아이가 있었다. 사진 속 소녀와 아이는 카메라를 바라보고 있다. 그들은 상황이 어떻게 돌아가는지 이해하지 못했다. 그 사진은

1952~1953년에 걸쳐 많은 남북한 사람들의 정서를 담아내고 있다. 평화 협상에도 불구하고, 어느 쪽도 상대를 제압할 수 없다는 것이 확실해졌음에도 전쟁은 끝나지 않았다. 시민에 대한 대량 학살은 일반적인 일이 되었다. 전쟁 포로에 대한 즉결 처형 역시 마찬가지였다.[34]

대학살이 자행되는 가운데 한국은 두 번째 대선을 실시할 기회를 맞이했다. 1950년 5월 의회 선거 이후로 이승만은 의회 구성원 중 4분의 1의 지지에만 의존하고 있었다. 그래서 그는 유권자들이 직접 대통령을 선출하게 하는 헌법 개정을 강행했다. 1952년 8월 한국은 그렇게 두 번째 대선을 치렀다. 이승만은 총 88퍼센트 투표율을 기록한 선거에서 75퍼센트에 가까운 득표로써 쉽게 승리를 거뒀다.[35] 전쟁은 그의 승리에 큰 힘이 되었다. 확실한 여당은 존재하지 않았다. 사실 미 정부 관료들은 여러 가지 정책적 차이로 한국의 대통령을 마음에 들어 하지 않았다.[36] 하지만 그를 대체할 마땅한 인물이 없었다. 이승만은 최고의 정치적 기술을 발휘했으며, 이번이 그의 마지막 선거는 아니었다.

이승만은 남한이 미국의 지원을 받아서 전쟁에서 승리할 것이라는 희망의 끈을 놓지 않았다. 그러나 미국은 중국 및 북한과 함께 전쟁을 중단하기 위한 협상에 돌입했다. 미 정부는 전쟁을 끝내고 미군들을 본국으로 귀환시키고 싶어 했다. 그러나 이승만의 생각은 달랐다. 일단 미군이 한반도를 떠났을 때, 북한이 또 전쟁을 일으킨다면, 특히 김일성이 중공군의 지원을 받는다면 미국은 다시 돌아와 줄 것인가? 그래서 그는 종전 회담을 거부했다. 1953년 6월 18일에 이승만은 UN의 보호 아래 남측에 구금되어 있던 반공주의 전쟁 포로 2만 5천 명에 대한 석방을 지시했다.[37] 이에 미 대통령 드와이트 아이젠하워는 분노했다. 그 조치는 UN의 명시적인 입장에 반하는 것이었으며 전쟁 포로 송환에 관한 논의도 포함했던 종전 회담을 망칠 위험도 있었다. 그러나 그 시도는 효과가 있었다. 아이젠하워 행정부는 전쟁이 끝나면 경제 원조와 더불어 남한과 상호 방위 조약을 체결하기로 동의했다.[38] 미군은 한국에 계속해서 주둔하기로 약속했다.

1953년 7월 27일, 전쟁은 결국 끝났다. 북한과 중국, 그리고 UN을 대표한 미국이 휴전 합의문에 서명했다. 그러나 한국은 서명을 거부했다. 이승만은 평화적으로든 무력을 동원해서든 통일에 대한 희망을 여전히 포기하지 않았다.[39] 그러나 한국 국민 대부분은 휴전 소식에 안도의 한숨을 내쉬었다. 1백 50만 명이 넘는 시민이 전쟁에서 목숨을 잃었다. 이는 남한과 북한의 인구 총합에서 5퍼센트를 넘는 수치였다. 그리고 21만 7천 명의 한국 군인, 3만 6천568명의 미국인, 40만 6천 명에 이르는 북한 군인, 약 60만 명의 중국인, 3,063명의 연합군 군

인이 목숨을 잃었다.[40] 그리고 3년 동안 극한의 공포 끝에 한반
도는 폐허로 남겨졌다.

　　그렇게 소위 〈잊힌 전쟁Forgotten War〉이 끝났다. 보도가 엄
격히 통제된 상황에서 미국인 대부분은 2차 대전과 베트남 전
쟁 사이에 발발했던 한국 전쟁의 존재를 알지 못했다. 그러나
그 전쟁은 물론 오늘날까지 이어지는 생생한 기억을 한국인들
에게 남겼다. 전쟁이 시작된 날짜 때문에 〈육이오〉라고 오랫
동안 알려진 그 전쟁은 이후 한국의 행정부들을 뒷받침하는
주요한 힘으로서 작용하면서 30년이 넘는 전제주의와 반공주
의 세월을 만들었다. 또한 반미 정서가 많은 한국인 사이에서,
특히 정치 스펙트럼 중 좌편에 있는 이들 사이에서 중요한 힘
이 되었다. 그들은 한반도 분단에 대해 미국을 비난했다. 그리
고 전쟁 중 일부 미군이 저지른 잔인함에 분노했다. 하지만 수
십 년간의 식민 지배와 이후 일어난 전쟁을 겪은 한국인 대부
분이 무엇보다 원한 것은 경제 번영이었다. 이러한 측면에서
이승만 정부는 실패했다.

사하라 이남 아프리카보다 더 가난한 나라

전후 한국 사회가 얼마나 가난했는지 과장하기는 쉽지 않다.
공식 통계 자료는 1953년에 한국의 1인당 GDP가 67달러에
불과했다는 사실을 말해 준다.[41] 일본 식민 통치가 막을 내린

1945년에 한국인의 78퍼센트는 읽고 쓰지 못했다.[42] 이후로 이어진 폭력적인 상황을 고려할 때, 그 수치는 크게 달라지지 않았다. 게다가 이전 식민지 세력이 구축했던 제한적인 산업 시설마저 주로 한반도 북부에 집중되어 있었다. 당시 한국보다 더 가난하고 장래가 어두운 나라는 찾아보기 힘들었다. 1953년에 한국은 세계에서 가장 가난한 지역으로 알려진 사하라 이남 아프리카 국가들보다 더 가난했다. 게다가 아시아 동쪽 끝에 있는 이 나라에는 아프리카 대륙에 더 나은 미래를 약속한 천연자원도 없었다. 많은 경제학자와 전문가는 한국을 〈절망적인 경우〉로 언급했다.

이러한 전후 빈곤에도 불구하고 비교적 평화롭고 안정된 시기가 이어지면서 한국에도 베이비 붐 시대가 시작되었다.[43] 그런데 당시 한국 사회에는 남아 선호 사상이 뚜렷하게 존재했다. 부분적인 이유는 누가 가정을 이끄는 사람인지에 관한 유교적 가르침에서 찾을 수 있었다. 당시 한국은 농업 사회였다. 인구의 75퍼센트가 농촌에 거주했다. 그리고 1950년 이후로 시행된 토지 개혁 덕분에 (비록 전쟁이 한반도를 황폐하게 만들었지만) 1백60만 명에 달하는 농부가 처음으로 토지를 소유하게 되었다.[44] 그러나 이들에게 현대적인 농기구는 없었다. 농부들이 의존해야 할 것은 육체적인 힘뿐이었다. 그 무렵 여성에 대한 성차별은 이러한 맥락에서 이해할 수 있다.

베이비 붐이 시작될 무렵에 한국 사회는 여러 가지 당면
과제를 안고 있었다. 무엇보다 한국인 대부분 가족이 사망하
거나 실종되는 아픔을 겪었다. 그들은 잃어버린 가족을 찾고
자 했다. 그리고 가족이 사망한 경우, 여러 세대로 구성된 대가
족이 유교의 제례 풍습에 따라 며칠에 걸쳐 정성스럽게 의식
을 치르고자 했다. 일본 식민지 정권은 1912년 법령에 따라 이
러한 관습을 폐지하려고 했었다.[45] 그러나 그것은 40년의 세월
이 흘러 되살아났다. 한국의 많은 가정이 매장 문화를 지키려
고 했기 때문이었다. 그 의식은 사랑하는 사람을 기리기 위한
것일 뿐만 아니라, 혼란스러운 시대에 종지부를 찍고 새 출발
을 하기 위함이었다.

많은 한국인은 잃어버린 가족의 행방을 알지 못해 아픔을
겪었다. 남북 간 길이 막히면서 남쪽으로 건너오지 못한 아내
가 아직 살아 있을까? 남편이 전쟁에서 받은 충격으로 기억 상
실증에 걸려 병원에 있는 것은 아닐까? 서울이나 다른 도시를
떠나올 때 남겨 뒀던 동생들은 집으로 돌아오는 길을 알고 있
을까? 그 규모를 짐작할 수는 없지만, 많은 한국인은 전쟁이
끝나고 자신에게 이러한 질문을 던졌다. 하지만 그들 대부분
수십 년이 흘러서도 그 질문에 대한 대답을 듣지 못한 채 세상
을 떠났다.

또한 한국 전쟁으로 전국에 수십만 명의 고아가 생겨났

다. 그중 일부는 고아원을 비롯한 여러 시설로 보내졌지만, 많은 고아는 거리를 떠돌며 생활했다. 혈연을 중요하게 생각하는 유교 가치관이 여전히 지배하는 한국 사회에서 고아는 사회적 〈문제〉가 되었다. 많은 한국인, 그리고 새 식구를 거둘 수 있는 경제적 여유가 있는 한국인도 입양은 고려하지 않았다.[46] 이와 마찬가지로 한국인 어머니와 미국이나 다른 연합국 군인 아버지를 둔 많은 〈GI 베이비〉 역시 고아원으로 보내졌다. 혹시 있을지도 모르는 북한 침공에 남한을 지키기 위해 미군이 한국으로 계속해서 파견되면서 GI 베이비는 전쟁 후에도 태어났다. 많은 여성은 경제 발전이 거의 이뤄지지 않은 상황에서 생존을 위해 매춘에 의존했다. 그리고 미군들은 많은 현금을 갖고 있었다. 결국 더 많은 GI 베이비가 태어났다.[47] 민족이 여전히 한국인의 정체성을 상징하는 사회에서 혼혈 고아들, 그리고 아버지가 고국으로 돌아가 더 이상 찾을 수 없게 된 아이들은 입양에 대한 희박한 희망만 간직한 채 버려졌다.

　머지않아 이러한 문제를 부분적이나마 해결하기 위한 〈방안〉이 나왔다. 그것은 다름 아닌 국제 입양이었다. 1954년을 시작으로 GI 베이비, 그리고 보편적으로 빈곤 상태의 한국 고아들에 대한 인식이 높아지면서 미국 가정을 필두로 호주와 캐나다, 그리고 유럽 가정들이 고아가 된 한국 아이들을 입양하기 시작했다. 어떤 점에서 국제 입양은 이산가족 문제를 더 심화시켰다. 어린 고아들은 그들의 가족이 미처 알지 못한 상태에서 해외로 입양되었다.[48] 반면 많은 고아의 미래는 경제적인 차원에서 입양으로 더 나아졌다는 견해도 있었다. 그러나 그것은 아이들의 미래에서 심리적인 행복은 고려하지 않은 생각이었다.

전제주의 이승만 정부

이러한 상황에서 이승만은 전례 없는 전제주의 통치를 밀어붙였다. 그는 조선 왕조나 일본 식민지 통치 기간에나 어울릴 법한 원칙을 따르는 자신의 행정부를 정당화하고 강화하고자 했다. 그리고 스스로를 도덕적 권위와 군국주의 접근 방식의 중심으로 내세웠다. 이승만 정권은 국민에게 무엇이 좋은지, 자신들이 정확하게 알고 있다는 생각과 함께 억압과 반대에 대한 무관용을 원칙으로 삼았다. 이는 국민이 지도자를 선출하고 지도자는 국민을 섬기는 민주주의 이상과는 거리가 멀었다. 이승만 정권은 민주주의 원칙에서 점점 벗어나 전제주의를 향해 나아갔다.[49] 이러한 행보는 미국과의 잦은 마찰로 이어졌다. 1953년 10월에 미국은 한국과 상호 방위 조약에 서명했지만, 미국의 정치인과 정책 결정자들은 전반적으로 이승만을 탐탁지 않게 여겼다.[50]

1954년 5월, 한국은 전쟁 이후 처음으로 총선을 실시했다. 여기서 이승만의 자유당은 의회 과반수 의석을 차지했다. 그리고 6개월 후에는 국회 의원 3분의 2의 지지를 받아 헌법이 정해 놓은 대통령 연임 제한 조항을 폐지했다. 이로써 이승만은 세 번째 대통령 임기에 도전할 수 있게 되었다. 1956년 5월 대선에서 이승만은 70퍼센트 가까운 득표율로 승리를 거뒀다.[51] 물론 엄청나게 높은 지지율이었다. 그러나 2위와의 격차는 1948년과 1952년 선거에 비해 더 좁아졌다. 게다가 놀랍게도 민주당 후보 장면이 부통령 선거에서 자유당 후보를 근소한 차이로 물리쳤다. 점점 증가하는 도시 유권자들의 지지를 얻은 장면의 승리는 이승만 정권이 만연한 부정 투표 및 유권자 조작에도 불구하고 국민의 선택을 받지 못할 수 있다는 사실을 보여 주었다. 실제로 (정부가 쉽게 통제할 수 있었던) 농촌 지역 지지율은 거의 변하지 않았지만 도심 지역에서 자유당 지지율은 꾸준히 감소하고 있었다.[52]

이승만 정권은 위협적인 야당의 출현에 폭력 사용을 강화해 나갔다. 1956년 선거에서 이승만에게 맞서 출마한 독립운동가 조봉암은 공산주의에 동조(한국의 「국가 보안법」에 따라 불법인)했다는 혐의로 1958년에 체포되고 1959년에 처형되었다. 조봉암에 대한 사형 선고는 2011년이 되어서야 뒤집혔다.[53] 장면은 1956년 선거에서 부통령에 당선된 직후 총격을 당했다. 다행히 목숨을 건졌지만, 용의자가 자유당과 연관이 있다는 의혹이 일었다.[54] 다른 한편으로 대학생을 비롯하여 이승만 정권에 반대하는 여러 단체가 시위를 벌였고 경찰은 종종 이를 폭력적으로 진압했다.

계속된 억압에도 불구하고 1950년대에 좌파 여당이 모습을 드러냈다. 1956년 선거 이전에 민주당은 이승만 정권에 반대하는 좌파 정당과 단체를 하나로 끌어모았다.[55] 이는 우파, 혹은 보수 정당에 반대하는 한국의 좌파 혹은 진보 정당의 출발점이었다. 그리고 그 대립은 오늘날까지도 이어지고 있다. 민주당은 비록 이승만 정권을 물리치지는 못했지만 그 정권의 최종적인 몰락을 위한 씨앗을 뿌렸다.

이승만 정권은 장기적인 경제 성장을 위한 실질적인 정책을 수립하지 못했다. 정권 유지에 필요한 고질적인 부패가 만연한 가운데, 이승만은 미국으로 시선을 돌렸다. 그리고 한국의 새로운 동맹으로부터 거대한 규모의 원조 프로그램을 얻어내는 데 성공했다. 1954년에서 1960년에 걸쳐 한국은 지원 및 차관으로 36억 달러를 받았다.[56] 이는 전후 이승만의 최대 성과로 인정받았다. 게다가 1958년 1월 미국은 한국에 핵무기를 배치했다. 이는 장기 주둔을 통해 한국을 지키겠다는 미국의 약속이었다. 하지만 한국 정부는 그 대가로 지불금에 대해 미국과 협상을 해야만 했다. 북한의 침공을 막기 위해 한국에 주둔한 미군이 한국 경제를 뒷받침하는 가운데, 한국 정부는 점차 미국 원조에 의존하게 되었다. 전후 대규모 철수 이후, 한국에 남아 있는 미군의 규모는 이승만 임기 동안 약 5만 명으로 안정화되었다.[57] 이러한 사실은 이승만이 적절한 경제 계획을 수립해야 할 동기를 감소시켰다.

그러나 이승만은 자원이 부족한 한국이 빈곤에서 벗어나려면 교육이 필요하다는 사실을 이해했다. 1945년 식민 통치가 끝났을 때 한국인 중에서 글을 읽고 쓸 줄 아는 인구는 고작 22퍼센트로 문맹률은 극단적으로 높았다. 이승만은 이 문제를 해결하기 위해 보편적인 초등 교육 입학제를 실시했다. 1960년에 남성의 문맹률은 15퍼센트를 살짝 넘는 수준으로 감소했고, 여성의 경우에 6년 후 그 수준에 도달했다. 다른 한편으로 초등학교 입학률은 1960년대 초를 기준으로 90퍼센트에 이르렀다.[58] 보편적인 교육을 국가 미래를 위한 초석으로 삼았던 노력은 이후 수십 년 동안 이어졌고, 21세기인 지금에도 한국 사회의 특징으로 남아 있다.

교육은 한국 사회의 발전에 장기적으로 기여했다. 그러나 동시에 이승만에게 정치적 위협이 되었다. 1960년 2월 고등학생들이 주축으로 이승만 독재 정권에 저항했던 민주주의 운동 사례는 더 높은 교육이 민주주의 이상을 요구하게 된다는 사실을 분명히 보여 주었다.[59] 이승만은 선거가 있기 몇 주일 전 그의 정적이 사망하면서 경쟁 상대가 없는 상태에서 3월 대선

에 승리했다.[60] 또한 부통령 선거에서는 자유당 후보 이기붕이
납득하기 힘든 79퍼센트의 득표율로 장면을 이겼다.[61] 이에 학
생과 노동자들은 선거 조작을 의심했다. 그리고 이러한 의심
은 한국의 남동쪽에 위치한 항구 도시인 마산에서 시작된 (나
중에 그렇게 이름 붙여진) 4.19 혁명으로 이어졌다. 1960년 당
시 도시화가 30퍼센트 정도 진행된 상황에서 시위는 서울을
비롯하여 국가 전역의 도시들로 빠르게 퍼져 나갔다. 그 과정
에서 마산에서 활동하던 학생인 김주열이 최루탄을 머리에 맞
고 사망한 사진이 시위대의 분노를 자극했다. 그리고 이러한
분위기를 잠재우기 위한 경찰의 폭력 진압은 역효과를 낳았
다. 1960년 4월 말, 이승만은 결국 대통령 자리에서 물러나야
했다. 한 달 후 그는 하와이로 망명했다. 미 대통령 아이젠하워
는 이승만에게 한국을 떠날 것을 권고했고 CIA의 제트기까지
동원하여 그를 은밀하게 미국 영토로 데려왔다.[62] 이승만은 이
후 한국에 돌아가지 못했다. 그의 시신은 1965년 그가 사망한
직후에 본국으로 이송되었다.

한국의 첫 번째 민주주의

한국의 첫 번째 민주주의는 13개월간 이어졌다. 이승만이 국
가에 대한 통제력을 실질적으로 잃어버리고 사임을 하면서,
1960년 4월에 제2공화국이 들어섰다. 한국 유권자들은 7월에

새로운 의회를 선출했다. 그리고 그 의원들은 처음으로 이승만이 아닌 윤보선을 대통령으로 뽑았다.[63] 전 독립운동가였던 윤보선은 민주당 창당인 중 한 사람이었다. 당시 한국 국민은 이승만 정권의 극단주의를 막고자 했다. 그래서 제2공화국은 의원 내각제를 선택했다. 대통령이 국가 원수가 되었고 총리가 정부 수반이 되었다. 그리고 의회는 장면을 총리로 선출했다.[64] 이로써 장면은 오랫동안 품었던 국가 지도자로서의 꿈을 실현했다.

장면 정부는 실질적인 민주주의를 구현하기 위해 야심 찬 계획을 세웠다. 새 정부는 정적에 대한 정치적 박해와 언론 자유에 대한 억압을 중단했다. 그 결과, 시위가 일상적으로 일어났다. 근로자와 대학생을 포함한 다양한 집단이 새롭게 찾은 자유를 누렸다. 또한 장면 정부는 부패를 막기 위한 부정 축재에 관한 특별법을 새로이 단행했다. 이승만 정권의 부패로부터 덕을 본 정부 관료와 경찰, 그리고 군 관료들에 대한 수사가 시작되었다.[65] 국민 대다수는 과거의 빈곤에 대해 적어도 부분적으로 책임 있는 이들이 그들의 행동에 정당한 대가를 치르고 있다고 느꼈다. 많은 이들은 일본 식민 통치의 종말이 가져다준 약속이 실현되고 있다고 처음으로 느꼈다.

한국 국민의 대부분은 자유를 되찾고 있었음에도 여전히 가난했다. 장면은 1961년 신년사에서 〈한강의 기적〉을 언급했다. 서울을 관통하는 한강은 수 세기에 걸쳐 신비로움을 품고 있었고 이는 이 글을 쓰는 지금도 이어져 오고 있다. 한강은 한국이 언젠가 부유해질 것이라는 약속에 대한 상징이었다. 그리고 그 약속을 실현하기 위해 장면 정부는 첫 번째 5개년 경제 계획을 발표했다.[66] 이승만 정권과는 달리, 새로운 정치 연합은 한국 경제를 개발하기 위한 청사진을 갖고 있었다. 5개년 계획은 농업 현대화, 그리고 섬유와 신발 및 식품과 같은 경공업 분야 개발에 주목하면서 한국이 비교 우위를 갖고 있는 노동력에 주목했다. 당시 높은 출산율과 근로 연령 인구의 증가에 힘입어[67] 장면 정부는 풍부한 인력을 바탕으로 제품을 값싸게 생산하는 가능성에서 한국의 미래를 봤다. 또한 장면 정부는 경제 운영을 위한 기술적 전문성을 갖춘 관료에게 많은 권한을 위임했다.[68] 이러한 접근 방식은 장면이 물러나고 제2공화국이 해체된 이후에도 그대로 남았다.

제2공화국에 걸쳐 주어진 자유는 그 종말의 씨앗을 품고 있었다. 이승만 정권의 낮은 경제 성과에 불만을 품었던 여러 군 장성들은 이미 권력을 차지하기 위한 쿠데타를 꾸미고 있었다. 그들은 동해 너머의 식민지 지배자를 부러운 시선으로 바라봤다. 당시 일본 경제는 호황을 누리면서 제2차 세계 대전 패배의 잿더미로부터 빠르게 회복하고 있었다. 한국의 많은 장성과 군 간부는 일본군에서 복무했으며, 그중 많은 이들은 이웃 나라의 군국주의를 몰래 흠모하고 있었다.[69] 장면 정부하에서 한국 경제는 높은 인플레이션과 실업률로 지속적인 어려움을 겪고 있었다. 범죄도 증가하기 시작했다. 이러한 상황에서 군사 지도자들은 잠시 숨을 죽이고 있을 수 있었다. 그러나 장면 정부는 수천 명의 군 간부를 대상으로 민주주의 억압과 부패에 대한 수사를 시작했다. 게다가 1961년 5월 초, 학생들은 북한과의 즉각적인 통일을 요구하면서 시위를 벌였다. 군인들은 때가 무르익었다고 판단했다. 그리고 5월 16일 박정희는 군사 쿠데타를 성공적으로 이끌면서 장면 정부로부터 권력을 빼앗았다.[70]

그렇게 한국 최초의 민주주의 실험은 막을 내렸다. 1988년 이전까지 한국 국민이 진정한 민주주의 국가에서 살았던 것은 이때가 마지막이었다. 그러나 자유의 맛을 본 많은 이는 그 경험을 잊지 못했다. 특히 학생들은 쿠데타를 이끈 박정희 정권에 대한 저항을 20년 동안 이어 나갔다. 근로자들도 합세했다. 또한 기독교인들, 특히 많은 가톨릭 인사도 박정희 정권에 맞섰다.[71] 장면 역시 가톨릭 신자였으며, 이승만 정권에 대한 저항을 알려야 한다고 믿었다. 이렇게 제2공화국은 짧은 역사를 마감했지만, 그 정신은 살아남았다. 한국의 헌법은 지금까지도 국가가 〈불의에 맞선 4.19 혁명의 민주주의 이상〉을 수호할 것을 명하고 있다.[72]

박정희 시대
1961~1979

1961년 5월 16일, 당시 정부를 강압적으로 무너뜨리고 정권을 잡은 박정희

1970년 7월, 완공된 경부 고속 도로

박정희의 쿠데타

어떤 쿠데타는 유혈 사태를 수반한다. 또 어떤 쿠데타는 합법 정부로부터 권력을 빼앗지 않는 것처럼 조용하게 일어난다. 훗날 〈5.16 군사 정변〉으로 알려진 박정희의 쿠데타는 후자에 해당한다. 총성은 거의 들리지 않았다. 탱크가 오랫동안 거리를 점령할 필요가 없었다. 정치인에 대한 암살도 없었다. 쿠데타가 있던 날 아침에 한국 국민은 민주주의 국가에서 잠을 깼다. 그러나 해가 지고 나서는 초기의 전제주의 국가에서 잠이 들었다. 그리고 국민 대부분은 가난하게 깨어났다가 가난하게 잠들었다. 장면 정부는 국민의 경제 상황을 개선하는 데 실패했다. 배가 고픈 상태에서 이제 종말을 고하려는 민주주의를 위해 일어설 사람은 없었다. 특히 미국이 쿠데타를 암묵적으로 인정한 상황에서 맞서 싸울 만한 세력도 없었다. 실제로 서울에서 일어났던 첫 번째 시위는 그 군사 봉기를 지지하는 것이었다. 쿠데타가 일어나고 3일 후, 장면과 그 내각은 사퇴했다.[1] 쿠데타를 지휘했던 지도자가 가슴에 품고 있던 생각은 분명했다. 그것은 한국을 어떻게든 부유하게 만들어야 한다는 사실이었다.

그 지도자는 바로 박정희이다. 박정희는 한국의 20세기 역사에서 가장 중요하고 영향력 있는 인물로 알려져 있다. 쿠데타를 지지한 장성과 사병들 사이에 둘러싸여 군복 차림에 선글라스를 쓴 박정희의 모습은 많은 한국인에게 깊은 인상을 남겼다. 그는 권력을 차지했고 자신감에 넘쳤다. 이러한 모습은 많은 한국인이 느끼기에 국가에 대한 통제력을 상실했던 시민 정부와는 상반되는 것이었다. 박정희는 쿠데타가 있던 날 아침에 자신의 추종자들에게 이렇게 말했다.

시민 정부가 국가의 질서를 바로잡아 주길 기다려 왔습니다. 그러나 총리와 장관들은 부패를 일삼았고 나라를 붕괴 직전으로 몰아갔습니다. 우리는 나라를 구하기 위해 정부에 반대하여 일어섰습니다. 우리는 피를 흘리지 않고서도 목표를 이룰 수 있습니다. 조국을 위해 혁명군에 동참합시다.[2]

그 독재자는 자신을 정당화하려고 했을까? 물론 그랬을 것이다. 1961년 상황에 대한 그의 평가는 많은 한국인이 공감했던 것일까? 이 또한 사실이다. 일부, 그리고 많은 국민은 박정희의 방식, 즉 쿠데타에는 동의하지 않았지만, 그럼에도 한국이 방향을 전환해야 한다고 생각했다. 그들은 사회 불안에 지쳤다. 한국 전쟁이 끝났음에도 폭력과 부패는 10년 넘게 사라지지 않았고, 그들의 삶 또한 나아지지 않았다. 박정희는 더 나은 미래를 약속했다.

박정희 자신도 가난이 무엇인지 알았다. 그는 양반 가문에서 태어났지만, 그의 부모는 가난했다. 그의 가족이 살았던 곳은 서울과 부산의 빛과 화려함으로부터 멀리 떨어진 소도시인 구미였다. 당시 한국은 일본의 지배 아래에 있었다. 박정희는 많은 야심 찬 젊은 남성들이 했던 일을 했다. 바로 일본군에 입대했다. 그는 일본의 빠른 근대화를 흠모하는 눈빛으로 바라봤다. 일본군에 들어가는 것은 그런 그로서는 당연한 일이었다. 그는 제2차 세계 대전 동안 일본군의 편에서 싸웠다. 그러나 전쟁이 끝나고 한국이 독립을 되찾자 박정희는 절망했다. 이후 그는 새로 창설된 육군사관학교에 들어갔고 군인으로서 성공을 위해 준비했다.

그 후 박정희는 남조선노동당에 가입했다. 정치 지도자들이 공산주의를 혐오했던 나라에서 박정희는 체포되고 사형을 선고받았다. 그는 군 지도자들의 청원으로 목숨을 구할 수 있었다. 이후 그는 한국 전쟁에 참전했고 승승장구했다. 1958년에는 소장이 되었다.[3] 그리고 한국군에서 가장 강력한 인물 중한 사람이 되었다. 1961년 쿠데타 당시 박정희는 부관들의 존경을 받는 카리스마 넘치는 지도자였다.

박정희는 바로 권력을 강화해 나갔다. 쿠데타가 있고 한 달 반 만에 그는 제2공화국을 대체한 임시 군사 정부인 국가 재건 최고 회의 의장이 되었다.[4] 그리고 1961년 11월에 스스로 대장으로 진급했다. 또한 중앙정보부 설립에 관여했다. 중앙정보부를 설립한 이유는 뻔했다. 그러나 그 기관은 〈한국의 CIA〉가 아니었다. 중앙정보부는 박정희와 이후 전두환 정권에 이르기까지 한국에서 가장 무시무시한 기관이 되었다. 중앙정보부는 체포와 고문, 납치를 자행했고 때로는 암살 작전을 수행하기까지 했다. 공산주의와 북한을 찬양하거나 정부를 비난했다고 의심되는 이들은 중앙정보부의 목표물이 되었다.[5] 이러한 공포 정치는 한국이 민주화된 1988년 말까지 이어졌다. 박정희가 쿠데타 직후 보여 준 행동들은 독재와 군사주의를 향한 그의 정권의 행보를 암시하는 전조였다.

그러나 적어도 권력 초반에는 박정희도 합법성을 유지하고자 했다. 이러한 차원에서 윤보선이 대통령 자리에 그대로 머물도록 했다. 윤보선은 1962년 3월에서야 물러났다. 그는 한국 정치에 스며들고 있던 전제주의로부터 벗어나고자 했다. 이후 박정희는 대통령 권한 대행에 올랐다.[6] 1962년 1월에는 경제 성장에 박차를 가하기 위한 5개년 계획을 발표했다. 2년 전에 장면 정부가 내놨던 것과 비슷한 박정희의 경제 계획은 한국을 경제 발전 궤도에 올려놓기 위해 섬유를 비롯한 경공업을 핵심 원동력으로 강조했다.[7] 나아가 이승만의 사임을 이끌었던 4월 혁명의 정신을 담은 다양한 정책도 내놨다. 거기에는 가난한 농민의 부채를 탕감하고, 중소기업을 지원하고, 그리고 이승만 부패 정부를 지지했던 이들에 대한 체포가 포함되었다.[8] 박정희는 군주와 신민의 역할을 정의한 〈케케묵은〉 유교 사상 대신에 경제 발전이 자신과 정권에 필요한 지지의 근간이 될 것으로 봤다.

미국 존 케네디 행정부로부터 압박받았고 권력 집중에 대한 국내의 우려가 커지고 있음을 인식한 박정희는 1963년 10월에 대선 일정을 발표했다. 새롭게 선출된 케네디는 특정 독재 정권과 폭력적인 반공 혁명에 대한 지지에도 불구하고, 무력이 아니라 민주주의를 강화함으로써 냉전에서 〈승리〉할 수 있다고 주장했다. 이러한 정책 노선과 박정희의 독재 행보가 불협화음을 내면서, 케네디 행정부는 민주주의와 민간 정부로 되돌아갈 것을 주문하며 한국을 압박했다.[9] 다른 한편으로, 점점 더 많은 한국 국민 사이에서 박정희에 대한 회의적인 시각이 커져 가고 있었다. 경제 상황은 나아지지 않았다. 그들은 직접 투표로 대통령을 뽑을 수 없었다. 폭력 사태가 진정되고는 있었지만, 그것은 폭압에 의한 것이었다.[10] 1963년의 한국은 1961년 쿠데타 당시에 비해 조금도 나아지지 않았다.

결국 한국은 1963년 10월에 대선을 치렀다. 박정희는 군복을 벗고 대통령 선거에 출마했다. 이는 공식적인 차원에서 군국주의를 탈피하려는 그의 의지를 보여 주는 것이었다. 박정희는 이전 대통령이었던 윤보선을 상대로 공정한 선거 운동을 벌였다.

실제로 한국에서 치러진 이전 선거와 비교할 때, 이 대선은 대단히 치열한 대결 구도로 이뤄졌다. 유권자에 대한 억압은 거의 없었고 모든 후보자는 공정한 연설 기회를 누렸다. 그 결과, 박정희는 승리를 장담하지 못했다. 여권은 〈시민〉의 표가 갈리는 것을 막기 위해 윤보선을 중심으로 연합했다. 투표일이 다가오면서 그러한 선택은 현명한 결정으로 보였다. 국내의 여론은 윤보선의 우세를 점쳤다. 그러나 결과는 46.6퍼센트를 얻은 박정희가 45.1퍼센트를 얻은 윤보선을 근소한 차이로 이긴 것으로 나타났다. 윤보선은 서울을 비롯하여 비교적 부유한 북부 지역 네 곳에서 크게 승리를 거뒀다. 반면 박정희는 제주도를 비롯하여 주로 농업에 집중된 남부 지역 다섯 곳에서 승리했다.[11] 한국은 그러한 형태로 분열되었다. 박정희는 도시 노동자와 학생들에게 자신이 대통령으로서 적임자임을 입증해야 했다.

민주적으로 선출된 대통령 박정희는 곧 권력 기반 다지기에 착수했다. 11월에 실시된 총선에서 박정희의 민주공화당은

3분의 1을 득표하며 국회 의석의 60퍼센트 이상을 차지했다. 그리고 이를 기반으로 박정희 정권은 12월에 제3공화국을 출범했다.[12] 박정희는 이제 한국이 다시 시민 정부로 돌아왔다고 주장할 수 있게 되었다. 11월에 케네디 암살에 이어 린든 존슨이 새롭게 대통령이 된 상황에서, 이러한 결과는 미국을 만족시키기에 충분했다.

그러나 박정희는 곧 독재 행보를 시작했다. 그의 정부는 반공을 국내 정치의 근간으로 삼았다. 그리고 여기에 〈민족〉이라는 개념을 결합했다. 한국인은 단일 민족이며, 또한 진정한 한국인이라면 반공주의자여야 했다. 그러므로 북한 지도자는 진정한 한국인이 될 수 없고 북한의 이념을 지지하는 이는 의심의 대상이 되었다. 박정희의 시선에서 바라볼 때, 한국은 잠재적인 북한의 침공으로부터, 그리고 국가 내부의 공산주의 동조자들로부터 위협을 받고 있었다.[13] 이러한 상황에서 그는 북한과 내부 반란 세력에 의해 국가가 공산주의로 넘어가지 않도록 한국을 지키는 〈수호자〉가 되었다.

이러한 생각과 더불어 중앙정보부는 점점 더 힘을 키워 갔다. 박정희 정권은 체포와 납치를 비롯한 다양한 불법 행위를 독려하거나 다양한 방법을 모색했다. 경찰과 군대는 시민의 삶을 지배했고 종종 저항 세력을 진압하는 역할을 했다. 박정희 정권은 시위가 통제 범위를 넘어선다고 느낄 때마다 폭력을 동원했고 계엄령으로 위협했다.[14] 박정희에 대한 지지에 따른 것이든, 혹은 계속해서 이어진 분열과 증오로 인한 피로에 따른 것이든 한국 사회는 점점 독재의 길로 접어들었다.

그러나 저항을 선택한 한국인도 있었다. 당시 주요 야권 인사로 윤보선과 김영삼, 김대중을 들 수 있고, 이후 김영삼, 김대중에 김종필을 포함해 〈3김〉이라 불렸다. 김영삼은 한국 전쟁 이후에 정계에 입문했다. 그는 처음 이승만 정권에 반대했다가 이후 박정희에 맞섰다. 한반도 남동부 끝에 있는 거제도 출신인 김영삼은 서울대학교에서 철학으로 학위를 받았고, 덕분에 한국 정계에서 독재에 맞선 지식인으로 이미지를 내세울 수 있었다.[15]

다른 한편으로 김대중은 1950년대에 정계에 입문하면서 1961년과 1963년에 국회에서 활동했다. 카리스마 넘치는 웅변가인 김대중은 자신이 태어난 한반도 남서부의 전라도 지역을 권력 기반으로 삼았다. 그는 박정희를 강력하게 비판하면서 정권의 표적이 되었다.[16] 1967년 선거에서 윤보선이 박정희에게 패한 이후로, 양 김은 1970년대와 1980년대에 걸쳐 한국 독재자들에게 눈엣가시와 같은 존재가 되었다. 반면 김종필은 박정희 정권에서 온건한 이미지로 보였다. 박정희의 조카와 결혼을 한 김종필은 1961년 5월 쿠데타에 참여했고 중앙정보부를 설립했으며, 1971~1975년에 국무총리를 맡았다.[17]

또한 그는 다른 두 김이 1990년대에 대통령이 되는 과정에서 중요한 역할을 했다. 그는 스스로 최고 자리에 오르지는 못했지만, 수십 년 동안 한국 정치에 많은 영향을 미쳤다.

대학생과 종교인, 그리고 노동자는 점점 더 확고한 독재의 길로 들어서는 박정희 정권에 맞서 싸운 주요 집단을 형성했다. 그들 모두 박정희 정권에 저항한 명분을 갖고 있었다. 그들은 1960~1961년의 약속을 잊지 않았다. 그들 대부분 박정희에게 표를 던지지 않았다. 한편으로 종교 단체들은 도덕적 기반에서 박정희 독재에 반대했다. 특히 가톨릭과 불교 지도자들이 주도적인 역할을 했다. 낮은 임금으로 혹사당하면서 한국 경제의 성장을 이끈 노동자들은 점차 계급 의식으로 무장하게 되었다.[18] 1960년대와 1970년대에 한국 노동자는 미국 소비자들이 원했던 신발과 셔츠, 장난감을 만들어 낸 값싼 노동력이었다.

학생들은 1964년, 박정희 정권에 맞서 대규모 시위를 주도했다. 그해 2월에 박정희 정권은 식민지 지배자였던 일본과 외교 관계를 정상화하겠다고 발표했기 때문이었다. 장면도 똑같은 생각을 품고 있었지만 이를 실행에 옮길 시간이 없었다. 반면 박정희는 확고한 권력을 확보하고 있었고, 그의 당은 국회를 장악하고 있었다. 야당의 시선에서 볼 때, 박정희는 일본과의 관계 정상화를 밀어붙일 실질적인 힘을 갖고 있었다. 그해 3월 학생들은 단식 투쟁에 돌입했다. 그리고 6월에는 1만 명이 넘는 학생이 서울의 거리로 쏟아져 나왔다. 이에 박정희 정권은 6월 3일 계엄령을 선포했다. 경찰은 1천 명이 넘는 학생과 정치인을 비롯하여 국교 정상화에 반대하는 모든 이를 체포했다.[19] 그러나 상황은 예상대로 흘러갔다. 박정희는 국민 대다수가 반대하는 결정을 실행에 옮길 힘을 갖고 있었다. 1965년 6월 국회는 「한일 기본 조약」을 통과시켰다. 그러나 그 조약은 보상에 대한 개인의 청구권까지 해결한 것은 아니었다. 대다수 한국인의 시선으로 볼 때, 일본과 한국 정부는 식민 통치 기간에 노예처럼 일했던 이들의 고통을 그저 외면했다.[20] 이러한 입장은 「한일 기본 조약」이 체결된 지 수십 년 후에 UN에 의해 결국 인정을 받게 된다.[21] 그러나 당시에는 박정희가 이겼다. 그 문제에 대한 중대한 시위는 벌어지지 않았다.

또한 박정희는 자신이 결정한 정책을 밀어붙이는 능력과 의지를 갖고 있다는 사실을 보여 주었다. 1964년 한국 정부는 베트남전에 참전한 미군을 지원하기 위해 한국군 파병을 발표했다. 물론 베트남전 참전은 박정희의 반공주의 정책과도 완벽하게 들어맞는 것이었다. 사실 이승만 정권도 1950년대에 베트남에 한국군을 파병하겠다는 뜻을 밝혔었다. 그러나 박정희는 다시 한번 이전 정부가 하지 못한 정책을 실행에 옮겼다. 1965년 2월 한국군은 처음으로 베트남 남부의 땅을 밟았다.

그리고 1973년까지 주둔했다.[22] 이를 통해 박정희는 자신이 선택한 정책을 어떻게든 실행에 옮기는 인물로서 이미지를 강화했다.

논란이 된 사안에 보상이라도 하려는 듯 박정희는 훗날 한국에서 가장 상징적인 장소가 되는 곳에 위인의 동상을 세우기로 했다. 1967년 3월 박정희는 서울대 교수인 김세중에게 이순신 장군의 동상 제작을 의뢰했다. 그 동상이 들어설 곳은 경복궁(조선의 왕들이 거주했던)으로 향하는 도로, 그리고 독립 선언문을 낭독했던 인사동과 탑골 공원으로 이어지는 도로가 만나는 사거리였다. 13개월이 흐른 1968년 4월에 16.8미터 높이의 받침대 위에 놓인 6.3미터 높이의 이순신 동상이 위용을 드러냈다.[23] 이순신 동상은 지금도 그 자리를 지키고 있다. 이순신은 이념 분열을 초월한 인물이었으며, 그것은 지금도 마찬가지다. 박정희는 이순신 동상을 설치하면서 누구도 자신을 친일파라고 부를 수 없게 되기를 바랐다.

그 전에 박정희는 1967년 5월 선거에서 두 번째로 윤보선과 맞서 싸워야 했다. 이번 선거에서 박정희는 51퍼센트의 득표율로 40.9퍼센트를 얻은 윤보선에 승리를 거뒀다. 이번에 박정희는 동부 다섯 지역과 제주에서 승리를 거뒀다. 반면 윤보선은 서울(비록 과반수에는 미치지 못했지만)과 서부 네 지역에서 이겼다.[24] 한 달 후 박정희의 민주공화당은 국회에서 다시 과반을 차지했다. 점점 더 심해지는 억압 통치는 당연하게도 박정희가 권력을 유지하도록 도움을 주었다. 동시에 경제가 발전하고 국정이 안정되면서 박정희에 대한 지지율은 점점 높아졌다.

박정희의 인기와 전제주의는 1968년 1월에 더욱 강화되었다. 그 달, 31명의 북한 특공대원이 당시 한국 대통령의 공식 집무실이었던 청와대 인근 100미터 안까지 침투했다. 군인과 민간인으로 위장한 이들 특공대원의 목표는 하나였다. 그것은 박정희와 함께 모든 고위 정부 관료를 암살하는 것이었다. 한국 경찰과 군대는 그들의 암살 계획을 막았다. 북한 특수대원 중 한 명을 제외한 전원이 사살되었거나 자살했다.[25] 박정희는 살아남았다. 그리고 그의 존재감은 더 커졌다.

더는 놀랄 것도 없이, 박정희는 헌법이 정한 두 번의 임기 제한을 넘어서 권력의 자리를 지키고자 했다. 당연하게도 야권은 그러한 시도에 반대했고 이를 비난했다. 하지만 역시나 더는 놀랄 것도 없이, 민주공화당은 박정희의 3선을 허용하는 개헌안을 밀어붙였다. 1969년 10월에 시행된 국민 투표는 국회의 결정을 확정했다. 한국 유권자의 3분의 2가 개헌에 찬성했다. 정부는 국민 투표에 개입했다. 그러나 박정희는 개헌이 좌절되면 사임하겠다고 으름장을 놓으면서 국민 투표를 교묘하게 자신의 리더십에 대한 신임 투표로 만들었다. 한국인 대다수는 박정희 사임에 따른 사회 혼란보다 그의 전제적이면서도 효과적인 통치를 선택했다. 그러나 야권은 개헌을 〈두 번째 쿠데타〉로 규정했다.[26] 그들은 다음 대선에서 박정희를 물리치기 위한 준비에 돌입했다.

1971년 4월 박정희는 김대중과 맞섰다. 당시 40대였던 젊은 김대중은 윤보선이 대표했던 구세대 정치 세력을 넘어서 당을 장악하는 데 성공한 새로운 세대의 야당 정치인이었다. 국민 대부분이 박정희의 무난한 승리를 예상했다. 박정희의 지지율은 높았고, 억압은 일상적이었으며, 경제는 성장하고 있었다. 게다가 김대중은 젊은 나이에 대한 편견과도 싸워야 했다. 유교 사상이 여전히 뿌리 깊었던 당시로서는 절대 쉽지 않은 일이었다. 결국 박정희가 승리했다.

하지만 격차는 1967년 대선에 비해 더 좁혀졌다. 박정희는 53퍼센트가 살짝 넘는 득표율을 차지했고 김대중은 45.2퍼센트를 얻었다.[27] 게다가 김대중은 서울에서 크게 이겼다. 박정희는 다음 선거에서 이긴다는 보장이 없다는 사실을 깨달았다. 특히 더 많은 국민이 도시로 이주하고 탈권위주의 정치에 대한 이상을 품게 된다면 더욱 위험할 것이었다. 해결책은 분명했다. 그것은 자신의 전제주의 정권을 늦지 않게 완전한 독재로 만드는 것이었다.

한강의 기적

〈선진국〉과 〈후진국〉. 박정희는 그의 정권이 민주주의에서 벗어나려는 이유를 단순하게 설명했다. 그의 목표는 후진국인 한국을 모든 국민이 편안하게 살아가는 선진국으로 도약하게 만드는 것이었다. 그는 〈조국 근대화〉를 거듭 강조했다.[28] 박정희는 〈민족〉과 개발주의를 하나로 묶었다. 민족은 중요한 개념이었다. 반공주의 역시 그랬다. 그리고 선진국이 되어야만 공산주의가 아닌 한국을 중심으로 통일을 이룩할 수 있었다. 조선 왕조는 부유하고 기술적으로 앞선 나라였다. 그렇다면 한국 또한 그런 나라가 될 수 있었다. 이러한 〈선진국〉 개념은 1988년 완전한 민주주의를 되찾을 때까지 한국이 전제주의 통치를 향해 계속 나아가게 만든 원동력이었다. 혹은 박정희와 그의 후계자를 반대하는 이들에게 독재를 정당화하는 명분이었다. 1964년 광복절 연설에서 박정희는 이렇게 말했다. 「민주주의를 향한 의미 있는 발전뿐 아니라 공산주의를 넘어선 국가 통일은 경제 정책의 성패에 달렸습니다.」[29]

한국을 경제 선진국으로 만들고자 했던 박정희의 노력은 어느 면에서 성공으로 드러났다. 한국은 학계에서 말하는 〈고속 성장〉을 경험했다. 서구 국가들이 100, 200년 동안 이룩한 발전 단계를 한국은 불과 20, 30년 만에 완성했다. 〈빨리빨리〉 문화가 자리 잡았다. 한국은 발전해야 했다. 그것도 빨리.

1963년에서 박정희 통치가 막을 내린 1979년에 이르기까지 연간 GDP 성장률은 평균 10퍼센트를 웃돌았다.[30] 총생산에서 농업이 차지하는 비중은 1970년에 29퍼센트에서 1979년 21퍼센트 미만으로 떨어졌다. 반면 산업의 비중은 같은 기간 동안 27퍼센트를 살짝 넘는 선에서 35퍼센트 이상으로 증가했다.[31] 수출 규모는 1963년 1억 5천7백만 달러에서 1979년 1백60억 달러로 100배 이상 증가했다.[32] 1963년 세계은행이 〈근본적인 경제적 취약성이라고 하는 고질적 특성〉으로 인해 절망적인 사례로 언급했던 나라로서는 결코 나쁜 성적이 아니었다.[33]

한국인들에게 변화의 속도는 눈부셨다. 1920년에 한국에 태어난 사람들은 농촌에서 극심한 빈곤 속에 살았다. 그들이 살았던 집은 말 그대로 네 개의 벽과 지붕으로 이뤄진 건물이었다. 그 안에는 수도 시설도 화장실도 없었다. 그들은 〈양반〉이 소유한 땅에서 일하면서 간신히 살아갈 정도의 음식을 얻었다. 혹은 더 나쁜 상황을 맞이하기도 했다. 노비가 되거나 일본에 있는 공장이나 만주에 있는 위안소로 보내졌다. 그러나 50세가 되기 전인 1979년에 그들은 중산층 근로자가 되었다. TV와 라디오, 냉장고, 그리고 깨끗한 화장실을 갖춘 현대적인 아파트에서 살았다. 아파트 창문으로 서울과 부산, 대구, 혹은 대전에서 공장이 거의 날마다 들어서는 장면을 지켜봤다. 공장이나 사무실에서 꽤 좋은 급여를 받으며 일하고, 영화를 보거나 최신 발라드를 들으며 여가를 보냈다. 열심히 일했다면, 제주도 여행이 그들을 기다리고 있었다.

일반적인 국민의 눈에 정부의 손길은 모든 곳에서 분명하게 보였다. 박정희는 쿠데타 직후에 경제 정책을 수립하고 추진하기 위해 경제 기획원을 세웠다. 그는 실질적으로 경제 기획원을 이끌었으며 모든 중요한 경제적 의사 결정을 내렸다. 산업 정책을 책임지는 통상 산업부 장관이 주재하는 가운데 핵심 장관들이 그 회의에 참석했다. 1960년대 및 1970년대 대부분에 걸쳐 남한과 북한의 경제 계획은 서로 엇비슷했다. 핵심은 산업화였다. 국유 은행들을 관리하는 재정부 역시 경제 기획원 회의에 참여한 핵심 기관이었다. 대출은 이들 은행에 의해 이뤄졌는데, 이 말은 정부가 국가 전역에 걸쳐 투자 대상을 결정했다는 뜻이었다.[34] 소수의 뛰어난 인재로 가득한 경제 기획원은 박정희 시대에 걸쳐 한국의 경제적 삶을 지배했다.

〈재벌〉은 박정희 통치 시절에 한국 경제에서 또 다른 지배적인 세력으로 성장했다. 말 그대로 〈부유한 가문〉을 뜻하는 재벌은 가족이 지배하는 거대한 대기업을 일컫는 말이었다. 재벌의 기원은 일본 식민지 말에서 한국 전쟁 직후에 이르는 시기에 한국 기업인들이 세운 소기업으로 거슬러 올라간다. 삼성은 1938년에, 그리고 한진은 1945년에 창립되었다. 현대와

LG(락희화학공업사로 설립된)는 1947년, SK는 1953년에 모습을 드러냈다. 〈재벌〉들은 일반적으로 지금의 모습과는 상당히 다른 형태로 비즈니스를 시작했다. 당시 식료품을 판매했던 기업인 삼성은 부업으로 밀가루와 섬유도 생산했다.[35] 이후 〈재벌〉들은 급성장하면서 복잡한 지배 구조를 갖춘, 다각화된 대기업이 되었다.

　　박정희와 〈재벌〉은 천생연분이었다. 박정희는 성장을 이끄는 국내 기업과 함께 한국 경제를 통제하고자 했다. 〈재벌〉들은 비즈니스 감각이 있었고, 기업이 한국 경제를 지배하는 같은 꿈을 꾸고 있었다. 물론 가능하다면 그들 스스로 그 꿈을 실현하고 싶었다. 박정희 정권은 선택적인 〈재벌〉 허가권과 값싼 이자로 대출을 주고 잠재적인 해외 경쟁자에게는 적대적인 경제 환경을 조성함으로써 재벌들을 경쟁으로부터 보호했다.[36] 현대의 정주영, LG의 구인회와 그의 아들 구자경, 삼성의 이병철, SK의 최종현 등 〈재벌〉 회장들은 국민 모두가 아는 인물이 되었다. 재벌들은 경제 기획원에 자문을 제공했다. 그러나 박정희는 〈재벌〉이 달성해야 할 경제 목표까지 제시하는 등 세부적인 경제 관리에 나섰기 때문에 마찰이 있었다.[37] 그리고 때로 단순한 마찰을 넘어서는 사건도 있었다. 박정희는 자신의 요구를 따르지 않는 〈재벌〉 지도자를 부패 혐의로 투옥하겠다고 협박했다. 재벌 지도자들은 박정희 정부와 협력하거나, 아니면 그들이 만든 모든 것을 잃고 수감되었다.[38] 박정희와 재벌은 결국 공생 관계를 이뤘다. 한쪽에 좋은 것은 다른 쪽에게도 좋았다. 그리고 한국 경제에도 좋았다. 국가의 최고 대학을 졸업한 젊고 야심 있는 젊은이들은 모두 한 가지 꿈을 꿨다. 그것은 재벌 기업에 들어가서 그들이 약속하는 부와 지위를 누리는 것이었다.

경제 정책과 이를 따르는 재벌에 대한 완전한 통제를 갖춘 박정희는 자신의 선진국 계획을 밀고 나갔다. 재선이 있었던 1967년에 박정희 정권은 2차 5개년 계획을 내놨다. 그 계획은 분명하게도 수출에 집중했다.[39] 한국은 값싸고 풍부한 노동력을 활용해서 미국과 나머지 서구 국가에 제품을 공급하는 〈공장〉이 되어야 했다.

같은 해 박정희 정권은 구로 산업 단지를 열었다. 한국 경제의 기적이라는 이름을 선사한 한강 아래에 자리 잡은 구로 산업 단지는 한국 최초의 산업 단지였다.[40] 남성, 그리고 점점 더 많은 여성이 대규모 공장에서 옷과 신발 등 다양한 값싼 제품을 생산했다. 서울 남서부에 자리 잡은 구로 산업 단지는 2000년에 구로 디지털 단지로 이름을 바꾸면서 놀라운 변화의 상징이 되었다. 이곳은 한국 경제사에 관심 있는 사람이라면 반드시 방문해야 할 장소다. 1967년 박정희 정권은 한국 텅스텐을 중심으로 항구 도시인 포항에 제철소를 설립하고자 했다. 그렇게 1년 뒤 포항제철이 모습을 드러냈다.[41] 오늘날 포스코라는 이름으로 알려진 이 기업은 한국이 철 생산에서 자급자족을 이룩하는 역할을 맡았다. 한국은 미국과 유럽 소비자를 위한 공장이 되고자 했다. 그러나 동시에 해외 원료에 대한 의존도를 낮춰야 했다.

구로 산업 단지와 포스코는 〈한강의 기적〉을 잘 보여 주었다. 그러나 박정희 정권은 더 큰 꿈을 꾸고 있었다. 당시 한국은 경제적인 차원에서 새우에 불과했다. 그러나 언젠가 미국과 일본, 서유럽과 함께 경쟁하는 경제적 고래가 되고자 했다. 그 목표를 달성하기 위해 박정희 정권은 교육에 투자했다. 1979년에 중등 교육 입학률은 79퍼센트에 달했다.[42] 당시 젊은 한국인의 30퍼센트 이상이 대학을 다녔다.[43] 박정희 정부는 대학생들이 공학을 비롯한 여러 기술 분야에 집중하기를 원했다. 이러한 차원에서 1971년 카이스트를 설립했다.[44] MIT에 대응해 한국이 내놓은 결과로서 탄생한 카이스트는 오늘날 한국 경제의 미래를 이해하기 위해 방문해야 할 곳이다. 또한 박정희 정권은 보편적인 의료 시스템을 구축하기 시작했다. 서유럽 모델에 영감을 얻은 박정희는 건강한 노동자들이 한국을 빈곤에서 구출해 주기를 원했다. 1977년 박정희는 민간 기업을 대상으로 근로자를 위한 건강 보험 의무제를 실시했다. 공무원은 1979년에 추가되었다.[45] 다른 한편에서, 현대를 비롯한 재벌 기업들은 경제가 돌아가는 데 필요한 도로와 철도, 공항, 항구를 건설했다. 1974년에는 서울 지하철 1호선이 개통되었다.[46] 서울의 통근자들은 더 빨리 일할 수 있게 되었다. 게다가 (전 세계 정부가 알고 있듯이) 주거지 인근에 지하철 역사를 설립함으로써 해당 지역 인구의 지지율을 끌어올렸다.

그러나 경제적 민족주의에 대한 모든 이야기와 더불어, 한국은 또한 외부 세상과의 관계로부터 많은 도움을 얻었다. 무엇보다 미국은 대규모 원조와 투자를 제공했다. 박정희 임기 동안 83억 달러가 원조를 통해 한국으로 흘러 들어간 것으로 추산된다.[47] 미국 기업들은 당시 한국이 절실하게 필요로 했던 달러를 가져다주었고, 기술 이전과 기술적 전문성을 제공했다. 미국 정부 또한 한국 수출업체들이 미국 시장에 쉽게 접근할 수 있도록 특혜를 주었다. 그리고 한국이 베트남 전쟁에 참여하면서 한국에 대한 원조와 특혜를 더욱 강화했다. 한국 기업들은 베트남에서 싸우고 있는 미군에 군사 보급품을 납품하는 우선 공급업체가 되었다.[48] 당시 박정희는 반공주의와 경제 개발에 모두 집중했다. 베트남 전쟁은 이 두 가지 모두에 도움이 되었다. 한국에 주둔한 미군들은 많은 돈을 소비했다. 이후 미국의 여러 행정부는 박정희의 강력한 반공주의와 그 나라의 지형적 중요성을 이유로 한국에 대한 지원을 계속해서 이어 나갔다.

1965년 외교 관계 정상화에 따라 일본이 한국에 제공한 경제적 보상 역시 경제 성장에 도움이 되었다. 일본은 배상금으로 5억 달러를 제공했고, 그 합의에 따른 상업 차관으로 3억 달러를 지원했다. 박정희 정부는 그 돈을 가지고 재벌(특히 포스코)에게 돈을 빌려주는 국영 은행들의 재원을 강화했고 국가의 제반 시설 수준을 높였다. 일본 게이레쓰(系列, 대기업 연합) 기업들 역시 생산 일부를 한국으로 아웃소싱하기 시작했다. 한국이 철강과 석유 화학, 기계 산업을 개발하고자 노력하는 가운데 일본 전문가들은 기술 지원을 제공했다.[49] 미국은 두 동맹국 간의 관계를 완화하기 위해 이러한 협력을 독려했다.

또한 한국 경제는 한국 이민자들이 고국으로 보내는 돈으로부터도 도움을 받았다. 한국 정부는 국가의 최고 학생들이 미국에서 공부하도록 장려했다. 그들 중 많은 이들은 졸업 후에도 미국에서 계속해서 살았다. 1965년 존슨 행정부가 아시아인에 대한 실질적인 차별을 철폐했던 「이민 및 국적법」을 통과시키면서 많은 한국인이 더 나은 삶을 꿈꾸며 미국 이민을 떠났다.[50] 1979년 수십만 명의 한국인이 미국으로 이주했다.[51] 그리고 2만 명에 이르는 한국인이 서독으로 이주했다. 당시 노동력 부족을 겪고 있던 서독 정부는 특히 한국의 광부와 간호사의 이민을 독려했다.[52] 그 밖에 다른 유럽 국가들과 사우디아라비아와 같은 몇몇 중동 국가, 그리고 일본 역시 한국 이민자들이 선호한 지역이었다. 그들이 고국으로 보낸 돈의 규모를 가늠할 수는 없지만, 1960년대 이후로 이민자들이 한국 경제에 크게 이바지했다는 것은 부인할 수 없는 사실이다.

경제 개발의 어두운 면

박정희 정권의 전면적인 경제 개발에는 어두운 면이 있었다. 1995년에 개봉된 영화, 「아름다운 청년 전태일」은 전태일 열사를 추모했다. 1996년에 서울 중심에 있는 한 거리는 그의 이름으로 정해졌다. 2001년에 출간된 그의 전기는 베스트셀러가 되었다. 현재 서울에 있는 전태일 기념관과 그 동상은 누구든 방문할 수 있다. 2020년 11월 13일, 전태일의 가족은 그의 사후에 수여된 훈장을 받았다. 전태일의 어머니 이소선 역시 오랫동안 유명 인사로 활동했으며, 그의 여동생 전순옥은 정계에 몸을 담았다.[53] 전태일은 외국에서는 거의 알려지지 않았지만, 한국의 모든 노동자가 추모하는 이름이다.

전태일은 노동 운동가였다. 1970년 11월 13일 전태일은 22살의 나이로 분신을 했다. 그는 자신과 (90퍼센트 이상이 젊은 여성이었던) 동료 방직공들이 견뎌야 했던, 그리고 대부분의 한국 노동자가 공장에서 겪어야 했던 열악한 노동 조건에 저항하기 위해 분신했다. 그가 마지막으로 남긴 말은 이것이었다. 〈내 죽음을 헛되이 말라!〉[54], 그리고 그의 죽음은 결코 헛되지 않았다. 전태일은 한국의 노동 운동을 촉발한 인물로 인정받고 있다. 물론 그가 그렇게 행동한 유일한 인물은 아니었다. 예를 들어 그의 어머니 역시 한국 노동자의 더 나은 삶을 위해 평생을 싸웠다. 그러나 전태일의 희생은 노동 조건을 개선하기 위한 노력이 전국으로 확산하는 계기가 되었다. 전태일이 사망했던 해, 하루 16시간 일했던 방직 노동자의 평균 일당은 (1달러가 되지 않는) 100원에 불과했다.[55] 많은 노동자가 한 달에 이틀이나 사흘밖에 쉬지 못했다. 이러한 상황은 특히 1970년대 이후로 심화되었다. 한국 노동자 대부분의 급여 수준은 1980년대 이후로 나아지기 시작했다. 그리고 전태일의 자기희생과 수많은 한국 노동자의 노력은 2,500개에 달하는 독립적인 노동조합의 탄생으로 이어졌다.

　　고도의 경제 성장에서 나타나는 또 다른 문제의 해결책을 제시한 인물로 이효재를 꼽을 수 있다. 그것은 성차별 문제였다. 당시 여성들이 대거 노동 시장에 합류하고 있었다. 그들이 들어간 곳은 공장만이 아니었다. 비록 적지만 점점 더 많은 여성이 언론과 학계로도 진입했다. 〈사무직 여성〉은 보편화되었고, 특히 남성들이 꺼렸던 비서직 일자리를 차지했다. 하지만 여성들은 종종 결혼이나 출산을 하고 나면 일을 그만둬야 했다. 그렇게 해서 많은 〈요구르트 아줌마〉들이 생겨났다. 그들은 발효 음료가 든 수레를 끌면서 도심 곳곳을 누볐다. 그리고 〈보험 아줌마〉들은 집집마다 방문을 하면서 생명 보험을 비롯하여 다양한 형태의 보험 상품을 판매했다. 결혼했거나 중년에 이른 여성을 가리키는 아줌마는 바느질에서 종이 상자 접기에 이르기까지 온갖 다양한 일을 집에서 했다.[56] 전문적인 경력과는 반대되는 이러한 일들은 아줌마들의 몫으로 여겨졌다.

성차별주의는 유교에 기반을 둔 사고방식으로 인해, 그리고 이러한 사고방식이 한국 경제라고 하는 새로운 현실과 혼합되면서 심화되었다. (유교 사상을 기반으로 1953년에 도입된) 호주제 아래에서 남성은 법적으로 가정을 이끄는 사람이었다. 그러한 제도 안에서 남성이 사망하면 아내가 아니라 장남이 그 역할을 대신했다. 여성은 결혼하고 나면 남편의 가정에 속하게 되었고, 유산과 은행 계좌에 대한 접근, 그리고 모든 형태의 경제적 활동에서 차별을 받았다.[57] 호주제는 동일한 노동에 대해 여성에게 낮은 임금을 지불하는 하나의 구실로서 악용되었다. 결국 여성은 자신을 돌봐 줄 남편을 만날 때까지 일할 뿐이었다. 결혼 전까지는 아버지나 손위 형제가 그 역할을 맡았다. 많은 남성은 여성을 경제적 짐으로 여겼다. 1953년 낙태가 불법화되고 이후 1973년부터 특정한 조건에서만 허용되었음에도, 여성 태아에 대한 낙태는 공공연한 비밀이었다.[58]

박정희 정부는 출산율을 낮추기 위해 계속해서 캠페인을 벌였다. 대부분의 경우에 정치 지도자들과 사회 전반에서 낙태에 대해 서로 다른 입장을 보였다.

이러한 상황에서 이효재는 존재감을 드러냈다. 그는 한국의 여성 인권 운동에서 상징적인 인물이 되었다. 1958년에 그녀는 이화여자대학교에 사회학과를 설립했다. 한국에서 가장 아름다운 캠퍼스로 유명한 이화여자대학교는 독재 기간에 여성 교육을 담당했던 학교였다. 1977년에 이효재는 한국 최초로 이화여자대학교에 여성학 교육 과정을 만들었다. 그녀는 대학에서 많은 미래의 여성 지도자를 계속해서 길러 냈다. 하지만 그녀는 교육자를 넘어선 인물이기도 했다. 그녀는 사회 운동가였다. 그것도 아주 영향력 있는 운동가였다. 이효재는 호주제를 비롯하여 이와 관련된 가부장적 법률과 관습을 철폐하기 위한 운동을 이끌었다. 또한 여성에 대한 평등한 보수와 동일한 은퇴 연령을 얻어 내기 위한 운동도 주도했다.[59] 거리에서 여성의 권리를 외쳤을 뿐만 아니라 그녀의 사상은 한국의 미래 세대 페미니즘 지도자들의 표본이 되었다. 물론 그녀는 성평등을 위해 싸운 유일한 인물은 아니지만, 박정희 시대에 성차별에 맞서 싸운, 그리고 이후로 전두환 시절에도 싸움을 이어 나갔던 대표적인 인물임에는 틀림없다.

한국 경제를 괴롭힌 또 하나의 문제는 부패였다. 1960년

『뉴욕 타임스』는 〈한국 정부 구호물자 남용 방지 기구 설립〉이라는 제목의 기사를 실었다. 이 기사는 이승만 정부에서 비롯된 부패를 척결하고자 했던 4월 혁명 이후 한국 정부의 의지를 자세하게 다뤘다.[60] 1979년 『뉴욕 타임스』의 박정희 부고 기사는 이렇게 시작했다. 〈박정희의 정적들은 그를 부패하고 잔인한 독재자라고 불렀다.〉[61] 그리고 박정희 정권의 정적들이 제기하고자 했던 문제를 다뤘다. 박정희 집안과 정부 관료, 그리고 재벌 가문은 긴밀하게 이어진 엘리트 집단을 형성했다. 또 박정희 집안과 정부 관료들은 재벌들에게 계약을 하사하거나 필요할 때 뒤를 봐주면서 대가를 챙겼다.[62] 이는 놀라운 사실은 아니었지만 분명한 사회적 문제였다.

    마지막으로 한 가지 문제는 도시-농촌 간 격차였다. 한국은 본질적으로 두 개로 갈라진 나라가 되어 가고 있었다. 한쪽에는 산업화된 부유한 도시가 있었고, 다른 한쪽에는 가난한 농촌 마을이 있었다. 박정희는 이 문제를 해결하기 위해 1970년 4월에 새마을 운동을 시작했다. 공동체 정신에 기반을 둔 새마을 운동은 농촌 지역에 필요한 물자를 무상으로 제공하면서 마을 주민들 사이의 협력을 독려했다. 이 운동은 농업의 생산과 소득, 그리고 보편적으로 농촌 마을의 삶을 크게 개선했다.[63] 무엇보다 전국에 걸쳐 주거 환경이 크게 나아졌다. 농촌 지역에 거주하는 많은 주민은 역사상 처음으로 현대적인 형태의 주거 환경에서 살게 되었다. 이러한 점에서 농촌 지역이 박정희의 강력한 지지 기반이 되었던 것은 우연이 아니었다. 지금도 한국을 여행하다 보면 농촌 지역에 들어선 현대적인 건물과 인프라를 볼 수 있다. 그럼에도 일자리는 대도시에 비해 적었다. 새마을 운동은 분명 농촌 지역 개발에 기여했다. 그러나 박정희 임기 동안의 경제 발전은 도시를 위한 기반 마련에 집중했다. 도시-농촌 간의 격차는 사라지지 않았다.

통일의 꿈

박정희는 북한과 통일을 함으로써 자신의 정당성을 둘러싼 의문을 해소할 수 있다고 생각했다. 나아가 통일은 한국 역사에서 자신의 지위를 굳건하게 만들어 줄 것이라 믿었다. 강력한 반공주의자인 박정희는 남한을 중심으로 한 통일을 꿈꿨다. 1964년에 그는 새로운 한국의 대통령으로서 첫 번째 연두 교서(年頭教書)를 통해 이러한 생각을 분명히 밝혔다.[64] 또한 그는 분단의 현실, 그리고 냉전이라고 하는 광범위한 지정학적 상황에서 대북 침공은 선택할 수 있는 전략이 아니라는 사실도 잘 이해했다. 그가 북한에 전면적인 공격을 감행한다고 하더라도, 미국은 그 전쟁이 중국과 소련이 개입하는 광범위한 분쟁으로 이어질 것으로 두려워하여 어떻게든지 막고자 할 것이었다.

그래서 박정희는 김일성과의 관계를 완화하고자 했다. 그러나 김일성은 다른 생각을 품고 있었다. 중국과 소련이 북한의 도발을 저지하는 상황에서, 김일성은 DMZ, 그리고 전 세계에 걸쳐 한국을 괴롭히고자 했다. 1968~1971년 동안 북한군은 DMZ에서 충돌을 일으켰다. 북한 특공대는 수차례에 걸쳐 한국에 침투했고, 특수 요원들은 한국의 항공기를 납치했다.[65] 김일성은 교활한 책략을 벌였다. 미국이 베트남전과 대리전쟁, 그리고 전 세계에 걸친 반공주의 쿠데타를 비롯한 다양한 활동에 관여하는 가운데, DMZ를 중심으로 긴장이 고조되면서 존슨 대통령은 한국을 지키겠다는 미 정부의 약속을 다시 한번 상기시켰다. 박정희는 미국과 사전 협의 없이 북한에 보복을 가했다. 이러한 방식은 효과가 없었다. 그리고 남북 관계를 개선하려는 박정희의 계획에 잠정적인 종지부를 찍었다.

이후 역사는 기념비적인 전환을 맞이했다. 1972년 2월, 미 대통령 리처드 닉슨은 비행기에서 내려 역사적인 발걸음을 내디뎠다. 그는 베이징을 방문해 중국 공산당 의장인 마오쩌둥을 만났다. 닉슨의 표현을 빌자면, 두 지도자의 만남은 〈세상을 바꾼 일주일〉을 완성했다.[66] 그것은 과장이 아니었다. 마오쩌둥은 베이징을 모델로 삼아 중국을 통일하고자 했고, 그래서 대만을 무력으로 침공해야 한다는 주장에 동의하지 않았

다. 대신에 중국 정부는 UN을 비롯하여 다양한 다자간 회의에
서 대만의 자리를 대체하기 시작했다. 또한 닉슨의 방문은 7개
월 후 중국과 일본이 문을 열고 외교 관계를 정상화하도록 만
들었다. 그리고 1979년에 미국과 중국 정부는 마침내 외교 관
계를 수립했다.[67]

　　이에 박정희와 김일성은 깜짝 놀랐다. 통일의 기회는 이
제 북한과 남한의 손안에 있었다. 1972년 7월 4일, 그들은 「7.4
남북 공동 성명」을 발표했다. 이는 분단 이후로 남한과 북한이
처음으로 서명한 합의문이었다. 여기서 그들은 통일을 위한
세 가지 원칙, 즉 독립과 평화, 국가적 통합을 천명했다. 남한
과 북한은 고래들 가운데 더 이상 새우로 남지 않기로 했다. 무
엇보다 외세의 간섭 없이 독립적인 과정을 통해 통일을 일궈
내고자 했다. 또한 남한과 북한은 폭력을 끝내고자 했다. 그들
은 평화적인 방법으로 통일을 이룩하고자 했다. 그리고 남과
북의 통합은 이념적인 차이를 극복해야 했다.[68] 공동 성명 안
에는 그 실현을 보장하기 위한 실무적인 방안도 포함되었다.
평양에 있는 대동강 센터에서는 8월 말에서 9월 초 사이에 공
식적인 남북 적십자 회담이 열렸다. 1971년 8월, 25차례에 걸
친 예비회담 이후에 남북은 이산가족 상봉을 위한 실질적인
논의를 추진했다.[69] 한국 국민은 기대에 들떴다. 과연 통일을
향한 첫 단계를 목격하게 될 것인가?

대답은 아주 빨리 왔다. 공동 성명의 세부 사항은 실행에 옮겨지지 못했다. 몇 차례에 걸친 적십자 회담 역시 결론에 도달하지 못했다. 결정적으로 한국은 이후로 전제주의 정권으로 넘어가고 말았다. 게다가 닉슨 대통령이 워터게이트 사건에 휘말리고 마오쩌둥 사후에 중국 정세가 불안정해지면서 미-중 정상화 회담도 중단되었다. 한반도에서, 그리고 보다 광범위한 지정학적 차원에서 나타난 정세 변화는 남북 간 분위기에 영향을 미쳤다. 또한 한국군은 DMZ에서 세 개의 땅굴을 발견했다. 특히 세 번째로 발견된 땅굴은 3만 명의 무장 군인이 한 시간 만에 한국으로 침투할 수 있을 만큼 규모가 컸다.[70] 1973년과 1976년 사이에 북한은 전략적으로 중요한 서해상 다섯 곳의 섬을 중심으로 도발을 감행했다. 이 섬들은 UN군사령부가 군사적으로 통제하고 있던 지역이었다.[71] 그렇게 통일을 향한 박정희의 꿈은 꿈으로 남았다.

유신 헌법 시절

친위 쿠데타는 흔한 사건이 아니다. 그러나 박정희 역시 흔한 유형의 지도자가 아니었다. 높은 경제 성장률과 중산층 확산에도 불구하고, 박정희 정권에 대한 반발은 날로 거세지고 있었다. 1971년 선거에서 야당 정치인들은 자신들에 대한 지지를 입증했다. 많은 학생과 노동자가 정권에 계속해서 맞서 싸웠다. 종교 단체, 특히 가톨릭과 불교 단체 또한 목소리를 높였다. 문인과 지식인들도 강력한 검열에도 불구하고 정권을 비판하기 위한 통로를 모색했다. 그리고 한반도 남서부 지역 주민들이 박정희 정권에 대한 비판 대열에 가세했다. 그들은 서울과 남동 지역이 정부로부터 특별 대우를 받고 있다고 느꼈다. 박정희는 수도에 살았고, 또한 구미 출신이었다. 그 두 지역이 정부의 특혜를 입고 있다는 생각은 당시 보편적인 인식이었다.

박정희는 미국과의 동맹에 대해서도 걱정했다. 닉슨은 비교적 덜 강력한 반공주의 노선을 따르고 있었다. 중국과의 친선 노력에 더하여 새롭게 당선된 미국 대통령은 베트남전에서도 발을 빼려는 태도를 분명히 했다. 박정희가 반공을 기반으로 통치하는 상황에서, 〈미국이 그러한 한국을 불필요한 존재로 여기게 되지 않을까〉 하는 우려가 있었다. 이러한 우려는 1971년에 뚜렷하게 드러났다. 그해 닉슨은 2만 명의 미군을 한국에서 철수하겠다는 발표를 했다.[72] 닉슨 행정부가 한국이 앞으로 자국 안보에서 더 많은 책임을 져야 한다고 계속해서 주장해 왔다는 점에서, 그 발표는 그리 놀라운 일이 아니었다. 그러나 박정희는 이를 달갑게 여기지 않았다. 그 발표로 인해 한국 영토에는 4만 명의 미군 병력만이 남게 되었다.[73] 경제적인 측면에서 거둔 성공에도 불구하고, 박정희가 미국과의 관계에서 통제력을 잃어버리고 있다는 인식이 퍼졌다.

이러한 상황에서 박정희는 1972년 10월에 계엄령을 선포하고 국회를 해산하면서 헌법을 무력화했다. 그것은 한국의 부흥을 약속한 〈유신〉 통치의 시작이었다. 그러나 야당 정치인과 한국 국민, 미국 정부, 심지어 친정부적인 국회 의원들조차 친위 쿠데타가 다가오고 있다는 사실을 알아차리지 못했다. 혁신은 새로운 정권이 들어서야 가능한 일이었다. 박정희는 국가 위원회에 새로운 헌법을 내놓을 것을 지시했다. 그리고 그해 11월, 유신 헌법이 91.9퍼센트 투표율에 92퍼센트 찬성으로 통과되었다.[74] 이러한 수치가 믿기지 않는다면, 그것은 정말로 믿을 수 없는 사실이기 때문이었다. 투표는 사기로 얼룩졌다. 그러나 한국은 계엄령하에 있었고, 새 헌법과 국민 투표 결과에 대한 저항은 억압되었다. 불과 몇 달 사이에 한국 국민은 통일의 꿈으로부터 독재 치하의 삶으로 전락했다.

유신 헌법은 완전한 독재 정권의 발판을 마련했다. 유신 정권은 전제주의와 억압이 스며든 민주주의 시스템이 아니었다. 물론 전제주의와 억압은 계속되었다. 동시에 그 정권은 더 이상 민주주의가 아니었다. 그 새로운 헌법이 도입한 변화 가운데 세 가지가 특히 두드러졌다. 가장 먼저, 대통령 임기 제한이 사라졌다. 박정희는 자신이 원하는 만큼 대선에 출마할 수 있었다. 다음으로 대통령 직선제가 철폐되었다. 박정희가 장악했던 국가 재건 위원회가 국민을 대신해 대통령을 선출했다. 마지막으로 대통령이 국회 의원 3분의 1을 임명했다.[75] 이를 통해 박정희는 국회에서 다수를 차지할 수 있었다. 그러나 박정희가 계엄령을 영구적으로 이어 나가는 것과 비슷하게 법적인, 실질적인 제도적 한계 내에서 통치하도록 새로운 헌법이 보장했다는 점에서 그건 그리 중요한 문제가 아니었다.

그해 12월 선거인단은 유일한 후보인 박정희를 대통령으로 선출했다. 그렇게 제4공화국이 시작되었다.[76] 억압은 새로운 단계에 이르렀다. 중앙정보부의 활동은 아무런 법적 제약을 받지 않았다. 그리고 그 활동 범위는 한국의 국경을 뛰어넘었다. 1971년 이후로 망명 중에 있었던 야당 지도자 김대중에 대한 암살 시도가 있었다. 1973년 8월 김대중은 도쿄의 한 호텔에서 납치를 당했다. 그를 실은 배가 일본을 떠날 때 납치범들은 그의 손목에 무거운 것을 매달았다. 독실한 가톨릭 신자인 김대중은 마지막 기도를 올렸다.[77] 그런데 갑자기 정찰기로 추정되는 일본 항공기가 상공에 나타났다. 당시 한국에서는 미 대사인 필립 하비브Philip Habib와 그의 일본 파트너인 우시로쿠 도라오가 김대중의 목숨을 살리기 위해 중재에 나섰다. 덕분에 김대중은 목숨을 건질 수 있었다.[78] 그러나 다른 이들은 그리 운이 좋지 않았다. 중앙정보부뿐만 아니라 경찰과 군대 또한 납치와 고문, 처형에 관여했다. 법원도 박정희 정권에 맞선 저항자들에게 사형을 언도하는 것이 편하다는 사실을 깨달았다.

1974년 8월 15일, 박정희의 독재자로서의 본능은 더욱 개인화되었다. 그날 박정희는 광복절 기념 연설을 하고 있었다. 국립 극장은 박정희 지지자들로 가득했다. 혹은 거의 그랬다. 그때 재일 한국인[79] 문세광이 총을 들고 국립 극장으로 들어섰다. 그리고 총을 꺼내면서 실수로 방아쇠를 당기는 바람에 자신이 부상을 입었다. 경호 팀이 당황한 가운데 문세광은 단상으로 달려가면서 박정희를 겨눴다. 그러나 박정희를 맞추지 못했고, 다만 그가 쏜 총알 중 하나가 박정희의 아내인 육영수를 향해 날아갔다. 곧 육영수는 병원으로 이송되었다. 그러는 사이 박정희는 연설을 계속해서 이어 나갔다. 청중들은 어찌할 바를 몰랐다. 국영 방송국 KBS를 시청하던 수백만 시청자들도 충격에 휩싸였다. 박정희는 연설을 끝까지 마친 후 극장을 떠났다. 그리고 그날 밤 아내를 잃었다. 육영수는 5시간에 걸친 수술에도 깨어나지 못했다.[80] 이후 그의 딸인 박근혜가 스물둘의 나이로 영부인 역할을 대신하게 되었다. 나중에 그녀는 한국 최초의 여성 대통령이 되었다. 그러나 그건 먼 미래의 일이었다. 아내가 세상을 떠나면서 박정희는 큰 버팀목을 잃었다. 그가 일기에 쓴 것처럼 육영수의 죽음은 그에게 큰 슬픔을 가져다주었다. 이후로 박정희는 사람들을 더욱 불신하게 되었다.[81] 그는 실질적인 이유든 가상의 이유든 간에 정적에 대한 탄압을 더욱 강화해 나갔다.

중앙정보부의 활동은 국내는 물론 해외에서 더욱 과감해졌다. 한국 내부에서는 1975년 4월에 있었던 인혁당 사건이 대표적인 사례다. 1974~1975년에 걸쳐 중앙정보부는 북한을 지지하면서 인혁당 재건에 관여했다고 의심되는 1천 명 이상의 좌파 인사를 잡아들였다. 그리고 수백 명에게 징역형을 선고했다. 특히 8명은 1975년 4월에 사형을 언도받았으며, 그로부터 24시간이 되기도 전에 사형은 집행되었다.[82] 해외에서 중앙정보부는 미국의 정책에 영향력을 행사하기 위해 미 하원의원들을 대상으로 뇌물을 뿌리기 위한 계획을 워싱턴 DC에서 실행에 옮겼다. 인맥이 많은 사업가 박동선은 뇌물을 주고 중앙정보부의 메시지를 전달한 것으로 고소를 당했다. 뇌물스캔들이 터졌을 때 박동선은 미국을 빠져나갔다. 처음에 런던으로 달아났다가 이후에 서울로 향했다. 스캔들이 터지기 전에도 사치스러운 파티로 워싱턴 DC에서 유명했던 박동선은 1978년이 되어서야 워싱턴으로 돌아왔으며, 사면을 조건으로 청문회에서 증언했다. 그 스캔들로 한 명의 하원 의원만이 징역형을 받았지만, 그 사건에 연루된 인물은 총 열 명이 넘었다.[83] 이처럼 중앙정보부의 대담성은 한계를 몰랐다.

중산층의 확대

1970년대에는 한국 역사에서 또 다른 새로운 현상이 나타났다. 그것은 중산층의 등장과 확대였다. 많은 한국인이 처음으로 생존 경제에서 벗어날 만큼 충분한 돈을 벌었다. 그들은 언제나 원했던 취미에 돈을 쓰고, 불과 한 해 전만 해도 여유가 없어 보였던 맛있는 음식을 먹고, 혹은 당연히 누릴 만한 짧은 휴가를 즐길 수 있는 충분한 소득을 올렸다. 그렇게 대규모 소비문화가 1970년대에 한국에서 〈탄생〉했다. 조용필이 자신의 형제에게 〈부산항에 돌아오라〉고 노래할 때 한국인들을 춤을 췄다.[84] TV 드라마에서 장희빈 역할을 인상적으로 소화했던 윤여정은 한국 시청자에게 조선 왕조의 영광스러운 나날을 선사했다.[85] 그리고 장미희는 영화 「겨울여자」에서 성적으로 자유로운 젊은 여성의 역할로 한국 관객들을 꿈꾸게 했다.[86] 한국인들은 열심히 일했다. 일하지 않을 때는 미국인들처럼 즐기기를 원했다. 70년대가 저물 무렵에 TV는 한국에서 일반적인 가전제품이 되었다. 한국인들은 클럽으로 몰려들었고 거기서 다음의 록 스타와 팝 스타가 탄생했다.

중산층은 지속적인 경제 성장과 한국 경제의 근대화 덕분에 계속해서 증가했다. 박정희는 자신의 나라가 외국인을 위해 싸구려 티셔츠나 바지를 생산하는 공장으로만 남기를 원치 않았다. 그것은 그가 생각하는 선진국 비전과 맞지 않았다. 그의 인기는 개발주의에 기반을 둔 민족주의와 연결되어 있었다. 나아가 박정희는 강력한 군대를 원했다. 자국 방어를 위해 미군에 의존하는 모습은 강력한 나라의 건설에 걸맞지 않았다. 그래서 박정희는 1972년과 1977년 5개년 계획을 통해 한국을 선진국으로 만들기 위한 자신의 의지를 드러냈다. 1972년 경제 계획은 경공업에서 중공업으로의 전환을 강조했다. 그것은 의류와 장난감으로부터 전자 제품과 기계, 석유 화학, 조선업으로의 이동이었다. 그리고 1977년 경제 계획은 그러한 산업에 더욱 집중했다.[87]

박정희의 비전은 한국 경제가 아직 기술적으로 발전된 산업에서 경쟁할 준비가 되어 있지 않다고 믿었던 세계은행을 비롯한 여러 다른 해외 전문가들의 생각과 충돌했다. 박정희의 일부 자문 위원들조차 그의 비전에 의구심을 품었다. 그러나 선진국과 경쟁할 수 있는 한국의 역량을 의심했던 많은 이들에게 현대의 포니는 상징적인 존재로 모습을 드러냈다. 포니는 한국이 처음으로 국내에서 개발한 자동차였다. 생산은 1975년 12월에 시작되었다. 몇 달 만에 포니는 남미로 수출되었고, 이후에는 유럽과 북미로 뻗어 나갔다. 그러나 초기 모델에서는 화재 사고가 있었다. 문짝이 떨어지는 경우도 있었다. 또한 도장은 값싸 보였다. 그리고 실제로 그랬다.[88] 전문가들은 조롱 섞인 미소를 보냈다. 그러나 현대의 정주영은 더 많은 것을 알고 있었다. 그는 포니의 품질을 재빨리 개선했다. 소비자들도 이를 인식했다. 매출은 급증했다. 포니는 미국이나 유럽의 값비싼 자동차만큼 내구성이 강한 경제적인 자동차가 되었다. 정주영은 그 가능성을 입증해 보였다. 박정희 역시 그랬다. 그리고 한국 전체가 그랬다.

경제 성장은 이미 10년 넘게 이어져 온 사회 변화를 가속화했다. 도시화는 빠른 속도로 진행되었다. 야심 찬 한국인들은 구로를 비롯한 다양한 산업 단지에서 일하기 위해 서울로 올라왔다. 현대에서 자동차를 만들기 위해 울산으로, 제철소에서 일자리를 찾기 위해 포항으로, 또한 1977년에 문을 연 조선소에서 배를 만들기 위해 거제로 이주했다. 다른 이들은 그러한 공장에서 일하는 사람들이 필요로 하는 서비스를 제공하기 위해 그 뒤를 따랐다. 식당, 술집, 매장, 미장원이 대도시와 산업 단지를 중심으로 계속해서 생겨났다. 2023년인 지금 한국의 도시들은 다양한 비즈니스의 화려한 조합을 자랑하고 있다. 그리고 이러한 현실의 근대적인 기원은 중산층의 성장에서 찾을 수 있다. 중산층이 늘어나면서 더 많은 사람이 농촌을 떠났다. 도시 인구수는 1979년에 새로운 정점을 찍었다.[89] 1973년에는 경제 성과를 기준으로 제조업이 농업을 넘어섰다.[90] 제조업과 농업 사이의 격차는 이후로 계속해서 벌어졌다.

　　도시화가 출산율 하락과 함께 진행되면서 대가족은 핵가족으로 쪼개졌다. 삼대가 함께 사는 것은 이제 보기 드문 모습이 되었다. 더 많은 가구가 부모와 자녀만으로 구성되었다.[91] 많은 이들이 고향을 떠나면서 사촌을 비롯한 확장된 가족 구성원과의 연결 고리는 더욱 약해졌다. 물론 가족들은 추석이나 설날을 맞이해서 함께 모였다. 하지만 대가족의 일상적인 모임이나 예전 농촌 지역에서 일반적이었던 상호 부조 시스템은 점점 더 많은 한국인에게 과거의 일이 되어 갔다.

　　그리고 이러한 극적인 사회 변화와 더불어 한국의 기업가들은 생활을 더 편리하게 만드는 방법을 모색하기 시작했다. 상징적인 사례로 롯데 식품을 꼽을 수 있다. 롯데의 계열사로 1965년에 설립된 이 회사는 라면과 스낵에 집중했다. 핵가족으로 살아가는 바쁜 한국인들은 요리할 시간이 없었다. 롯데 식품은 바로 이러한 요구에 부응했다. 물론 그들이 라면을 처음으로 개발한 기업은 아니었다. 그들이 수많은 브랜드로 가득한 슈퍼마켓 복도를 걸어가는 한국 소비자들의 취향을 따라잡아야 했다. 롯데 식품 설립자 신춘호는 이를 잘 이해했다. 그는 직원들에게 새로운 맛을 시도하도록 지시했고, 그들은 그렇게 했다. 1970년대 중반 롯데 식품은 라면 시장에서 3분의 1을 차지했다. 1978년 롯데 식품은 그 이름을 농부의 마음을 의미하는 농심으로 바꿨다.[92] 그러나 혁신은 끝나지 않았다.

기업들은 다양한 소비자의 요구에 부응하기 위해 그들의 마음을 사로잡고자 했다.

그러나 빠른 경제 성장에 따른 병폐는 사라지지 않았다. 근로자 착취와 여성 차별, 그리고 부패는 1970년대에 걸쳐 한국 경제 지평의 특징으로 남았다. 많은 이들이 더 나은 삶을 위해 미국이나 유럽으로 계속 이민을 떠났다.[93] 유신 치하의 억압은 국내 불안정한 상황을 완화하는 효과를 보여 주었다. 시위를 조직하기는 더 힘들어졌고 조직했다고 해도 강제 해산되었다. 그리고 많은 이는 새롭게 발견한 중산층 지위를 누리기에 여념이 없었다. 그들은 현 정권을 바꾸기 위해 폭력을 지지하려고 들지는 않았다. 1978년 총선은 한국 사회 내부의 분열을 잘 보여 주었다. 야당인 신민당은 날로 거세지는 박정희 정권의 전제주의를 우려하는 중산층의 지지로 33퍼센트에 가까운 표를 얻으면서 선거에서 실질적인 승리를 거뒀다. 여당인 민주공화당은 32퍼센트에 가까운 득표율로 뒤를 이었다.[94] 하지만 여당은 국회의 3분의 1을 임명하는 대통령의 권한 덕분에 국회에서 다수 의석을 차지할 수 있었다.

박정희 정권에 대한 저항은 그 대통령의 경제 정책이 강화하고자 했던 바로 그 대중문화 내부로부터 비롯되었다. 당시 대중문화에 대한 검열은 치밀했다. 그러나 인간의 독창성은 종종 그러한 억압을 넘어선다. 「겨울여자」는 이 점을 잘 보여 주었다. 이 영화에서 성적으로 자유로운 젊은 여성을 연기한 장미희는 스타로 떠올랐다. 하지만 이화(장미희 분)의 자유분방함은 시골에서 상경해 매춘부로 일했던 당시 젊은 여성의 운명을 보여 준 것이었다. 영화 속에서 이화는 자신의 몸을 대가 없이 허락했다. 그건 그녀가 중산층 출신이었기 때문에 그럴 수 있었다. 당시 많은 한국 여성은 영화 속 사치를 누리지 못했다. 후속작으로 상영된 『겨울여자2』에서 졸업 후 기자가 된 이화(박선희 분)는 취재차 만나게 된 광준을 통해 사랑과 동료애를 발견한다. 그녀는 공장에서 일하는 여성들의 노동을 취재하고, 야간 교사 광준은 가난한 도시 근로자의 자녀들을 가르친다. 이러한 점에서 이화는 보수적인 비평가들이 지적했던 것처럼 단지 근심 없는 〈매춘부〉가 아니었다. 그녀는 한국 사회의 병폐에 대한 인식을 드러냈고 더욱 강화했다.[95] 「영자의 전성시대」[96]와 「별들의 고향」[97]을 포함한 1970년대의 많은 영화도 이와 유사한 풍자를 통해 한국 사회와 경제 모델에 대한 비판을 제기했다. 수십 년이 흘러 이 영화를 본 사람들은 빠른 산업화 가운데 드러났던 사회 갈등을 이해할 수 있었다.

음악가와 작가들 또한 70년대에 걸쳐 성장한 대중문화 속에서 유신에 반대하기 위한 운동에 동참했다. 민중가요, 혹은 저항의 노래는 특히 1970년대에 인기를 끌었다. 「아침이슬」은 이러한 민중가요 운동의 시작을 알린 노래였다. 1970년대에 김민기가 만든 이 노래는 사람들이 한국 정부와 미국화에 저항하도록 독려했다. 특히 미국화에 대한 반대는 박정희 정권은 물론 한반도 분단과 관련이 있었다. 이 노래는 1975년에 금지되었다. 그러나 한국 국민은 1980년대 말까지도 그 노래를 계속 불렀다.[98] 박정희 정권은 비슷한 노래들이 쏟아져 나오는 흐름을 막지 못했다. 그리고 작가들이 이끌었던 저항 문학의 흐름도 막지 못했다. 문맹률이 점차 낮아지면서 문학은 박정희 정권에 저항하기 위한 인기 높은 매체로 자리 잡았다. 이러한 유형의 저항을 대중화시킨 대표적인 작가로 김지하를 꼽을 수 있다. 1970년에 발표한 그의 시 「오적」은 장성과 재벌 가족, 장관, 국회 의원, 정부 관료를 상징하는 부패한 다섯 유형의 적을 비판했다. 당시 김지하는 체포되어 사형을 선고받았다. 이후 형량은 종신형으로 낮아졌다가 국내외 비판이 높아지면서 결국 석방되었다.[99] 그의 문학은 정권의 총부리에 맞서 싸우기 위해 펜을 들었던 많은 작가의 모범이었다.

불교와 기독교는 1970년대 나타난 대중문화의 일부는 아니었다. 두 종교는 한국 사회에 더 깊은 뿌리를 내리고 있었다. 또한 두 종교 모두 1970년대의 저항 운동과 밀접한 관련이 있었고 대중문화의 요소와 결합되었다. 1945년에 한국인 중 기독교인의 비중은 2~3퍼센트에 불과했다.[100] 그러나 일본 제국주의를 막는 데 아무런 도움이 되지 못했던 유교로부터 많은 사람이 등을 돌리면서 기독교에 대한 관심이 높아지기 시작했다. 가령 김지하 역시 가톨릭으로부터 많은 영향을 받았다. 많은 스님과 기독교 성직자들은 사회 정의를 위한 투사로 유명해졌다. 특히 기독교의 경우, 미국과 유럽 선교사들이 한국으로 넘어오면서 박정희 정권에 반대하는 운동을 지지했다. 사실 박정희는 한국 사회에서 무속 신앙을 비롯한 다양한 〈주술적〉 관습을 뿌리 뽑기 위한 대안으로 불교와 기독교를 장려했다. 그들은 기독교와 근대화를 연결 짓기까지 했다. 그러나 이들 종교 단체는 1980년대에 시작된 민중 운동의 기반을 형성하는 과정에 기여했다.[101] 종교 단체는 국가로부터 상당한 자율권을 누렸다. 덕분에 그들은 저항 세력을 지지하면서 많은 도움을 주었고[102] 절과 성당이 안전한 도피처로 기능했다. 김수환 추기경과 같은 인물은 많은 추종자와 더불어 한국의 민주주의를 요구했다. 불교와 가톨릭은 한국 사회에서 대중문화만큼 중요하지 않았을지도 모른다. 그렇지만 두 종교 모두 민주화 과정에서 분명히 중요한 역할을 했다.

박정희 정권의 비극적 종말

박정희 대통령의 서거 소식을 들었을 당시, 모든 한국 국민은 어디에 있었던지 그날만은 분명히 기억한다. 때는 10월 26일 금요일 저녁이었다. 많은 사람이 한국인이 좋아하는, 영혼의

술이라 할 수 있는 소주를 곁들인 일상적인 저녁을 즐기고 있었다. 다른 이들은 토요일 출근을 위해 휴식을 취하고 있었다. 가장 운 좋은 이들은 이틀간의 주말이라는 사치를 누릴 준비를 하고 있었다. 그러나 당시 누구도 박정희가 6시에 저녁 식사 후 한 시간 반 뒤에 두 발의 총격을 받고 오후 7시 50분에 사망 선고를 받았다는 사실을 알지 못했다. 그러나 그 소식은 곧 알려졌다. 10월 27일 이른 시간에 공식 발표가 있었다. 박정희의 부고로 국무총리가 대통령직을 대행하게 되었다는 발표였다. 전국에 걸쳐 소문이 떠돌기 시작했다. 마침내 정부는 아침 8시 35분에 공식 발표를 했다. 박정희 대통령이 피살되었다는 것이다.[103] 일부 한국인은 잠에서 막 깨어난 참이었다. 다른 이들은 출근 중이었다. 또 다른 사람들은 지난밤 과음과 회식으로 인한 두통을 달래고 있었다. 당시를 살았던 한국인에게 물어보라. 그러면 그들은 그 소식을 접했을 때 자신이 무엇을 하고 있었는지 말해 줄 것이다. 그들은 전국이 충격에 빠졌다고 말할 것이다. 그리고 많은 이들은 그 충격이 박정희 정권의 비극적 결말은 이미 예견된 것이었다는 느낌과 더불어 올 것이 왔다는 이야기를 들려줄 것이다.

　박정희 암살 전, 몇 달은 정권에 대한 거센 비판과 저항, 그리고 그에 따른 폭력 사태로 점철되었다. 야당 정치인들이 저항을 이끌었다. 김영삼은 5월에 신민당 대표로 선출되었다.

그의 움직임은 7월에 시작되었다. 가장 먼저 그는 국회 연설에서 박정희 사임과 민주주의 회복을 요구했다. 두 번째로 『뉴욕타임스』와의 인터뷰에서 한국의 인권 실태에 비판적이었던 지미 카터 행정부에게 박정희의 〈소수 독재 정권〉 대한 지지를 중단할 것을 촉구했다.[104] 이에 중앙정보부는 김영삼을 비난하면서 그에게 발언 철회를 요구했다. 그러나 김영삼은 거부했다. 결국 그는 체포되었고 신민당 대표직도 중단되었다.[105] 그리고 10월에 국회에서 추방되었다. 그는 세 번째 시도로 모든 야당 의원을 이끌고 국회를 걸어 나왔다.[106]

저항은 노동자들로부터도 일어났다. 그해 8월에 YH 무역은 가발 수출 사업을 중단한다고 발표했다. 이에 200명에 이르는 (모두 젊은 여성인) 노동자들은 공장 폐쇄에 반대하여 농성에 돌입했다. 이러한 상황에서 김영삼은 그들이 시위를 이어 나갈 수 있도록 신민당 당사 건물을 열어 주었다. 시위자들은 그들이 요구 사항을 공개적으로 전달했고, 김영삼은 정부에게 협상을 촉구했다. 그러나 박정희는 그 제안을 받아들이지 않았고 대신에 무력 진압을 택했다. 경찰이 당사로 침입해서 시위자들을 모두 끌어냈다. 시위자 중 한 여성 노동자인 김경숙이 그 과정에서 목숨을 잃었다. 강제 시위 진압과 그녀의 죽음은 박정희 정권의 폭력에 대한 저항과 비난에 대한 새로운 흐름으로 이어졌다.[107]

　학생들 역시 저항의 물결에 동참했다. 10월 부산대학교 학생들은 박정희 정권 퇴진을 요구하는 시위를 벌였다. 시위대는 부산의 길거리로 쏟아져 나왔고 유신 체제에 진력이 났던 많은 노동자와 시민들 또한 합세했다. 약 5만 명의 시위자들이 경찰에 맞서 싸웠다. 박정희 정부는 이틀 동안 부산에 계엄령을 선포했다. 그러나 시위는 부산에서 한 시간 거리에 있는 마산에 위치한 경남대학교로 확산되었다. 약 1만 명의 시위자들이 거리로 뛰쳐나왔고, 다시 한번 박정희 정권에 반대하는 많은 근로자와 시민이 합세했다. 정부는 몇 시간 동안「통행 금지령」을 내렸다. 그러나 그렇게 시작된 박정희 반대 운동인〈부마 항쟁〉은 점점 더 거세질 뿐이었다.[108] 이후 전국에 걸친 여러 도시를 중심으로 시위가 이어졌다.

　당시 부마 항쟁을 조사하기 위해 파견된 인물이 김재규였다. 당시 그는 중앙정보부 부장이었다. 부마 항쟁이 일어날 때까지 그는 그 자리를 3년 9개월 동안 지켜 오고 있었다. 김재규는 박정희의 고향인 구미에서 태어났고 박정희와 같은 해 육군사관학교를 졸업했다. 그는 쿠데타 이후 박정희의 신임을 받는 동지가 되어 중앙정보부 부장에 이르기까지 승승장구했다. 그러나 김재규는 박정희만큼 강경파는 아니었다. 그가 김영삼에게 발언을 철회하라고 요구한 것은 한국을 위해서만이 아니라 김영삼 자신을 위해서였다.[109] 그는 부마 항쟁의 현장을 방문한 이후에 박정희에게 야당과 협상을 하도록 요구했지만, 박정희는 이를 거부했다. 김재규가 보기에 이번 사건은 일반적인 학생 시위가 아니었다. 그것은 자유를 갈망하는 시민들의 시위였다.[110] 김재규가 사망하고 몇 년의 세월이 흘러, 사람들은 그가 야당 인사들과 정기적으로 접촉했으며 박정희 정권의 평화로운 퇴진을 위한 탈출구를 모색했었다는 사실을 알게 되었다.

김재규는 박정희와의 언쟁 후 7개월 만에 죽음을 맞이했다. 그는 박정희에게 두 번의 총격을 가해 사망에 이르게 했고 결국 그는 교수형에 처해졌다. 이후 이 사건은 〈10.26 사태〉로 명명되었는데, 당시 김재규는 청와대에 있는 중앙정보부 안가에서 저녁을 먹다가 박정희를 죽였다. 부분적인 이유는 박정희 정권이 지나치게 독재적이고 억압적이라고 생각했기 때문이었다. 또 강경한 인물들이 힘을 얻으면서 박정희의 신임을 앗아 가고 있었기 때문이었다. 박정희 암살 이후 김재규는 즉각 체포되었고 법정에서 사형을 선고받았다.[111] 그러나 그는 한국 역사를 바꾼 인물이었다. 박정희 정권이 종말을 맞이한 것은 그들을 가로막은 반대 세력이나 북한의 공작이 아니라 정권 내부의 반목 때문이었다.

박정희에 대한 장례는 8일간의 국장으로 치러졌다. 한국 역사상 처음 있는 일이었다.[112] 약 2백만 명의 시민이 서울 거리에 줄을 지어 그에게 작별 인사를 했다.[113] 이러한 장면은 실제로 많은 한국인이 국가를 가난에서 벗어나게 하고 번영을 위한 기반을 마련한 공로에 대해 박정희에게 진심으로 감사하고 있었다는 사실을 보여 주었다. 그러나 동시에 박정희의 사망으로 한국은 완전히 민주주의 국가가 될 것이라는 기대 또한 높았다. 때는 가을이었지만 10년 전 체코슬로바키아에서 일어난 프라하의 봄을 떠올리게 하듯 〈서울의 봄〉에 대한 이야기가 나왔다. 당시 국무총리였던 최규하는 대통령 사후에 권한 대행을 맡았다. 12월에 국회는 그를 새 대통령으로 승인했다. 최규하는 자유 선거, 그리고 당시 비난받던 유신 헌법을 대체할 새 헌법을 약속했다.[114] 많은 한국인은 박정희 정권 시절에 부유해졌고 중산층으로 합류했다. 하지만 이들 대부분은 학생과 저임금 노동자, 그리고 다양한 단체들과 함께 민주주의를 원했다. 이는 박정희 정권 18년의 세월이 남긴 아이러니한 유산이었다.

부와 민주주의를 향하여
1980~1987

1981년 7월, 전두환 대통령 아세안 5개국 방문 기념 아치

1980년 5월 광주, 헬기를 타고 시위 해산 방송을 하는 도지사

새로운 독재의 등장

한국인에게 역사상 가장 욕을 많이 먹은 인물을 대보라고 하면, 틀림없이 전두환이라는 이름이 그 목록의 맨 위는 아니라고 해도 상위권에 있을 것이다. 박정희는 사망했다. 이는 충격적인 사건인 것과 동시에 민주주의와 자유를 한국에 가져다줄 것이라는 기대를 높였다. 국민은 민주주의를 열망했다. 그러나 전두환은 그러지 않았다. 오히려 정반대였다. 전두환은 박정희 독재를 자신의 독재로 대체하길 원했다. 이를 위해 그는 수년간 준비했다. 그리고 시간이 왔을 때, 그는 계획을 완벽하게 수행했다. 박정희 암살 후 2개월이 지나기 전에 전두환은 한국의 실질적인 지도자가 되었다. 그리고 10개월 후 한국의 새 대통령이 되었다. 이는 앞으로 7년 동안 이어질 독재 정권의 서막이었다.

전두환은 한국이 일본의 식민지였던 시절에 가난한 대가족에서 태어났다. 당시 한국의 가구들 대부분 비슷했다. 그들은 가난에서 벗어날 수 있는 유일한 길이 군대에 들어가는 것이라고 생각했다. 전두환은 그러한 생각을 실천에 옮겼다. 한국 전쟁이 한반도를 황폐화하는 동안 전두환은 육군사관학교에 들어갔다. 전쟁이 끝나고 그는 군대의 계급 사다리를 밟고 올라섰다. 박정희가 권력을 잡았을 때, 전두환은 지지를 표명했다. 전두환은 한국이 민주주의를 위한 준비가 되어 있지 않다고 생각했고, 또한 공산주의 지지 세력이 권력을 차지할 위험이 있다고 우려했다. 그는 국군과 중앙정보부, 그리고 박정희 군사 정권 사이를 오가면서 점차 강력한 인물로 떠올랐다. 그는 베트남전 참전했다. 미국의 동맹인 남베트남이 공산주의 북베트남에 패하면서 전두환은 확신을 느꼈다. 그것은 한국이 공산주의에 넘어갈 위험을 어떻게든 막아야 한다는 것이었다. 박정희가 죽기 한 해 전, 전두환은 준장으로 승진했다. 박정희가 사망했던 무렵에 그는 한 단계 더 올라섰다. 당시 그는 보안 사령부 사령관이었다.[1] 적절한 시점에 그는 적절한 자리에 있었다.

　　보안 사령관이라는 지위 덕분에 전두환은 박정희의 죽음을 수사하는 일을 맡게 되었다. 그러나 그것은 단지 수사가 아니었다. 이는 전두환이 권력의 차지하기 위해 치밀하게 짜놓은 계획을 실행에 옮기는 출발점이었다. 박정희가 죽었을 당시 정승화는 육군 참모총장이었다. 그는 계엄령을 선포했고 박정희를 암살한 김재규를 체포했다. 정승화는 전두환에게 분명한 장애물이었다. 1979년 12월 12일, 전두환은 정승화를 체포하면서 그의 많은 추종자까지 제거했다. 이것이 바로 〈12.12 군사 반란〉, 즉 일부 군인이 다른 군인을 제거한 쿠데타였다. 그동안 최규하는 계속해서 대통령 자리를 지켰다.[2] 전두환은 군이 그를 제거하려고 하지 않았고, 쿠데타 이후 전두환이 사실상 국가의 지도자라는 사실이 분명해졌다. 그리고 정승화는 그가 권력을 장악하는 과정에서 최대 위협으로 남아 있었다. 1980년 3월에 열린 재판에서 정승화는 10년 형을 선고받았다. 그 이유는, 정승화가 박정희 암살을 도왔다는 것이었다. 제시된 증거로는 박정희 암살범을 체포하기까지 너무 오랜 시간을 끌었다는 것이었다. 그것은 사실이었을까. 1981년 정승화가 더 이상 전두환의 위협이 되지 않게 되었을 때, 그는 사면을 받고 풀려났다.[3] 그가 김재규에 대한 체포를 너무 오래 끌었든 아니든 간에, 정승화의 운명은 군사 내부 정치의 결과물이었다. 그것은 분명한 사실이었다. 정승화는 전두환에게 복수를 하고자 했다. 그러나 그것은 한국이 민주주의 국가가 되고 난 이후에야 가능할 일이었다.

그를 가로막는 장애물이 시야에서 사라지자 전두환은 자신의 계획을 계속해서 실행에 옮겨 갔다. 4월에 그는 무소불위의 권력을 갖춘 무시무시한 중앙정보부의 새로운 수장이 되었다(이후 그는 그 이름을 국가 안전 기획부로 바꿨다). 5월 17일 전두환은 또 다른 쿠데타를 계획했다. 그는 계엄령을 연장했

고 3일 만에 국회 해산을 지시했다.[4] 그리고 자신의 초창기 독
재에 반대할 세력을 끌어모을 위험이 있는 〈3김〉을 잡아들였
다. 김대중에게는 사형까지 내렸다. 사형은 20년 형으로 낮아
졌다가, 결국 미국과 교황 요한 바오로 2세의 개입으로 추방으
로 바뀌었다.[5] 모든 방해물을 제거하고 나서 안전함을 느낀 전
두환은 육군 예비역으로 예편했다. 8월에는 최규하가 대통령
자리에서 물러났다. 그리고 8월이 가기 전에 전두환은 자신이
장악하고 있던 선거인단에 의해 대한민국 대통령으로 선출되
었다.[6]

독재자는 정당성을 갈구한다. 전두환도 다르지 않았다.
그는 전제주의 지도자들이 하는 행동을 했다. 자신의 승리를
확신했던 선거를 실행했다. 물론 간접 선거였다. 1981년 2월
선거인단이 서울 도심의 대형 체육관에 모였다. 그리고 90퍼
센트 이상이 전두환을 뽑았다. 며칠 후 1981년 3월 3일에 전두
환은 제5공화국을 선포했다. 그 새로운 공화국은 박정희의 유
신을 대체할 새로운 헌법을 내놨다. 여전히 남아 있는 박정희
에 대한 인기를 인식한 전두환은 그의 통치가 남긴 모든 흔적
을 지우고자 했다. 3월 말에는 총선이 있었다. 야권의 주요 정
치인들이 수감되어 있거나 출마의 길이 막힌 상태에서 전두환
의 민주정의당은 35퍼센트가 넘는 표를 얻었다.[7] 그러나 그것
마저도 별 의미가 없었다. 새롭게 구성된 국회는 아무런 힘을

발휘하지 못했기 때문이다. 전두환은 아무런 견제 세력이 없는 한국의 통치자가 되었다.

광주 민중 항쟁

광주 민중 항쟁은 민주주의를 향한 한국인들의 갈망을 상징하는 특별한 사건이었다. 〈5.18 민주화 운동〉으로 명명되는 광주 민중 항쟁은 1970년대 말과 1980년대 초 한국 사회를 이미 뒤덮고 있던 민주주의 정신을 대표하는 사건이었다. 적어도 진보주의자들에게는 그랬다. 한국인들은 이제 막 모습을 드러내기 시작한 또 다른 독재를 가만히 지켜보지 않았다. 그들은 광주와 서울을 비롯하여 전국 여러 도시에서 피할 수 없어 보이는 흐름에 맞서 싸웠다. 한국 국민은 새롭게 들어선 전두환 정권과의 첫 번째 싸움에서 패배했지만, 먼 미래에 그들은 결국 그 싸움에서 승리를 거뒀다. 광주의 정신은 절대 꺾이지 않았다.

광주 민중 항쟁 그 이전까지 〈서울의 봄〉은 계속되었다. 1980년 5월 15일, 10만 명이 넘는 인파가 한국의 수도를 오가는 주요 관문인 서울역 바로 옆에서 집회를 벌였다. 새로운 민주주의를 향한 그들의 꿈이 사라질지 모른다는 위협을 인식한 학생과 노동자들이 벌인 대규모 시위였다. 이틀 후 정부는 계엄령을 연장했다. 그리고 추가적인 시위를 진압하기 위해 군

인들을 전국에 배치했다.[8]

　한국의 대도시 중 하나인 광주는 전라남도의 수도다. 진보 성향이 뚜렷한 전라도는 (1948년 여수-순천 사건을 포함해서) 전통적으로 한국 역사에서 가장 불안정한 지역이었다. 김대중은 그 지역 출신이었으며, 그의 주요 권력 기반 역시 전라도였다. 그는 계엄령 연장 직후에 체포되었다. 그의 체포는 상황을 크게 악화시켰고, 결국 광주 민중 항쟁으로 이어지는 도화선이 되었다.

　5월 18일에 학생들은 전남대학교 정문에서 시위를 시작했다. 그 대학은 계엄령에 따라 곧 폐쇄될 예정이었다. 학생들은 전두환 정권을 직접적으로 비판했다. 그들은 광주 도심의 금남로를 따라 행진했고 그 과정에서 공수 부대와 맞닥뜨렸다. 그날 5백 명 이상이 체포되었고, 그중에는 시위대를 비롯하여 우연히 인근을 지나던 행인들도 포함되었다. 그리고 다음 날 더 많은 공수 부대원이 광주에 도착했다. 결국 첫 번째 희생자가 발생했다. 김경철이 곤봉에 맞아 사망했다. 이후로 시위는 또 다른 흐름으로 전개되었다. 곧 전면적인 투쟁이 시작되었다. 학생과 근로자를 비롯한 많은 시민이 광주 도심에 집결했다. 그들은 단지 공수 부대와 대치하지 않았다. 그들은 공수 부대에 맞서 전투를 벌였다. 그 지역의 MBC 라디오 방송국과 KBS TV 방송국에 화재가 발생했다. 5월 21일에는 전화선이 끊겼다. 광주는 다른 지역과 소통할 수 없게 되었다. 시위대는 진압을 위해 나선 군인들과 전투를 벌였고, 군용 트럭과 장갑차, 무기를 빼앗았다. 공수 부대는 퇴각했다. 그러나 5월 22일에 군대는 광주를 봉쇄함으로써 완전히 고립시켰다. 광주 시민들은 시민 대책 위원회를 꾸리고 조직을 정비했다. 시위는 군대와 탱크가 광주 도심을 장악했던 5월 27일까지 이어졌다.[9]

　　광주 민중 항쟁에서 발생한 희생자 수는 지금도 논란의 대상이 되고 있다. 한국의 민주화 이후에 설립된 5.18 기념 재단에 따르면, 155명이 사망하고 84명이 실종되었으며 5,928명이 부상을 입었다. 적어도 23명의 군인과 4명의 경찰이 사망했으며, 각각 100명 이상의 부상자가 발생했다.[10] 심리적 상처 또한 대단히 깊었다. 지지를 얻지 못한 정권이 그들 자신의 국민을 적으로 돌렸다. 정부는 그 시위에 대해 다양한 방식으로 비난했고, 북한이 한국에 침투할 준비를 한 것이라는 소문을 퍼뜨렸으며, 김대중을 시위 선동자로 지목했다. 많은 보수주의 한국인이 그러한 공식 입장을 그대로 믿는 것은 아니지만, 시위자들에게 책임이 있으며 북한과 관련이 있다고 여전히 생각하고 있다. 그들은 광주에서 발생한 희생자 수를 놓고 이후 수십 년 동안 논쟁을 벌였다.[11] 그러나 다른 한편으로 1980년대에 걸쳐 반정부 시위를 이어 나갔던 민주주의를 바라는 한국인들은 광주 민중 항쟁을 하나의 영감으로서, 그리고 자신의 요구를 밀고 나아가기 위한 교훈으로 삼았다.[12] 더 나아가, 군대를 동원한 시위 진압에 대한 미국 정부의 암묵적인 인정은 반미주의의 불씨가 되었다. 민주주의를 갈망하는 많은 운동가는 미국에 배신감을 느꼈고 미국에 대한 생각을 바꿨다. 그들에게 미국은 더 이상 해방자가 아니라 또 다른 신제국주의 국가였다.[13]

그 시위를 둘러싼 논쟁은 한국이 민주화를 맞이한 이후에도 계속되었다. 1988년에 국회는 그 시위의 이름을 5.18 광주 민중 항쟁으로 변경했다. 그리고 5.18 기념 재단이 설립되었다. 1997년 한국 정부는 5월 18일을 공식 기념일로 선포했으며, 민주화 이후 처음으로 들어선 진보 정부는 2002년에 5.18 민주 묘지를 국립묘지로 승격시켰다.[14] 2017년 5월에는 새로운 진보 정부가 1980년 5월 사건에 대한 공식적인 조사에 착수했고, 2020년 5월에는 항쟁 이후로 40년 동안 여전히 아물지 않은 상처를 치유하기 위해 5.18 민주화 운동 진상 규명 조사 위원회가 출범했다.[15] 그리고 여러 권의 책이 민주화 이후 한국 역사에 걸쳐 광주 민주화 운동을 다뤘다. 또한 2017년에 개봉된 영화, 「택시운전사」는 그해 한국에서 두 번째로 높은 흥행 성적을 기록했다. 그 영화는 독일 기자를 광주로 태우고 갔던 김사복이라는 택시 운전사의 이야기를 그렸다. 그 기자

는 광주 민중 항쟁의 현장을 촬영하고 세상에 알린 최초의 인물이었다.[16]

경제 개발

전두환 정권은 한국이 1950년대 이후로 첫 번째 경기 침체로 어려움을 겪던 시기에 들어섰다. 1970년대 중반 이후로 박정희는 한국 경제를 부가 가치가 높은 경제로 이동시키고자 했다. 값싼 장난감과 신발, 셔츠에서 벗어나 조선과 철강, 화학은 물론 초창기 전자 제품 산업, 특히 TV 생산으로 넘어가고자 했다. 그 계획은 거창했다. 하지만 종종 그렇듯 투자가 결실을 맺기 위해서는 시간이 필요했다. 그리고 그러한 경제 이동은 서구 국가들이 1979년 두 번째 석유 파동, 1970년대에 걸친 높은 인플레이션, 실업률 증가와 보호주의 관행으로 어려움을 겪던 무렵에 이뤄졌다. 수출 주도적인 한국 경제에게는 최적의 환경이 아니었다. 그 결과, 1980년에 한국 경제는 2퍼센트 가까이 후퇴했다.[17]

전두환은 한국을 후진국에서 벗어나 선진국으로 만들겠다는 박정희와 똑같은 꿈을 꾸고 있었다. 그러나 그는 딜레마에 직면했다. 한국은 더 이상 값싼 제품의 수출에 의존할 수 없었다. 그 이유는 이미 다른 많은 국가가 더 값싼 노동력을 제공하기 시작했기 때문이었다. 이제 한국은 근로 연령에 해당하는 노동력의 규모를 확대해야 했다. 전두환은 더 많은 일자리를 제공함으로써 사회적 불안을 완화하고 새 정부에 대한 반발을 줄이는 추가적인 이익을 얻을 수 있다고 기대했다. 그는 두 번째 〈경제 이륙〉을 향한 희망을 품고 박정희 시절에 고속 경제 성장을 이끌었던 기술 관료들을 불러들였다.[18] 전두환은 박정희가 그랬던 것처럼 경제 성장을 자신의 정당성 기반으로 삼을 생각이었다. 문제는 그 방법이었다.

전두환은 그 대답을 시장의 힘에서 찾았다. 그는 정부와 재벌 간 결속을 완화하고 수입과 투자에 대한 장벽을 낮춤으로써 국내 기업이 더 높은 경쟁력을 갖추거나 아니면 사라지도록 했으며, 한국 경제에 대한 해외 기업과 은행들의 투자를 규제하는 법을 완화하는 경제 자유화 정책을 실시했다.[19] 어떤 측면에서 자유화는 한국 경제의 세계화에 따른 자연스러운 귀결이었다. 삼성과 현대, LG는 정부가 통제하기에 이미 너무 세계화되어 있었다. 점점 더 많은 매출이 해외에서 발생하고 있었다. 국영 은행의 대출에 대한 이들 기업의 의존도는 빠르게 줄어들었다. 재벌들은 국가 간섭으로부터 자유롭기를 원했다.[20] 미국에 파견된 관리자나 유럽에서 일하는 세일즈 관리자는 서울 도심의 사무실에 앉아 있는 관료들보다 글로벌 소비자의 취향을 더 민감하게 파악했다. 전두환 정부도 이러한 사실을 이해했다.

게다가 한국은 자유화에 대한 국제적인 압력을 받고 있었다. 1981년 1월에 로널드 레이건이 미국 대통령이 되었다. 그는 취임 연설에서 특히 한 가지 주문을 강조했다. 〈정부는 우리 문제에 대한 해결책이 아니고, 정부가 문제라는 것이었다〉. 여기에는 해외 정부도 포함되었다. 1980년대에 걸쳐 미 재무부와 IMF, 세계은행은 개발 도상국들을 대상으로 〈워싱턴 합의Washington Consensus〉를 강요했다. 규제 완화와 민영화, 그리고 자유화. 이는 미 정부의 주문이었다.[21] 전두환 정권 역시 그러한 메시지를 받았고 이에 적극적으로 동조했다. 한국 정부는 그 내용을 전면적으로 수용하지는 않았지만, 경제 정책의 균형점을 박정희 정부 시절에서 비롯된 강압적인 개입주의에서 멀어지는 쪽으로 옮겼다.

그렇다고 해서 청와대와 산업 통상부나 재정부의 고위 관료들이 민간 부문이 마음대로 하도록 내버려뒀다는 말은 아니었다. 1982년 전두환은 5개년 경제 계획을 발표했다. 그 계획은 한국 경제를 전자 제품과 반도체를 생산하는 방향으로 이동시키는 것을 목표로 삼았다.[22] 1986년에 발표된 여섯 번째 경제 계획은 이들 산업 분야를 계속해서 강조했다.[23] 밤이 늦도록 작은 사무실에서 일했던 한국의 정부 관료들은 아마도 브라질에서 독일에 이르기까지 수억 명의 인구가 주머니 안에 갤럭시 스마트폰을 넣고 다닐 것이라고 상상하지는 못했을 것

이다. 혹은 평면 스마트 TV가 필리핀에서 스페인에 이르기까
지 수많은 거실에 걸려 있을 것이라고 꿈꾸지 못했을 것이다.
그래도 관료들은 한국 기업들이 언젠가 전 세계 소비자가 구
매할 최신 장비를 생산하게 될 것이라고 기대했다. 그리고 수
십 년이 흘러 이들 관료는 넉넉한 공무원 연금을 누리면서 미
소를 짓게 되었다.

　또한 전두환 정권은 근로자들이 높은 수준의 교육을 받고
좋은 건강 상태를 유지한다면 한국이 현대적인 경제로 도약할
수 있다고 생각했다. 초등 교육은 1970년대 말에 이미 보편화
되었다.[24] 중학교 입학률 역시 계속해서 증가하면서 1987년을
기준으로 10대 인구의 98퍼센트에 달했다.[25] 같은 해 고등학
교 졸업생 중 44퍼센트가 대학에 진학했다.[26] 전두환이 보기에
인문이나 사회 과학 학생들은 성가신 존재였다. 그렇다면 공
학과 과학 전공은? 축복이었다. 특히 그들이 좋은 건강 상태를
유지한다면 말이다. 전두환은 박정희가 시작했던 의무 의료
보험에 자영업자도 가입시킴으로써 보편적 의료 보험을 실시
했다. 그리고 전두환이 물러난 지 2년이 흐른 1989년에 한국
정부는 보편적 의료 보험제를 완성했다.[27]

　민간 분야의 높아진 경쟁력과 정부 개입의 조합으로 한국
경제는 변화하기 시작했다. 1980년대 중반 한국 기업들은 수
10만 대에 달하는 컴퓨터와 TV, 비디오테이프 플레이어와 더

불어 반도체를 생산했다. 미국과 일본 기업들이 핵심 기술 이전을 점점 꺼려하고 중국과 동남아시아 기업들이 추격하는 상황에서 한국 기업들은 기술 제품에 집중해야 했다.[28]

한국 경제가 더 혁신적인 모델로 나아가고 있음을 보여 주는 신호가 있었다. 1980년대에 한국은 세계에서 두 번째로 큰 조선업 국가가 되었다. 거제와 울산 조선소는 단지 값싼 복제품이 아니라 선박 건조에서 뛰어난 품질과 설계 기술로 명성을 떨쳤다.[29] 그리고 1986년에는 한국 경제가 나아가는 방향을 잘 보여 주는 놀라운 사건이 있었다. 그것은 현대 자동차 〈포니〉가 미국에 진출한 것이었다. 미국 시장에 〈엑셀〉이라는 이름으로 진출한 그 자동차는 미국으로 수출된 최초의 한국 자동차였다. 첫해에 16만 9천 대가 팔렸다. 세상에서 가장 부유하고 가장 까다로운 시장의 소비자 수십만 명이 한국 자동차에 4,995달러를 지불했다면,[30] 한국 수출업계가 진출하지 못할 곳은 없었다.

모든 분야의 기업들이 수출을 시작했다. 1986년 라면 시장의 선두 업체인 농심은 신라면을 출시했다. 이는 매운 양배추와 소고기 국물을 특징으로 전통적인 맛을 강조한 제품이었다. 이 제품은 큰 인기를 끌었다. 신라면을 등에 업은 농심은 확고한 시장 리더로 자리 잡았다. 또한 한국에서 가장 성공적인 라면 수출업체로 거듭났다.[31] 이 글을 쓰는 지금도 신라면은 여전히 시장 선두를 차지하고 있다(한국 항공사의 비행기를 타고 한국을 들어오거나 나갈 때 기내에서 맛볼 수도 있다). 농심의 사장인 신춘호는 한국 기업이 한국의 정치인과 경제학자들이 주목하지 않았던 분야에서도 세계적인 경쟁력을 확보할 수 있다는 사실을 정확히 예측했다.

그러나 한국 경제가 1980년 침체로부터 회복하기 시작하면서 거둔 높은 경제 성장률은 한국 경제와 사회의 내적 관계에 영향을 미치는 두 가지 구조적인 문제를 낳았다. 첫 번째 문제는 도시와 농촌 지역 간의 불균형이었다. 이는 계속해서 심화되었다. 1987년에 한국 경제 생산에서 농업 분야가 차지하는 비중은 10퍼센트로 떨어졌다.[32] 한국인들은 끊임없이 소도시와 농촌을 떠났다. 도시들은 번성했다.[33] 정부는 그 흐름을 막지 못했다. 전두환은 도로와 철도 및 통신망과 같은 프로젝트에 투자를 확대했다. 인프라는 농촌 지역에서도 계속해서 발전했다.[34] 그러나 한국인들은 더 많은 발전을 원했다. 그리고 그러한 발전의 가능성은 서울과 부산, 대구에 집중되었다.

두 번째 문제는 분명하게도 1980년대 한국이 처한 상황에서 더욱 근본적인 것이었다. 한국인들이 보기에, 경제 자유화는 정치적 억압과 뚜렷한 대조를 이뤘다. 경제 민주화가 궁극적으로 정치 민주화로 이어지게 된다고 말하는 유명한 정치 이론이 있다. 물론 이론은 현실과 언제나 맞아떨어지지는 않는다. 그러나 한국의 경우는 그랬다. 한국의 근로자들은 민주주의를 요구하면서 정부에 맞섰다. 노동 쟁의 건수는 1983년 98건에서 1986년 276건으로 증가했다.[35] 또한 수백만 명의 근로자가 반정부 시위에 동참했다. 그들은 학생들과 함께 전두환 정권에 정치적 변화를 요구했던 가장 적극적인 집단이었다.

변화하는 사회

전두환 시절에 경제 변화는 정치 변화로까지는 이어지지 못했다. 그러나 사회 변화로는 분명히 이어졌다. 혹은 좀 더 정확하게 말해서, 이미 1960년대에 시작되었던 변화의 흐름이 더 가속화되었다. 가족 관계는 느슨해졌다. 점점 더 많은 한국의 젊은이가 도시로 이동하고 대가족 내부의 일상적인 접촉이 먼 과거의 일이 되면서 친족 간 유대는 옅어졌다. 그래도 한국인들은 설날이나 추석 같은 특별한 날에 여전히 함께 모였다. 그리고 1980년대에 보편화된 유선 전화로 통화를 나눴다. 그럼에도 가족 관계는 필연적으로 더 소원해졌다. 삼대가 함께 사는 가구의 비중은 1985년 기준으로 16퍼센트로 떨어졌다.[36] 게다가 출산율도 크게 하락했다. 전두환이 권력을 잡았던 1980년에 2.82퍼센트였던 출산율은 7년 후에 1.53퍼센트로 급락했다.[37] 이는 인구 보충 출생률(총인구를 유지하는 데 필요한 출생률-옮긴이)인 2.1퍼센트를 밑도는 수치였다.

변화의 흐름은 도시 중산층의 등장과 성장으로 뚜렷해졌다. 1987년 기준으로 서비스 분야에 종사하는 인구의 비중은 전체 노동 인구의 50퍼센트에 달했고, 이는 한국 역사상 처음 있는 일이었다. 같은 해 제조업 분야는 전체 노동력의 40퍼센트를 차지했다.[38] 급여 수준은 아직 높지 않았지만, 점점 더 많은 사람이 스스로 중산층이라고 생각하게 되었다. 그들은 아파트를 장만했다. 그리고 자동차와 TV, 냉장고를 살 여유를 누렸다. 또한 고급 레스토랑에 가거나 미장원에서 머리를 했다. 게다가 정부가 해외여행 규제를 완화하기 시작하면서 휴가를 이용해 해외로 떠났다.

중산층의 증가가 박정희 시절의 엄격한 검열이 완화되는 시점과 맞물리면서 한국 문화의 특성이 바뀌기 시작했다. 매출 기준으로 전두환 시절에 한국에서 가장 인기가 높았던 영화「깊고 푸른 밤」은 영주권을 얻기 위해 위장 결혼을 한 캘리포니아의 불법 이민자의 힘든 삶을 그렸다. 그는 결국 위장 결혼을 깨고 임신한 아내를 한국에서 데려온다.[39] 다음으로 인기 높았던「고래사냥」은 사랑에 실패하고 환멸을 느낀 젊은 남자에게 초점을 맞췄다. 그는 윤락가에서 춘자를 만나 그녀가 잃어버린 말과 고향을 찾도록 도움을 준다.[40] 이들 영화는 일상적인 삶이 가져다주었던 것을 넘어서 새로운 것을 갈구하는 이들의 이야기를 들려주었다. 이는 증가하는 중산층의 관심을 자극했던 주제였다.

변화는 음악 분야에서도 찾아왔다. 한국의 발라드는 1960년대에 블루스와 미국의 발라드에 영향을 받아 탄생했다. 그리고 1980년대에 한국 음악의 주류가 되었다. 발라드는 한국인들의 가슴에 사랑과 이별에 관한 이야기를 들려주었다. 1985년 이광조의 「가까이하기에 너무 먼 당신」은 30만 장의 앨범 판매고를 올렸다. 80년대 말에는 변진섭이 등장해서 〈발라드의 왕자〉라는 타이틀을 차지했다.[41] 발라드는 가족 간 약속이 아니라 사랑을 중심으로 연애와 결혼에 대해 생각할 수 있게 된 중산층 한국인들의 정서를 잘 표현해 주었다. 그 가사에서 아픔은 짝사랑에 관한 내용이었고 기쁨은 평생을 함께할 특별한 사람을 만나는 이야기였다.

한국 사회의 변화는 또한 여성 인권에 대한 새로운 요구를 제기했다. 많은 한국인에게 여성은 여전히 남성보다 덜 중요한 존재였다. 낙태가 광범위하게 이뤄지면서 여아 대 남아의 비율은 1981년 106.8(생물학적 기준으로 자연스러운 현상)에서 (자연스러운 비율을 훌쩍 넘어서는) 1990년 116.5퍼센트로 서서히 증가했다.[42] 한국의 해외 입양은 1980년대 중반에 정점을 찍었다.[43] 도시를 중심으로 사회 관습이 변화했다. 그러나 혼외 임신을 한 여성은 아이의 아버지가 결혼에 동의

하지 않을 경우, 낙태를 하는 것 외엔 다른 선택권이 거의 없었다. 또한 결혼한 여성의 일자리와 관련해서도 전반적인 상황은 박정희 시절에 비해 거의 나아지지 않았다. 많은 여성은 결혼하면서 직장을 그만두고 남편과 아이들, 그리고 시댁 식구를 챙겨야 했다. 이는 특히 도시에서 살아가는 여성들에게도 해당되는 말이었다.[44] 이들은 집에서 할 수 있는 부업을 찾거나 아니면 〈아줌마 일자리〉를 알아봐야 했다. 그러나 직장인으로서 경력을 이어 나가는 것은 생각할 수 없었다.

이러한 상황에서 새로운 페미니즘의 물결이 한국을 휩쓸었다. 여성 인권을 강조한 민중 운동에 영향을 받고, 또 여대생이 증가하면서 점점 더 확대된 페미니즘 운동은 여성들의 목소리에 힘을 실어 주었다. 1985년 처음으로 여성 컨퍼런스가 열리면서 여성을 위한 더 나은 노동 권리를 요구했다.

이듬해에는 서울대학교 학생이자 노동 운동가인 권인숙이 새로운 역사를 썼다. 그녀는 경찰서에서 성 고문을 당한 뒤 한국 여성으로서 처음으로 정부를 상대로 소송을 했다. 그녀의 이야기는 많은 한국 여성이 일어서게 했다. 몇 달 후인 1987년, 스물한 곳에 달하는 여성 단체들이 모여 한국 여성 단체 연합을 결성했다. 이후 이 단체는 여성 인권을 개선하도록 정부를 압박하는 과정에서 중요한 역할을 했다.[45] 점점 더 많은 여성이 자신의 나라에서 2급 시민으로 살아가기를 거부했다. 또한 한국 페미니즘 운동은 국내의 고유한 사안들, 특히 전두환 독재 정권의 퇴진에 대해서도 목소리를 높였다.

한국 사회의 변화는 전두환 정권을 비판하는 또 다른 이유를 제시했다. 한국인들은 자유롭게 일자리를 선택할 수 있었다. 자동차나 TV도 선택할 수 있었다. 그리고 어떻게 즐길 것인지도 선택할 수 있었다. 그런데 왜 대통령은 선택할 수 없단 말인가? 한국인 대부분 이 질문에 대한 만족스러운 대답을 얻지 못했다. 사무실과 공장이 점차 증가하는 중산층으로 가득 차게 되면서 다양한 자유를 누리는 삶과 독재 치하의 삶은 극명한 대조를 이루게 되었다.

오랜 분단의 아픔

1983년 6월 26일 KBS는 지금껏 보지 못했던 TV 광고를 시작했다. 국영 방송국 KBS는 4일 후인 6월 30일에 한국 전쟁 종전 30주년을 기념하여 전쟁 중 헤어진 가족을 찾는 프로그램을 방영할 계획이었다. 제작진은 처음에 200편의 사연을 다루고자 했지만, 이틀 동안 1천 건에 달하는 참가 신청이 몰렸다. 또한 원래 일일 특별 방송을 계획했지만, 놀랍게도 그 프로그램은 11월 14일까지 총 138일간이나 이어졌다. 매일 평균 6만 명이 방송국으로 전화를 걸었고, 10만 952명이 참가 신청을 했으며, 그중 5만 3천536명이 실제로 프로그램에 출연했다.

그리고 1만 189명이 오래전 잃어버린 가족을 만났다.[46] 어머니와 아들, 형제, 자매, 조부모와 손자들이 서로를 찾았다. TV 화면은 눈물과 웃음, 기쁨으로 가득했다. 운 좋은 1만 189명에게 이산의 아픔은 끝났다. 이를 가능하게 만든 TV 프로그램 이름은 「이산가족을 찾습니다」였다. 이 글을 쓰는 지금도 온라인으로 프로그램 일부를 찾아볼 수 있다.

KBS 스튜디오는 가족을 찾는 수천 명의 사람으로 가득했다. 스튜디오 벽은 아버지와 이모, 사촌, 딸을 찾는 벽보로 빼곡했다. 어떤 이들은 가족을 찾고 싶은 마음에 소리치거나 울부짖었다. 군중을 통제하기 위해 수십 명의 경찰까지 파견되었다. 전 세계 스무 곳이 넘는 TV 방송국이 특정 시점부터 생방송 중계를 했다. 『뉴욕 타임스』는 이렇게 보도했다. 〈전쟁으로 흩어진 한국인들이 마침내 가족을 만나다.〉 그리고 그 기사에는 이미 어른이 된 아들의 품에 안겨 우는 어머니의 사진이 실렸다.[47] UN 사무총장 하비에르 페레스 데케야르Javier Pérez de Cuéllar는 깊은 공감을 담은 메시지를 전했다.[48] 〈이산가족 찾기〉는 한국인들의 상처를 있는 그대로 보여 주었다. 대한민국은 여전히 분단국으로 남아 있다. 그리고 수십만 명의 가족이 헤어진 채 살아가고 있었다.

김일성은 이산가족의 상처를 치료하는 데 관심이 없어 보였다. 사실 북한의 김일성은 한국 사회를 불안정하게 만드는 일에 혈안이 되어 있었다. 1972년 「7.4 남북 공동 성명」에 따른 회담 이후로 교류는 전면 중단된 상태였다. 수년에 걸쳐 양자 회담을 재개하거나 미국과 함께 3자 회담을 추진하자는 논의가 있었다.[49] 남북은 여전히 독립과 평화, 통합이라는 원칙에 따라 공식적으로 통일을 목표로 삼았지만, 그러한 입장과 현실 사이에는 괴리가 있었다.

1983년 10월 9일, 전두환은 미얀마(당시 버마)를 공식 방문했다. 그는 (당시 랑군으로 알려진) 양곤에 있는 순교자의 묘소를 방문하고 아웅 산Aung San과 여섯 명의 독립 영웅들을 기리기 위해 화관을 놓을 예정이었다. 그러나 그렇게 할 수 없었다. 그로부터 며칠 전 세 명의 북한 공작원이 미얀마에 몰래 잠입했다. 그들은 묘소 건물의 지붕에 원격으로 작동하는 세 개의 폭탄을 설치했다. 그들의 목표는 분명했다. 그것은 전두환의 암살이었다.[50] 당시 왜 김일성이 한국의 대통령을 살해하려고 했는지 그 이유는 밝혀지지 않았다. 분명한 사실은 1972년 「7.4 남북 공동 성명」의 정신이 모두 사라졌다는 것이었다.

운명이 종종 그러하듯 전두환은 그가 머물던 영빈관에서 제시간에 출발하지 못했다. 당시 행사 현장에 있던 부총리를 비롯한 수행 공무원들과 경호원들은 행사 준비 및 예행 연습을 하고 있었다. 전두환의 도착이 지연된다는 통보를 받은 경호처장은 행사 전 예행 연습을 진행했는데, 지연 소식을 알지 못한 공작원들이 미리 설치한 폭탄 스위치를 누른 것이다. 폭탄이 터졌고 총 21명이 사망했다. 여기에는 4명의 장관도 포함되어 있었다. 그리고 46명이 부상을 입었다.[51] 묘소를 향해 가고 있던 전두환의 자동차 행렬은 그대로 돌아갔다. 대통령은 살아남았지만 한국은 충격에 빠졌다. 그리고 분노했다. 아웅 산 테러 사건은 소련이 실수로 그들의 영공에 들어간 대한항공 여객기를 격추하면서 269명의 승객과 승무원 전원이 사망했던 비극이 발생한 지 한 달도 지나지 않아 벌어진 일이었다.[52] 한국은 소련을 상대로 보복할 수는 없었다. 그러나 북한에 대해서는 얼마든지 가능한 일이었다. 아웅 산 테러 사건이 터지고 한 달 만에 레이건이 한국을 방문하면서 그러한 보복 시도를 막았던 것으로 보인다.

　그러나 몇 달 후 남북 관계는 예상치 못한 긍정적인 전환을 맞이했다. 이는 여전히 가족과 헤어져 살고 있던 이들에게 희망을 안겨다 주었다. 1984년 8월, 전두환은 한국이 북한 사람들의 삶을 개선하기 위한 제품과 기술을 제공할 준비가 되었다는 발표를 했다. 그런데 얼마 후 서울과 경기 및 충청 지역에 재앙적인 홍수를 겪으면서 200명 가까운 사람이 사망하고 수천 명이 집을 잃는 일이 벌어졌다. 이에 김일성은 한국에 도움을 주겠다고 제안했다. 분단 이후로 북한이 도움을 제안한 것은 처음이 아니었다. 그러나 한국 정부가 북한의 제안을 받아들인 것은 이번이 처음이었다. 9월에 걸쳐 남북의 적십자가 38선에 있는 판문점에서 회담을 열었다. 그리고 6일에 걸쳐 1,373명의 북한인들이 국경을 넘어 쌀과 직물, 약품, 시멘트를 가지고 왔다.[53] 한국인들은 놀라고 또한 고마워했다.

　　1985년에는 더 놀라운 일이 벌어졌다. 전두환의 제안과 북한의 지원, 그리고 적십자 회담으로 조성된 화해의 분위기는 상상할 수 없는 일로 이어졌다. 9월 20일에 한국인 150명이 DMZ를 넘어 평양으로 갔고, 동시에 같은 수의 북한인들이 서울로 내려왔다. 여기에는 민속 예술 공연가와 기자, 지원 인력, 그리고 특별하게도 한국 전쟁에서 가족을 잃은 이들이 포함되었다.[54] 나흘에 걸쳐 남과 북에서 온 사람들이 30년 만에 처음으로 헤어져 있던 가족을 만났을 때, 한국인들은 TV 화면에서 눈을 떼지 못했다. 수백만 명의 한국인이 이미 「이산가족을 찾습니다」를 시청하면서 눈물을 흘렸다. 이제 그들은 DMZ를 사이에 둔 남북 이산가족의 첫 번째 만남을 지켜보면서 다시 한번 눈물을 흘렸다.

　　그러나 안타깝게도 이는 2000년에 이르기까지 이산가족이 만날 수 있었던 마지막 기회였다. 중요한 진실은 남북이 점점 멀어지고 있었다는 점이었다. 이론적으로 양국은 한반도 전체의 적법한 대표로서 인정받기 위해 경쟁했다. 하지만 현실적으로 1980년 중반에 이미 경쟁은 끝났다는 사실이 분명해졌다. 1974년에 한국의 1인당 GDP는 북한을 앞지르기 시작했다. 1986년에는 두 배가 되었다.[55] 한국 경제가 계속해서 발전하는 동안 북한 경제는 정체되어 있었다. 더 나아가 1981년에 서울은 1986년 아시안 게임 주최지로 선정되었다. 그리고 이후 1988년 올림픽 개최지로 선정되었다. 한국은 이제 1964년 도쿄에 이어 세계 최대의 스포츠 행사를 개최한 아시아의 두 번째 나라가 될 것이었다. 한국은 국제적 인지도 측면에서 북한을 분명히 앞섰다. 사실 북한도 1986년 아시안 게임을 평양에서 열기 위해 신청했지만, 서울이 유력해지자 철회했다.

아시안 게임과 올림픽이 다가오면서 김일성은 더욱 다급해졌다. 그는 공산주의 국가들이 1986년 아시안 게임을 보이콧하도록 설득하는 데 성공했다. 중국을 제외한 모든 동맹이 동의했다. 당시 중국은 덩샤오핑 지도 아래에서 개방을 추진하고 있었다. 중국의 참가는 공산주의 진영에서도 한국을 인정했다는 사실을 의미하는 것이었다. 아시안 게임이 열리기 며칠 전, 북한은 한국에 대한 압박을 강화했다. 북한이 보낸 간첩이 김포 국제공항(한국을 드나드는 주요 관문)에서 폭탄을 터뜨려 5명이 사망하는 일이 벌어졌다.[56] 그럼에도 한국은 아시안 게임을 성공리에 치렀다.

한국은 1988년 서울 올림픽이라는 진정한 파티를 열었다. 이는 북한에게 참을 수 없는 일이었다. 1987년 11월, 두 북한 공작원이 바그다드에서 서울로 향하는 대한항공 여객기에 폭탄을 설치했다. 폭탄은 공중에서 폭발했고 탑승했던 115명의 승객과 승무원 전원이 사망했다.[57] 그러나 한국 정부는 단념하지 않았다. 그들은 올림픽 개최를 위한 계획을 밀고 나갔다. 김일성은 북한의 공산주의 동맹국들에게 올림픽을 보이콧할 것을 절박하게 요청했다. 그러나 그 요청을 공식적으로 받아들인 곳은 쿠바 한 곳에 불과했다. 1980년대에 걸쳐 공산주의 진영은 많은 한국인이 이미 알고 있었던 사실을 인정했다. 그것은 한국이 북한과의 경쟁에서 〈승리〉를 거뒀다는 사실이었다. 한국은 북한보다 성공적인 국가였다. 이러한 인식은 분단의 아픔을 어느 정도 덜어 주었다.

적법성의 충돌

북한과 비교해서 한국은 분명한 성공을 거뒀지만 점점 더 많은 사람이 경제 발전만으로는 만족하지 않았다. 노동자와 학생, 종교 단체, 그리고 이후로 페미니즘 운동이 사회 변화를 가속화하고 있었다. 북한을 경쟁자로 생각하는 사람은 크게 줄어들었다. 한국인들은 더 이상 북한을 위협으로 인식하지 않았다. 독립 국가로 30년 이상의 세월이 흐른 지금, 공산주의가 한국을 장악할 위험이 있을까? 여기에 전두환 정부의 고민이 있었다. 그의 전임자들에게 효과가 있었던 적법성이라고 하는 기존의 방아쇠는 더 이상 쓸모가 없었다. 한국인들은 그들의 조국이 선진국으로 도약하기를 원했다. 그러나 선진국은 돈만 많다고 되는 게 아니었다. 선진국은 민주주의 국가여야 했다. 이는 선진국에 대한 한국인들의 인식이 진화한 결과였다.

　　1980년대는 민중 운동의 전성기였다. 광주 민중 항쟁과 전두환 정권의 폭력적 진압에 대한 기억은 자유와 민주화를 강력하게 요구했다. 많은 이들은 독재 정권에 대한 싸움을 일본 식민지 시절의 독립운동에 비유했다. 식민지 시대의 혁명가인 김산(실명 장지락)은 상징적인 인물이었다. 그의 1941년 회고록,『아리랑』은 1984년에 한국에서 출판되었다. 중국과 러시아 혁명에 영감을 얻은 김산은 이후 한국을 떠나 독립 투쟁을 벌여 나갔다. 또한 그는 노동 계층을 위해서 싸웠다.[58] 그는 조국과 국민의 해방을 위해 망설임 없이 전투에 뛰어들었던 한국의 진정한 애국자였다. 그러나 이러한 김산의 회고록을 포함하여 권력에 저항하는 덕목을 칭송한 작품을 읽는 것은 국가 전복의 행위로 간주되었다.

　　민중 운동가들은 외세뿐만이 아니라 국내 전제주의 정권 역시 한국 국민을 억압한다고 믿었다. 여기에는 박정희와 전두환도 포함되었다. 어쨌든 두 사람은 전 식민지 세력인 일본과 우호 관계를 맺었고, 많은 이들이 새로운 식민 지배자로 생각했던 미국의 군대가 한국에 주둔하는 것을 지지했다. 그러나 점점 더 많은 한국인이 그들 나라의 독재 정권을 가능하게 만든 미국 정부를 비판하기 시작했다. 여기에는 광주 민중 항쟁에 대한 전두환의 폭력적인 진압도 포함되었다. 그것은 한국군이 미군 사령관의 작전 통제를 받고 있었기 때문이었다. 점차 높아지는 반미 정서는 1982년 3월 부산 미 문화원 방화 사건으로 표출되었다.[59] 이는 수십 년간 반미주의의 차원에서 일어난 최악의 사건이었다.

1985년 2월에 민중 운동은 두 차례에 걸쳐 힘을 얻었다. 가장 먼저 김대중이 망명에서 귀국했다. 그는 미국의 지지자들 37명과 함께 (전 지미 카터 행정부 관료들을 포함하여) 김포 공항에 도착했다. 국가 안전 기획부는 즉각 김대중과 그의 아내를 체포해서 자택으로 이송했고, 그들은 그곳에서 가택 연금으로 몇 달을 보냈다.[60] 그러나 김대중의 귀국은 한국인들에게 희망이었다. 그들은 국가를 변화시키기 위해서는 대중의 저항만큼이나 강력한 정치 리더십이 필요하다고 믿었다.

두 번째 긍정적인 소식은 김대중이 서울 땅을 밟은 뒤 며칠 후에 있었다. 전두환 정권이었던 그 무렵의 한국은 두 번째 총선을 앞두고 있었다. 김대중과 김영삼, 그리고 김종필은 출마의 길이 막힌 상태였다. 그러나 투표에 어느 정도 정당성을 부여하고자 했던 전두환은 정치 활동이 중지되어 있던 정치인 수백 명이 선거에 출마할 수 있도록 허용했다. 이후 이들은 모여서 야당을 조직했다. 그렇게 1984년 12월 신한민주당이 탄생했다. 불과 선거 3주 전에 승인을 얻은 신한민주당은 선거 운동이 심각하게 제한된 상태에서도 2월 총선에서 29.3퍼센트의 지지를 얻었다. 이는 전두환의 민주정의당이 받은 35.2퍼센트에는 미치지 못했다.[61] 그러나 야당 인사들은 민주정의당의 지지율이 하락하고 설립된 지 3주밖에 되지 않은 신한민주당이 보여 준 저력에 크게 고무되었다. 게다가 84퍼센트가 넘는 투표율은 한국인들이 표를 통해 그들의 목소리를 전달하고자 했다는 사실을 보여 주었다. 선거 직후에 3김에 대한 정치 활동 금지는 해제되었다.[62] 이는 야당인 신한민주당에게 큰 힘이 되었다.

    민중 운동과 민주주의에 대한 한국인들의 갈망에 대해 전두환 정권은 다분히 억압적인 태도로 일관했다. 사실 광주 민중 항쟁에 대한 폭력적인 진압은 1980년대에 그 정권의 태도를 드러내는 시작이었다. 광주 민중 항쟁 직후 많은 운동가와 지식인들이 소위 〈삼청 교육대〉로 보내졌다. 그들은 거기서 수천 명의 〈부랑자〉(노숙자와 장애인, 마약상, 그리고 정권의 눈 밖에 난 이들)들과 함께 생활했다.

    1980년 8월에서 1981년 1월에 이르기까지 6만 명 이상이 〈재교육〉의 명목으로 도시에서 멀리 떨어진 삼청 교육대에서 가혹한 군사 훈련을 견뎌야 했다.[63] 광주에서 벌어진 사건에 대해 아무런 해명도 내놓지 않았다는 사실과 함께, 삼청 교육대 역시 전두환 정권이 초창기부터 정당성을 얻지 못한 또 하나의 이유로 작용했다.

1980년대에 걸쳐 국가 안전 기획부와 경찰은 박정희 시대와 똑같은 방식으로 움직였다. 납치와 고문, 그리고 재판 없는 처형은 드문 일이 아니었다. 많은 검찰 역시 전두환 정권의 억압에 공모하면서 야당 인사와 학생 및 운동가들에게 가혹한 선고를 내리도록 했다. 그리고 이를 통해 그들의 공적인 삶을 완벽히 차단했다. 서울 올림픽이 다가오면서 전두환 정권은 점점 더 많은 〈부랑자〉들을 관리 대상 목록에 집어넣었다. 1981년과 1986년 사이에 전국 36개 수용 시설에 억류된 사람의 수는 8,600명에서 1만 6천 명으로 늘어났다. 이들 억류자에 대한 폭력은 일상적이었고, 그중 수백 명이 이러한 시설에서 목숨을 잃었다.[64]

전두환은 또한 올림픽을 앞두고 정권의 정당화를 위해 〈북한의 위협〉을 활용했다. 1986년 11월 전두환 정권은 북한이 2백억 톤의 물을 방류함으로써 서울을 물에 잠기게 할 위협을 막기 위해 〈평화의 댐〉을 건설하겠다는 발표를 했다.[65] 김일성이 그러한 음모를 꾸미고 있다는 증거는 어디에도 없었지만, 한국인들은 그러한 발표로 두려움에 떨었다. 정부가 권력을 유지하기 위해 국민을 위협한 사례가 있다면, 이것이 바로 그러한 경우였을 것이다. 이후 수십 년이 흘러 한국인들은 전두환이 어떻게 그들을 기만했는지 씁쓸하게 기억하게 되었다. 결론적으로 전두환은 자신에게 반대하거나 자신이 생각하기에 국가의 이미지를 실추시키는 사람들과 함께 살아갈 생각이 없었다. 그는 오로지 경제 발전이 자신의 통치를 정당화해 줄 것이라는 희망을 고수했다.

민주주의를 향한 마지막 투쟁

한 사진에서 이한열은 한국의 유명 대학 이름인 〈Yonsei〉라고 적인 티셔츠를 입고 있다. 그런데 사진 속 젊은 이한열은 친구의 팔에 안겨 아무런 움직임 없이 축 늘어져 있다. 눈빛은 생기를 잃었다. 머리에서 흐른 피가 얼굴을 서서히 덮고 있다. 그는 최루탄에 머리를 맞았다. 사진을 자세히 들여다보면 이한열과 그의 친구가 최루탄 가스에 둘러싸여 있다는 사실을 알 수 있다. 안타깝게도 이 사진은 그 청년에 대한 마지막 기억으로 남게 되었다. 이한열은 결국 의식을 회복하지 못했다. 그는 27일 동안 연명 치료를 받다가 세상을 떠났다.[66] 그의 유족에게는 아무런 위로가 되진 않겠지만, 그 젊고 똑똑한 대학생은 민주주의를 향한 한국인들의 마지막 투쟁을 상징하는 존재로 영원히 남게 되었다. 그 사진이 공개되고 6개월 후, 고(故) 이 한열은 승리를 거뒀다. 그의 조국은 거의 30년 만에 처음으로 진정한 자유선거를 치르게 되었다. 이제 한국은 과거로 돌아가지는 않을 것이었다. 민주주의를 향한 투쟁은 마지막이 될 것이었다.

1987년 한국인들은 전두환 군사 독재의 음모를 막았고 1960년대 이후로 첫 번째 자유선거를 쟁취해 냈다. 학생과 노동자, 종교 단체, 그리고 전두환 통치에 반대해 왔던 중산층 사무직 근로자와 관리자들이 합세했다. 이들 중 많은 이들은 이전 학생 운동에 참여했거나 그 운동으로부터 많은 영향을 받았다. 소위 〈넥타이 부대〉라고 불린 이들은 1987년 민주화 운동에 합류했다. 1990년대에 이들은 386 세대라고 불렸다. 이는 30대 나이에 80년대 학번, 그리고 60년대 출생을 의미하는 것이었다.[67]

1987년 당시 〈넥타이 부대〉는 한국의 중산층이었다. 그들에겐 한 가지 목표가 있었다. 그것은 한국의 민주주의를 위한 지원과 투쟁이었다. 그리고 그들은 노동자 및 학생 운동가들과 투쟁의 명분을 공유했다. 한국인 대부분이 보기에, 전두환은 그들의 적법한 대통령이 아니었다. 광주 민중 항쟁에 대한 그의 대응은 그 사실을 분명히 말해 주었다. 1980년에 수정된 한국의 헌법에 따를 때, 전두환은 7년 동안만 통치할 수 있었다. 전두환은 박정희가 그랬던 것처럼 다시 한번 출마하기 위한 헌법 수정은 하지 않을 것이라고 약속했다. 이에 한국인들은 전두환의 통치가 막을 내리고 민주주의가 시작될 것이라는 희망을 품었다. 실제로 1986년 전두환은 한국인이 희망하는 민주주의로의 평화적 정권 이양을 위해 신한민주당과 협상을 시작했다.[68]

그러나 협상이 이어지면서 전두환은 한국의 진정한 민주화에 관심이 없다는 사실이 명백히 드러났다. 그는 노태우를 자신의 후계자로 삼고 그가 차기 대통령이 되기를 원했다. 전두환의 쿠데타를 지지한 전직 사령관이었고, 그의 내각에서 여러 자리를 맡았던 노태우는 1985년에 민주정의당 대표가 되었다. 전두환은 국회가 자신이 지목한 노태우를 대통령으로 만들기 위해 강력한 지지를 보내 주길 원했다.

반면 야당은 직접 선거를 통해 모든 유권자가 대통령을 선출할 수 있기를 원했다. 이러한 교착 상태가 이어지면서 신한민주당 내에서 분열이 일어났다. 김대중과 김영삼은 전두환 정권과 타협을 모색하는 그들의 정당을 비판했다. 전두환은 바로 여기서 기회를 포착했다. 1987년 4월에 전두환은 차기 대통령을 선출하기 위한 간접 선거가 치러질 것이라고 발표했다.[69] 김대중과 김영삼은 분노했다. 둘은 신한민주당을 떠나 각자 자신의 정당을 세웠다.[70]

한국인들 또한 전두환의 발표에 분노했다. 당시 시위와 파업이 한창이었다. 그리고 1월에는 경찰이 서울대학교 학생 박종철을 고문하다가 사망에 이르게 한 사건이 벌어졌다. 처음에 당국은 박종철의 사인을 감추려고 했다. 하지만 의사와 검사, 기자, 목사 등으로 이뤄진 단체가 진실을 규명해 냈다.[71] 전두환 정권은 단지 살인만 한 것이 아니었다. 그들은 진상을 덮으려 했다.

서울로부터 2,600킬로미터 떨어진 필리핀에서 독재자 페르디난드 마르코스Ferdinand Marcos는 수십 년에 걸쳐 그 똑같은 일을 해오고 있었다. 그러나 그는 1986년 2월 에드사 혁명으로 자리에서 물러났고 필리핀은 민주주의 사회가 되었다. 한국인들은 그들의 땅에서도 그러한 일을 이룩하고자 했다. 전두환의 4월 발표는 민주주의를 향한 한국인들이 열망을 더욱 뜨겁게 만들었을 뿐이었다. 시위는 계속 이어졌다. 파업 또한 마찬가지였다. 1986년 276건이었던 시위는 1987년 3,749건으로 크게 증가했다.[72] 한국은 통제 불능한 사회가 되었다. 군사적 방법만으로 한계가 있었다. 하지만 광주 민중 항쟁의 유혈 사태가 다시 일어날 위험이 있었다. 한국 상황을 우려한 레이건과 그의 행정부는 전두환이 민주주의를 선택하도록 공적, 사적인 차원에서 로비를 벌였다.[73] 국제 올림픽 위원회 역시 마찬가지였으며 그 위원장은 전두환을 상대로 사적인 로비를 벌였다.[74] 어쨌든 서울은 올림픽을 유치해야 할 국가였다. 당시 노태우가 올림픽 준비 위원회 위원장을 맡았다. 뭔가 대책이 필요했다.

6월 9일, 이한열이 머리에 치명상은 입었다. 다음 날 노태우는 민주정의당의 대선 후보로 선출되었다. 수십만 명의 한국인이 전국 각지에서 시위를 벌였다. 그렇게 6월 민주 항쟁이 시작되었다. 더 많은 한국인이 거리로 나섰다. 파업 건수는 늘어났다. 전두환, 그리고 이제 노태우가 더 이상 폭력에 의존하지 말라는 국제 사회의 압박을 받았다. 게다가 경찰이 시위대를 해산시키기 위해 사용했던 최루탄의 재고가 점점 바닥나고 있었다.[75] 한국인들은 그 사실을 알았다. 이제 전국적으로 수백만 명이 거리로 나왔다. 완전하고 자유로운 민주주의 말고는 아무것도 소용없었다. 투쟁이 시작되었다. 국민은 승리를 염원했다.

6월 29일 마침내 노태우가 항복을 선언했다. 폭력은 멈췄다. 한국인들은 원하던 바를 얻었다. 노태우는 장관들을 비롯하여 정치인과 기자들로 가득한 방 안에 놓인 의자에 앉았다. 그는 한국 역사상 대단히 중요한 연설을 할 참이었다. 이는 나중에 「6.29 선언」으로 알려진 대국민 화합과 위대한 국가로의 발전을 위한 특별 선언이었다. 노태우는 단조로운 어조로 말했다. 그가 한국인들에게 그들이 염원했던 민주주의에 대해 말할 때 분노와 기쁨은 없었다.[76] 노태우의 발표에는 여덟 가지 항목이 담겼다. 그중 첫 부분은 다음과 같다.

여야 합의하에 조속히 대통령 직선제 개헌을 하고 새 헌법에 의한 대통령 선거를 통해서 88년 2월 평화적인 정부 이양을 실행한다.

자유로운 출마와 공정한 경쟁을 보장하기 위해 대통령 선거법을 개정한다.

국가적 화합과 통합의 이름으로 김대중을 비롯한 모든 정치범에 대한 사면을 보장한다.[77]

또 다른 사진에는 태극기로 감싼 관의 모습이 보인다. 그것은 영웅을 위한 마지막 의식이었다. 관 앞에는 고인의 거대한 초상화가 놓였다. 수많은 국민의 물결이 이를 둘러쌌다. 사람들은 연세대학교 정문을 출발해 서울 시청을 향해 행진했다. 그리고 거기서 열린 영결식에는 1백만 명이 넘는 사람이 거리에 줄을 지어 그를 추모했다. 때는 7월 9일이었다. 이한열은 나흘 전인 7월 5일에 세상을 떠났다.[78] 그는 영웅으로 죽었다. 절대 포기하지 않았던 수백만 명의 여성과 남성, 청년과 노인과 같은 영웅처럼. 그들은 정부가 그 선언을 하도록 압박했다. 그리고 결국 민주주의를 쟁취해 냈다.

마침내 민주주의

1987년 10월, 한국의 헌법은 2023년을 기준으로 마지막이자 아홉 번째로 수정되었다. 국회가 새 헌법을 통과시키고 난 뒤, 유권자의 94퍼센트 이상이 국민 투표를 통해 이를 승인했다.[79] 그 새로운 헌법은 대통령은 오직 한 번, 그리고 갱신이 불가능한 5년 임기 동안만 국가를 통치할 수 있다고 명시했다. 그리고 유권자인 국민이 대통령을 직접 선출하도록 규정했다.[80] 그렇게 한국은 강력한 대통령을 선출하고 그 대통령은 5년 후 새로운 이에게 자리를 물려줘야 했다. 이는 한국 민주주의의 지속적인 쇄신을 보장했다.

대선은 12월 16일로 예정되었다. 주요 후보들은 이미 수 개월 전부터, 혹은 수년 전부터 비공식적으로 선거 운동에 돌입했다. 헌법이 수정되고 국민이 좋아하는 대통령을 직접 뽑도록 보장하면서 선거 운동이 본격적으로 시작되었다. 노태우는 민주정의당 후보로 나섰다. 새로 승인된 헌법이 제5공화국을 실질적으로 부정했다는 사실을 고려할 때, 그는 전두환의 정책을 그대로 이어받는 공약으로 선거 운동을 할 수 없었다. 노태우는 정권의 연속성을 기반으로 보수적 가치를 지지하면서 경제 성장과 사회 안정에 집중했다. 게다가 그는 6.29 선언과 올림픽 준비 위원회 위원장 역할 덕분에 긍정적인 이미지를 쌓을 수 있었다. 모든 측면에서 그는 경쟁력 있는 후보였다.

그렇다면 진보 진영에서 누가 그의 주요 상대가 될 것인가? 이에 대해 김영삼과 김대중의 생각은 달랐다. 두 사람은 각자 출마를 선택했다. 김종필도 대선에 뛰어들었다. 그렇게 3김은 선거에서 맞붙었다. 이 때문에 자유 진영의 표는 세 군데로 갈라졌다. 이러한 상황에서 결국 노태우가 자신의 인지도에 힘입어 대선에서 승리했다.

노태우는 37퍼센트에 가까운 득표율을 기록했다. 그는 사회적, 정치적으로 보수적인 도시 유권자에다가 많은 농촌 지역 유권자들로부터 지지를 받았다. 김영삼은 28퍼센트의 득표율로 2위를 차지했고 김대중은 27퍼센트로 뒤를 이었다. 김영삼은 진보적인 도시 유권자들로부터 많은 지지를 얻었다. 반면 김대중은 많은 근로자 및 진보 진영과 더불어 고향인 전라도 지역에서 지지를 얻었다. 김종필은 8퍼센트가 조금 넘는 표를 받았다.[81] 89퍼센트가 넘는 투표율을 기반으로 경쟁에서 분명한 승리를 거뒀고, 또한 선거 당일에 어떠한 중대한 사건도 없었다는 점에서 노태우는 회복된 민주주의 한국의 첫 번째 대통령이었다.

운명의 장난인지 삼성의 설립자 이병철은 선거가 있기 한 달 전 사망했다. 그는 제5공화국 시절에 한국 경제의 대표적인 지도자로서 높은 경제 성장을 주도한 인물이었다. 노태우가 당선되고 8일 후에 그의 아들인 이건희가 삼성의 회장직을 물려받았다. 젊은 이건희는 야심 찬 인물이었다. 그는 이미 한국의 최대 재벌인 삼성이 다른 기업이 개발한 기술을 베끼는 것이 아니라 자체적인 혁신을 기반으로 세계를 선도하는 기업이 되길 원했다.[82] 1987년이 저물 무렵에 한국은 자유 민주주의 사회로 발돋움을 시작하고 있었다. 그리고 그 경제는 세계를 이끌어 갈 혁신의 원동력을 향해 나아가고 있었다. 또한 한국은 올림픽 개최 준비를 하고 있었다. 하나, 둘이 아닌 세 가지의 막중한 책임이었다. 하지만 40년의 세월을 넘어가고 있던 이 나라에 불가능은 없어 보였다.

자유와 위기
1988~1997

1988년 9월, 제24회 서울 올림픽 성화 점화식

IMF 외환 위기로 실업률이 급증하는 가운데 새벽 인력 시장의 모습

민주주의 초창기

1988년 2월 25일 노태우가 대한민국 여섯 번째 대통령으로 취임하면서 제6공화국이 시작되었다. 제6공화국은 2020년대에 이르기까지 한국 역사상 최장 기록을 이어 나가고 있다. 노태우는 자신이 맡은 역할의 중대성을 잘 알았다. 또한 허울뿐인 민주주의로는 한국인들을 만족시킬 수 없다는 사실도 잘 이해했다. 그는 취임 연설에서 〈민주적인 개혁과 국가적 통합을 발판으로 보통 사람을 위한 위대한 시대〉를 열어 갈 것임을 약속했다. 또한 〈자유와 인권이 경제 성장과 국가 안보를 위해 희생당하는 시대는 끝났다〉고 선언했다.[1] 그리고 이 점을 강조하기 위해 며칠 후 광범위한 사면을 통해 7천 명에 달하는 정치범을 석방했다.[2] 노태우는 스스로 전두환 정권과 차별화하기 위해 자신이 〈보통 사람〉임을 강조했다. 그리고 자신의 취임식에 청소부와 농부 및 공장 노동자를 초대했다.[3] 또한 그는 스스로 가방을 들고 다녔다. 그 사소한 제스처는 자신이 누구에게도 군림하지 않는다는 상징적인 행동이었다.

그럼에도 비판자들은 그를 인정하지 않았다. 그들은 노태우를 전두환 정권이 만들어 낸 인물로 깎아내렸다. 물론 노태우는 1987년 선거에서 승리했다. 하지만 그는 전두환의 쿠데타에 동참했고, 전두환에 의해 임명되었으며, 전두환 방식의 독재 정권을 이어 나가기가 불가능해지고 나서야 민주주의로의 이양을 시작했을 뿐이었다. 게다가 노태우 정권의 많은 고위 인사는 전두환 시절에 활동했던 인물들이었다. 그리고 정부 조직은 전두환 정권은 물론 많은 경우에 박정희 정권으로까지 거슬러 올라갔다.[4] 이에 비판자들은 노태우 정권을 〈5.5〉 공화국이라고 불렀다.[5] 이는 전두환의 제5공화국과 그들이 보기에 아직 도래하지 않은 제6공화국 사이에 있는 정권을 일컫는 말이었다.

그리고 비판자들은 한국의 〈보수적인 민주화〉에 대해 말했고 그 이야기는 지금도 계속되고 있다. 독재자들은 사라졌다. 한국인들은 자유롭고 공정한 선거를 통해 대통령을 뽑을 수 있게 되었으며, 정당은 권력을 차지하고 그들이 선호하는 정책을 실행에 옮기기 위해 서로 경쟁을 벌였다. 하지만 체제의 전면적인 전환은 이뤄지지 않았다. 새로운 세대가 등장해서 권력을 잡고 독재만큼이나 민주주의 체제하에서도 편안해 보이는 기존 엘리트 집단을 대체하지 못했다. 제도와 정당은 스스로 쇄신하지 못했고 젊은이들은 민주화된 정치적 권력이라는 전리품을 나눠 갖는 과정에서 소외되었다.[6]

　　이러한 상황에서 1988~1989년 동안 한국에서 파업과 시위는 일상적인 일이 되었다.[7] 학생들은 안기부와 경찰, 사법부를 비롯하여 전두환 시절에 억압적인 체제의 핵심 역할을 했던 다양한 기관의 개혁을 원했다. 또한 그들은 수십 년간 수천 명의 운동가를 투옥하는 데 사용된 국가 보안법과 반공법의 적용, 혹은 그 남용을 끝내고 싶어 했다. 북한과의 통일을 요구하는 학생들도 있었다. 다른 한편으로 근로자들은 사회 개혁을 향한 학생들의 요구 중 상당 부분을 공유했다. 또한 그들은 실질적인 임금 상승을 원했다. 많은 이들은 사회 시스템이 그들에게 불리한 방향으로 조작되어 있다고 느꼈고, 정부-재벌 간의 편안한 관계가 그들이 한국의 인상적인 경제 성장으로부터 얻어야 할 이익을 가로막고 있다고 믿었다. 근로자들은 성공을 거뒀다. 평균 임금은 1988년에서 1993년 사이에 두 배로 증가했다.[8] 그들이 처한 상황은 새로운 정권하에서 조금씩 나아지기 시작했다.

　　판사와 검사들 역시 그들 자신의 불만과 더불어 변화의 흐름에 합류했다. 그들은 박정희 정권 이후로 사라진 사법부 독립을 되찾고자 했다.[9] 사법부는 독재 시절에 억압적인 체제의 일부로 기능하면서 사회 운동가들에게 무거운 형량과 더불어 종종 사형을 선고했다. 그러나 몇몇 인물은 그러한 체제를 거부하고자 했다. 박종철 고문 수사에 참여한 검사는 바로 이

러한 경우에 해당했다. 하지만 판사와 검사 대부분 한국의 독
재 정권에 맞설 의지나 능력이 없었다. 이제 한국 사회가 변화
하고 있음을 깨달은 그들은 자신의 요구 사항을 제기했다. 노
태우 정권은 사법부 독립을 강화해 나갔다.[10] 또한 제6공화국
은 사법부의 진정한 변화를 약속했다.

　　자신의 의지이든, 국민의 압박이든, 정권 내부의 압력이
든, 혹은 그 세 가지 모두의 조합이든 간에 노태우는 한국을 민
주 사회로 만들고 국민을 자유롭게 하는 변화를 실행에 옮겼
다. 한국 국민은 변화가 도래했음을 인식했다. 1989년에는 몇
몇 시민 사회 단체들이 모여 1948~1949년에 있었던 제주 4.3
항쟁을 기리는 추모제를 지냈다. 그 사건이 제주도를 뒤흔든
지 41년의 세월이 흘러서야 지역 주민과 전국 각지에서 모인
국민은 그 비극적인 사건을 추모할 수 있게 되었다. 그 행사에
서 경찰은 개입하지 않았다. 몇 주에 걸쳐 전통 연극과 영화 상
영, 공청회, 그리고 굿판이 이어졌다.[11] 몇몇 희생자는 처음으
로 공식 석상에서 그들의 경험에 대해 증언했다. 침묵 속에 묻
혔던 40년 고통의 세월이 막을 내렸다. 이 추모제는 한국에서
벌어지고 있는 사회적, 정치적 변화를 그대로 반영했다.

　　노태우의 개혁은 또한 국회에서 일어난 중대한 변화의 결
과물이기도 했다. 1988년 4월 총선은 1950년 이후로 여당이
처음으로 절대다수를 차지하지 못하는 상황으로 이어졌다. 보

수 대통령과 진보 국회가 맞서게 되었다. 한국 역사상 처음으로 대통령은 국회의 절대적 지지에 의존할 수 없게 되었다. 노태우의 민주정의당은 총선에서 34퍼센트의 득표율로 1위를 차지했다. 그러나 3김이 각자의 정당을 이끌었던 야권은 전체적으로 국회에서 더 많은 의석을 차지했다. 김영삼의 통일민주당은 24퍼센트에 가까운 득표율을, 김대중의 평화민주당은 19퍼센트가 살짝 넘는 득표율을, 그리고 김종필의 신민주공화당은 15퍼센트가 넘는 득표율을 기록했다.[12] 야권은 이제 정부의 법률 제정과 활동을 견제하고 노태우 정권에 의한 권력 남용, 혹은 전두환 정권의 활동과 관련된 수사를 추진하고 스스로 법안을 제출할 수 있게 되었다. 자율적인 국회는 초창기 한국 민주주의가 몰고 온 새로운 현상이었다.

노태우는 민주주의 사회의 정치인처럼 행동했다. 그는 야권이 자신의 정책을 지지하도록 설득하고자 했다. 1990년 1월 23일에는 정치적 지각 변동이 한국을 흔들었다. 노태우와 김영삼, 김종필은 열 시간에 걸친 회담 끝에 그들의 세 정당을 통합하여 민주자유당을 창당하기로 결정했다. 당시 하락하는 경제 성장률(1988년 12퍼센트의 겨우 절반밖에 미치지 못하는 1989년의 6퍼센트를 살짝 넘어선)을 걱정하고, 비즈니스 리더들로부터 경제 개혁을 실행하지 못했다는 비판을 받고, 법안을 통과시키는 자신의 무능함에 좌절했던 노태우는 강력한 보수 정당을 원했다. 그리고 김영삼과 김종필은 이러한 비전에 동의했다.[13] 그들에게는 일본 자민당의 사례가 있었다. 자민당은 30년 동안 중단 없이 권좌를 유지했다. 이들 연합은 차례대로 내각을 이끌었다. 일본의 보수 정치인들이 성공을 했다면 한국은 왜 안 되는가? 이에 김대중은 실망감을 드러내면서 그 합당을 〈민주주의에 대한 쿠데타〉로 규정했다.[14] 일부 국민이 보기에, 그 합당은 이제 민주주의 사회가 되었음에도 〈보수적인 민주화〉를 가져온 구세대 정치 엘리트 집단이 계속해서 그 나라를 지배하게 될 것임을 상징하는 사건이었다. 이제 민주자유당은 실질적으로 국회 의석의 3분의 2를 차지했다. 노태우는 합당을 통해 자신의 정책을 밀어붙일 수 있게 되었다.

　그 중요성은 비교적 낮지만 그 나라에서 일어나고 있던 변화와 자유로운 분위기를 상징하는 롯데월드가 1989년에 서울에서 문을 열었다. 롯데월드는 당시 세계 최대의 실내 놀이공원 중 하나였다. 그리고 21세기까지도 명맥을 유지해 오고 있다. 많은 한국인은 사회 동요와 저항, 시위의 분위기에서 벗어나고 싶어 했다. 그들은 힘들게 얻은 소득과 민주주의를 누리고 싶어 했지만 그 새로운 테마파크가 과거와의 단절을 상징하기에는 한계가 있었다. 공사는 실제로 전두환 시절인 1984년에 시작되었다. 그리고 롯데는 1967년에 설립된 한국의 최대 재벌 중 하나였다. 그들은 이제 놀이동산 비즈니스로 진출하고 있었다. 그러한 점에서 롯데월드는 한국의 민주주의 가 혁명revolution이 아닌 진화evolution를 통해 나아가고 있음을 보여 주는 것이었다.

1988년 서울의 데뷔 무대

76세의 한 남성이 올림픽 성화를 들고 한강 남쪽에 위치한 서 울 올림픽 경기장으로 들어서고 있다. 때는 맑고 온화한 9월의 아침이었다. 그 남성은 전직 육상 선수로서의 모습을 드러내 고 있다. 그가 오른손에 성화를 들고서 경기장 안으로 들어섰 다. 관중은 환호했다. 10만 명 모두가 환호했다. 어떤 이는 집 에서, 다른 이는 거리에서 TV로 그 장면을 시청했다. 그렇게 수천만 명이 그 장면을 지켜봤다. 그 남성은 손을 흔들어 보였 다. 관중은 더 크게 환호했다. 그는 몇 걸음 더 걸어가 손을 내 밀어 성화를 전했다. 그 장면에서 사람들은 그의 티셔츠를 장 식한 로고를 선명히 보았다. 그의 오른쪽 가슴에 새겨진 서울 올림픽 로고를 말이다.[15]

한국인에게 그것은 감격스러운 순간이었다. 52년 전 그 남성은 베를린 올림픽 마라톤에서 우승을 차지하고서도 가슴 에 새겨진 국기를 숨기려 했다. 그는 다름 아닌 1936년 식민지 국기를 달고 뛰어야 했던 한국의 영웅, 손기정이었다. 그는

IOC로부터 자신의 금메달을 한국 국민의 것으로 인정받기 위해 노력했으나 아무런 소용이 없었다. 그러나 1988년에 그는 한국인들이 그들의 조국에 대해 느끼는 자부심의 상징이 되었다. 그들의 나라는 이제 부유하고 새롭게 민주화된 국가가 되었다. 그리고 세계 무대에서 어깨를 나란히 하는 국가가 되었다. 식민지가 아닌, 경제적으로 수렁에 빠진 사회가 아닌, 독재 국가가 아닌, 그리고 새우가 아닌 국가가 되었다.

1988년 서울 올림픽이 한국에서 차지하는 중요성은 결코 과소평가할 수 없다. 일본은 1964년 도쿄 올림픽에서 과거 제국주의에서 벗어나 현대 국가로 성장했음을 보여 주었다. 그리고 나중에 2008년 베이징 올림픽에서는 중국이 그들이 이룩한 경제 발전을 자랑스럽게 보여 주었다. 아시아 지역을 비롯하여 수많은 국가는 올림픽을 정치적 목적으로 사용했다. 1981년 올림픽 개최지 후보로 뛰어들었을 때, 전두환 역시 그랬다. 그럼에도 7년이 흘러 한국인들은 빛나는 자부심을 느끼게 되었다.

한국은 1988년 서울 올림픽을 통해 그들이 선진국 반열에 들어서고 있음을 전 세계에 알렸다. 부분적으로 올림픽 개최에 힘입어 한국의 무역은 1988년에 기록을 경신했다. 나아가 올림픽을 준비하는 과정에서 IT 산업이 발전했다. 그리고 올림픽 시설을 짓고 인프라를 개선하기 위한 과정에서 3만 개가 넘는 일자리가 생겨났다.[16] 물론 가난한 지역은 곳곳에 그대로 남아 있었다. 하지만 1972~1983년 동안 전 세계 시청자들이 보았던 (한국 전쟁을 배경으로 한) 미국 드라마 「M*A*S*H」의 장면처럼 한국은 더 이상 전쟁에 폐허가 된 가난한 나라가 아니었다.

또한 올림픽은 전통문화에 대한 한국인의 자부심을 높였다. 한국은 올림픽 개막식에서 그들의 전통문화를 마음껏 펼쳐 보였다. 해외 인지도가 있는 한국 밴드 중 하나인 코리아나는 「손에 손잡고」라는 올림픽 공식 주제가를 한국어와 영어 가사로 불렀다. 그리고 모든 참가국 기수는 한글 순서에 따라 올림픽 경기장으로 입장했다. 이는 전 세계 수억 명의 시청자가 한국어를 처음으로 만나는 순간이었다. 개막식에서는 또한 전통 한국 무술인 태권도의 집단 시연이 있었다. 1988년 시범 종목이었던 태권도는 2000년 올림픽 이후로 메달 구성을 갖춘 정식 종목이 되었다. 또한 한국의 거북선과 전통 북을 연주하는 음악가들, 화려한 한복을 입은 여인들이 등장했다. 한국 전통문화는 그렇게 화려하게 전 세계에 선을 보였다.[17] 이 역시 많은 시청자와 방문객이 한국 문화를 마주한 첫 번째 순간이었다.

또한 올림픽은 전 세계 국가 공동체가 한국을 인정하는 상징적인 행사였다. 국제 올림픽 위원회가 한국이 그처럼 거대한 행사의 세부적인 계획을 관리할 역량이 있다고 믿었다는 점에서 IOC가 한국에 보여 준 신뢰는 상징적이었다. 서울 올림픽은 한국이 거둔 외교적 승리였다. 미국과 그 동맹국들은 1980년 모스크바 올림픽에서 보이콧을 선언했다. 그리고 소련과 그 동맹국들은 1984년 로스앤젤레스 올림픽에서 똑같이 응수했다. 하지만 서울 올림픽에는 소련과 중국을 비롯한 대부분의 공산 국가들이 참가했다.[18] 중국과 소련, 중부 유럽 및 동유럽의 대표단은 그들의 나라와 비교해서 한국의 경제 발전상을 직접 목격했다. 올림픽은 공산 진영에 걸쳐 많은 정치 지도자가 한국과의 외교 관계를 수립하도록 재촉했던 마지막 원동력이었다.[19] 9월 아침에 노태우는 올림픽 개회사를 낭독하면서 여유로운 미소를 지어 보였다. 한국은 이제 세계 무대에 섰다. 그리고 세계의 고래 중 하나가 되었다.

한국이 북한을 물리치다

서울 올림픽이 열리기 직전에 노태우는 중요한 연설을 위해 연단에 올랐다. 7월 7일인 그날은 한국 수도의 여느 여름날처럼 덥고 습했다. 몇 차례 소나기도 내렸다. 하지만 더 많은 비가 내리는 시즌은 아직 오지 않았다. 노태우의 연설은 제6공화국의 외교 정책, 특히 대북 정책을 선포하기 위함이었다. 그날 노태우가 선언한 여섯 가지 원칙은 향후 수십 년간 한국 외교 정책의 지침이 되었다. 노태우는 연설에서 북방 정책, 즉 북한을 비롯하여 공산 진영에 대한 한국의 정책에 관한 여섯 가지 원칙을 내놨다. 내용에는 〈남북 간 협력 강화〉, 〈인도주의 확대와 이산가족 교환〉, 〈남북 간 무역 관계 구축〉, 〈동맹과 북한 간의 교류에 대한 반대 중단〉, 〈남북 간 외교 정책 협력과 무역 확대〉, 〈공산 진영과의 문화 및 인적 교류〉가 담겨 있었다.[20] 「7.7 선언」은 노태우의 대표적인 성과는 아니라고 해도 빛나는 성취 중 하나였다.

북방 정책은 그 자체로 새로운 개념은 아니었다. 전두환 시절 외무부 장관이었던 이범석은 이미 그 원칙을 1983년에 소개했다. 그러나 노태우는 자신의 선거 운동과 취임 연설에서 그 원칙을 재차 강조했다. 노태우가 연설에서 제시한 궁극적인 목표는 특별히 혁신적이지는 않았다. 골자는 북한과의 교류 확대였으며, 이는 박정희와 전두환도 시도했던 것이었다. 그리고 소련과 중국, 중부 유럽 및 동유럽과의 외교 관계 정상화 역시 전두환이 고려했던 사안이었다.[21]

그러나 노태우는 북방 정책을 보다 구체적인 형태로 제시했다. 그리고 전임자들과는 달리 그 정책을 적극적으로 추진했다. 그는 박정희나 전두환과는 달리 북방 정책을 한국 외교 정책의 핵심으로 삼았다. 중요하게도 북한에 대한 강경한 태도를 바탕으로, 또 한국이 실질적으로 그 목표를 달성할 수 있는 시점에 그렇게 했다.

노태우는 또한 북쪽 이웃과의 관계 개선에 대한 한국 국민의 바람에도 관심을 기울였다. 야당과 학생, 페미니즘 운동을 비롯하여 더 이상 북한을 적으로 보지 않는 다양한 단체는 북한과의 화해를 요구했다. 노태우는 한국인의 변화하는 태도를 간파했고 한국의 교육 시스템을 바꾸어 반공이 아닌 통일에 주목했다. 또한 그는 북한에 관한 정보가 더 쉽게 유통되도록 허용했다.[22] 이러한 상황에서, 그리고 한국의 외교적, 경제적 우세가 이미 분명해진 상황에서 북방 정책은 중대한 결정이었다.

서울 올림픽을 주최하고, 경제는 북한보다 세 배나 더 커졌으며, 북한의 공산주의 동맹국들이 올림픽을 통해 한국과 교류를 시작한 상황에서 노태우는 자신의 계획을 실행에 옮기기 시작했다. 1989년 2월 헝가리는 중동부 유럽 국가로서는 처음으로 한국과 교류를 시작했다. 그리고 1993년에는 이전 혹은 현재 공산주의 국가 중 대부분이 그 뒤를 따랐다. 소련은 1990년 9월에 한국과 외교 관계를 맺었다. 중국 역시 1992년 8월에 관계를 시작했다. 반면, 서구의 어떤 새로운 국가도 북한과 외교 관계를 맺지 않았다. 냉전이 끝나고 전 세계 공산주의 정권들이 빠르게 무너지면서 한국은 모두가 보기에 현재와 미래에 경제적으로 매력적인 국가였다. 북한은 과거였다. 모두가 벗어나고 싶어 하는 냉전의 잔류물이었다.

김일성은 서울 올림픽의 분명한 성공과 공산주의 진영과의 교류에 맞서기 위해 열세 번째 세계 청년학생 축전을 주최했다. 1989년 7월로 행사가 예정된 가운데, 김일성 정권은 올림픽을 치렀던 남쪽 이웃을 앞지르기 위해 안간힘을 썼다. 5월에는 능라도 5월1일 경기장이 문을 열었다. 이는 세계 최대 경기장으로서 공식적으로 15만 명을 수용할 수 있었다. 북한은 비용을 아낄 상황이 아니었다. 알려진 바에 따르면 북한은 행사 준비에 연간 예산의 4분의 1을 쏟아부었다고 한다. 그러나 행사 직후에 중동부 유럽에서 잇달아 시위가 벌어지면서 공산주의 정권들이 무너졌다. 북한은 40억 달러에서 90억 달러에 이르는 부채를 떠안았다.[23] 행사 후 달라진 게 있다면 남북 간의 격차가 더욱 극명해졌다는 점이었다.

이러한 상황에서 노태우는 북한과의 관계 개선을 밀고 나갔다. 1991년 9월 남북은 각각 독립 국가로서 UN에 가입했다.[24] 12월에는 (남북 기본 합의서라고 알려진) 「남북 사이의 화해와 불가침 및 교류 협력에 관한 합의서」에 서명했다. 그 선언은 1972년 「7.4 남북 공동 성명」의 세 가지 원칙을 재확인하는 것이었다. 첫 번째 조항은 남북이 서로의 체제를 인정한다고 언급했다. 그리고 두 번째는 서로의 내정에 간섭하지 않기로 했다. 통일은 여전히 최종 목표로 남았다.[25] 그러나 UN

동시 가입과 남북 기본 합의서는 서로 다른 체제를 갖춘 두 국가의 분단된 현실을 인정하는 것이기도 했다. 남북은 이제 평화롭게 공존해야 했다. 그리고 그 합의서는 궁극적으로 부유하고 번영하는 민주주의 한국이 북한을 앞섰다는 사실에 대한 인정이었다.

그 직후인 1992년 1월에 남북은 「한반도 비핵화 공동 선언」에 합의했다.[26] 그로부터 몇 주 앞서 미국은 핵무기를 전 세계로부터 철수하겠다는 조지 W. 부시 대통령의 정책의 일환으로서 한국을 전술 핵무기 배치에서 배제했다.[27] 그 선언은 또한 남북 간 긴장 완화를 약속했던 노태우의 북방 정책과 조화를 이루는 것이었다. 그러나 이후 북한은 그 성명에 담긴 약속을 어겼다. 그건 한국도 마찬가지였다. 한국은 미국과 동맹을 맺었다. 미국은 한국이 북한보다 더 강력한 군사력을 갖추도록 지원하는 부유한 나라였다. 그리고 민주주의 국가이자 국제 공동체의 존경받는 일원으로서 중요한 합의를 지켜 나갔다.

남북 간 격차는 점점 더 벌어졌다. 그것은 단지 한국 경제가 계속해서 성장하고 민주주의가 강화되었기 때문만은 아니었다. 비극이 북한을 강타했다. 1994년 7월 김일성이 세상을 떠났다.[28] 많은 북한 국민이 국가의 건립자를 진정으로 사랑했다는 점에서 그의 사망은 이들에게 큰 재앙이었다. 그러나 진정한 비극은 시작에 불과했다. 1994년에서 1998년 사이에 북한 전역에서 발생한 극심한 기근이 대량 기아 사태로 이어졌다. 그동안 북한의 주요 경제적 후원자였던 소련이 무너졌고 북한의 주 식량 공급원으로서 소련의 자리를 대신한 중국은 내부적인 공급 부족 사태로 대북 원조를 줄여야 했다. 홍수와 가뭄이 북한 지역을 강타하면서 식량 생산이 급감했다. 북한의 중앙 집중식 시스템은 이러한 압박에 붕괴하고 말았다. 5년에 걸친 기근에서 2백만 명이 넘는 북한 주민이 영양 결핍 및 기아와 관련된 질병으로 사망한 것으로 추산되었다.[29]

한국을 비롯한 여러 나라가 식량 원조를 제공했지만, 북한의 열악한 배급 시스템과 당국의 부정한 유용으로 원조 물자는 실제로 북한 주민에게 거의 이르지 못했다. 아버지를 대신해 북한을 이끌게 된 김정일은 주민을 통제하기 위해 억압 통치를 이어 나갔다.[30] 북한은 단지 한국과의 경쟁에서 실패한 것이 아니었다. 북한은 주민을 먹여 살리는 과제에서도 비극적인 실패를 겪고 있었다.

문민정부와 시민 민족주의

1992년 12월 김영삼이 대선에서 승리를 거두면서 거의 30년 만에 처음으로 한국의 첫 번째 시민 대통령이 되었다. 또한 그는 3김 중 지도자가 되기 위한 경쟁에서 처음으로 승리를 거뒀다. 김영삼은 민주자유당 후보로서 노태우의 지지를 받았다. 그는 보수주의를 기반으로 42퍼센트 가까운 득표율을 기록했다. 김대중은 34퍼센트에 가까운 표를 얻으면서 2위에 머물렀다. 또한 대선에 뛰어들었던 현대의 창립자 정주영 회장은 16퍼센트가 살짝 넘는 득표율을 기록했다.[31] 김영삼은 진보 여당의 대단히 유명한 지도자, 그리고 가장 유명한 재벌 총수에게 승리를 거두면서 더 높은 정당성을 확보했다. 노태우는 다양한 정책을 통해 한국을 더욱 자유롭고 진보적인 방향으로 나아가도록 만들었다. 그리고 1993년 2월에 취임한 김영삼은 전임자의 접근 방식을 더 강화해 나갈 계획이었다.

대선이 치러질 무렵, 〈무엇이 한국인을 이루는가〉에 대한 사람들의 생각이 변화하고 있었다. 한국의 정체성에서 민족은 여전히 핵심 개념으로 남아 있었다. 한국인들은 수 세기에 걸쳐 단일 국가를 이어 온 고유한 민족이었다. 언젠가 그들은 통일을 이룩할 것이고[32] 이제 한국은 선진화, 민주화되었다. 그들이 원하는 대통령을 뽑을 수 있게 되었다. 국민의 동의 없이 통치할 수 없다는 점에서 한국의 대통령은 국민을 진정으로 대표하는 자리였다. 그리고 그들은 5년 후 또 다른 인물을 대통령으로 선택할 것이었다. 궁극적으로 권력은 대통령이 아니라 국민에게 있었다. 이러한 상황에서도 민족은 여전히 중요한 개념으로 남았다. 그런데 오늘날 같은 민족이라는 이유만

으로 북한 주민과 한국인을 한민족으로 볼 수 있을까? 김영삼
이 대통령으로 취임할 당시 한국 전쟁 종전 40주년 기념일이
몇 달 앞으로 다가왔다. 또한 한국 분단 45년 기념일도 멀지 않
았다. 점점 더 많은 한국인이 분단 이후에 출생했다. 그들에게
는 통합된 국가에 대한 기억이 없었다. 그들은 한국에서 태어
나고 한국에서 살았다. 독재 지도자들은 그들을, 그리고 그들
의 나라를 대표하지 않았다. 그러나 그것은 지난 일이었다. 이
제 민주주의가 도래했다. 그들의 나라는 어쩌면 38선 건너편
에 있는 가난한 독재 국가가 아니라 다른 민주주의 선진국들
과 더 많은 것을 공유하게 되었는지 모른다.

이제 한국인들은 새로운 시민 민족주의를 발전시켜 나갔
다. 386 세대와 전반적으로 좌편향된 세계관을 기반으로 하는
새로운 시민 민족주의는 한국에 새로운 정체성을 가져다주었
다. 그들은 단일 민족이었다. 동시에 그들은 한국인이었다. 한
국은 북한과는 다른 나라였다. 그렇다면 시민 민족주의는 무
엇을 의미했을까? 그것은 국가 건설에 대한 것과 국민이 세우
고 효율적으로 기능하는 현대적인 한국에 대한 약속이었다.[33]
한국인들은 한민족이면서 동시에 그들의 국가는 한국이었다.
물론 민족은 여전히 중요했다. 전통적인 한국 문화에 대한 자
부심 또한 그대로 남아 있었다. 그러나 전통에 대한 자부심은
오늘날 한국 사회와 현대적인 생활 방식에 어울리도록 수정되

었다.[34] 그것은 점점 더 많은 한국인에게 마찬가지로 중요한 시민 민족주의와 공존해야 했다.

이처럼 변화하는 사고방식은 더욱 평등한 사회를 향한 열망을 불러일으켰다. 한국인 대부분은 이제 중산층이었고 기본적인 요구를 충족시킬 수 있었다. 소득 불평등은 선진국들에 비해 낮은 수준이었다. 물론 불평등은 존재했다. 무엇보다 여성은 여전히 평등한 대우를 받지 못했다. 성별 출생률 불균형은 1990년에 정점을 찍었다. 여성 태아에 대한 낙태는 과거만큼 보편적이지는 않았지만 그렇다고 드문 일도 아니었다. 이러한 사회적 현실에 대한 공개적인 논의가 1990년대 중반부터 시작되었다.[35] 유교에 영향을 받은 사고방식 때문에 많은 한국인은 여전히 가족과 사회를 가부장적인 시선으로 바라봤다.[36] 이러한 시선은 가장으로서 남성을 우선시했고, 본인의 의사와는 무관하게 결혼 후 여성의 활동 범위를 가사로 한정시켰다.

이러한 상황에서 정부가 나섰다. 여성의 법적 지위에서 변화는 1989년 노태우 정부의 가족법 개정으로 시작되었다. 여기에는 여성에게 남성과 동등한 법적 지위를 보장하는 새로운 조항이 포함되었다. 여성은 이제 가장으로서 남성의 권한을 이어받을 수 있게 되었고, 이혼 후 재산 및 양육권과 관련해서도 평등한 권리를 갖게 되었다. 1994년 김영삼 정부는 「성

폭력 범죄의 처벌 및 피해자 보호 등에 관한 법률」을 통과시켰다. 그리고 1997년 「가정 폭력 방지 및 피해자 보호 등에 관한 법률」이 뒤를 이었다.[37] 마찬가지로 중요하게도, 김영삼은 노태우 정부와 자신의 정부가 법률로 정한 법적인 변화가 실제로 실행되도록 노력을 기울였다.

사법부 또한 나섰다. 1990년대에 걸쳐 여러 건의 법원 판결은 여성을 차별하는 가족법의 위헌적인 부분을 지적했다. 무엇보다 1997년 헌법 재판소는 동성동본 결혼 금지를 위헌으로 판결했다.[38] 한편 정부와 사법부는 여성이 특히 노동력의 관점에서, 그리고 가족 내 역할에 대한 기대의 관점에서 계속해서 차별을 겪고 있으면서도 동시에 변화하고 있는 사회를 따라잡고 있었다. 가장 눈에 띄는 것으로, 산업화와 도시화가 한국인들에게 새로운 사고방식을 심어 주면서 출생 성 비율이 자연적인 흐름으로 돌아서기 시작했다.[39] 그리고 1990년대 중반부터 의학과 법률, 학술 등 전통적으로 남성이 우세했던 사회적으로 특권 있는 분야에 진입하는 여성의 수가 증가하기 시작했다.[40]

부패는 새로운 평등주의 정신에 입각한 김영삼 정부가 변화를 모색하도록 자극했던 또 하나의 문제였다. 1993년 1월에서 1995년 6월 사이, 우암 상가 아파트가 무너졌고, 무궁화호가 부산 인근에서 전복되었으며 아시아나 항공기 733편이 전라남도에서 추락했다. 또 서해 훼리호가 서해에서 가라앉았고, 한강을 가로지르는 성수 대교가 무너졌으며 대구 지하철 공사 현장에서 폭발이 있었고, 삼풍 백화점이 무너졌다. 이러한 사고로 인해 발생한 사망자 수는 총 천 명이 넘었고, 그중 절반 이상은 삼풍 백화점 사고에서 비롯되었다. 대부분의 경우에 이러한 사고는 정부 관료들이 뇌물을 받고 건설 기준과 유지 및 규제 기준을 무시했기 때문인 것으로 드러났다.[41] 나아가 정부와 재벌 사이의 긴밀한 유착 관계가 계속해서 문제로 남았다. 김영삼 정부는 여러 건의 수사 및 고위 인사 체포와 더불어 반부패 운동을 벌여 나갔다. 그러던 1997년 5월에는 김영삼 자신의 아들이 뇌물과 탈세 혐의로 구속되는 일이 벌어졌다.[42] 많은 한국인에게 이 사건은 자신과 상류층이 여전히 다른 세상에서 살아가고 있다는 인상을 심어 주었다.

정부가 주목하지 않았지만 한국 사회에서 이미 일어나고 있던 변화를 가장 잘 보여 준 한 가지 사건은 1993년 한국 최초의 게이와 레즈비언 단체인 〈초동회〉의 설립이었다. 1년 뒤 초동회가 해산하면서 게이를 위한 〈친구사이〉, 그리고 레즈비언을 위한 〈끼리끼리〉가 탄생했다. 이들 단체는 성 소수자 인권을 옹호하면서 사회 운동을 벌여 나갔고, 이는 곧 서울에 있는 대학가로 번져 갔다. 1997년 성 소수자 운동은 뚜렷한 존재감을 드러냈다. 무엇보다 서울에서는 한국 역사상 처음으로 퀴어 영화제가 열렸다. 당국은 그 행사를 하루 만에 중단시켰다. 이후 대학 동성애자 인권 연합(대동인)이 출범했다. 그리고 성 소수자 권리를 명시적으로 내세운 첫 번째 집회가 열렸다.[43] 아직 걸음마 단계였지만, 이러한 움직임은 한국 사회가 진화하고 있다는 신호를 보여 주었다.

　한국 사회의 변화는 필연적으로 그 문화에 반영되었다. 1992년 3월 서태지와 아이들이 「난 알아요」로 데뷔했다. 처음에 평론가들로부터 혹평을 받았던 이 노래는 곧 큰 인기를 끌었다. 뮤직비디오는 신선하고 획기적이었다. 서태지와 아이들은 또한 멋진 의상으로 무대에 섰다. 춤 역시 새로운 스타일이었다. 전통적인 한국 가요에 랩과 록을 포함하여 미국 문화의 요소를 집어넣은 서태지와 아이들의 노래는 케이팝의 시작을 알렸다.[44] 그들은 케이팝 산업에서 첫 번째 〈보이 그룹〉으로 알려졌다. 그리고 이제 한국인들은 동경의 시선으로 바라봤던 다른 국가들의 문화적 요소와 더불어 한국의 전통 음악에 대한 경의를 표하는 새로운 스타일로 나아가는 길을 열었다. 말하자면 시민 민족주의가 문화로 탄생했다.

　1990년대 한국 사회에서는 X 세대가 등장했다. 1970년대에 태어나 1990년대에 20대가 된 이 세대는 한국 사회의 번영과 자유를 누렸다. 당시 이들은 대학을 다니거나 갓 취업을 했기 때문에 386 세대의 경제력은 없었다. 그들은 1980년대 민주화 투쟁에 적극적으로 참여하지도 않았다. 그 무렵 그들은 학교에서 공부하고 있었다. 그럼에도 그들은 386 세대의 (여전히 민족의 중요성을 버리지 않았던) 시민 민족주의 정신을 공유했다.[45] 그리고 독재 시대의 검열이 사라진 사회에서 많은 젊은이가 문화의 창조와 소비를 새로운 실험을 위한 통로로 봤다.

서태지와 아이들은 이러한 실험 정신에 대한 사람들의 갈증을 해소해 주었다. 물론 이러한 점에서 그들은 유일한 존재는 아니었다. 다만 가장 인기가 높았을 뿐이다. 한국 최고의 예술 대학이 있는 홍익대학교에서 이름을 딴 지역인 〈홍대 거리〉는 이러한 문화의 중심지로 떠올랐다. 이 지역의 값싼 주거지와 음악 공간, 그리고 독립적인 카페와 매장으로부터 새로운 음악과 문화적 표현, 궁극적으로 한국인의 정체성에 대한 창의적인 사고방식이 피어나기 시작했다.[46] 홍대는 한국이 걸어온 길과 앞으로 나아갈 길을 동시에 상징하고 있었다. 수십 년이 지난 지금도 사람들은 여전히 홍대 거리를 걸으면서 라이브 음악과 멋진 바, 그리고 최신 패션 흐름을 즐기고 있다.

독재 과거의 청산

한국 사회에서 독재 청산은 숙명적인 과제였다. 새로운 시민 민족주의가 등장하고 사람들이 점차 그들의 민주화된 제도를 자랑스럽게 생각하는 상황에서 한국인들은 정치인과 검사들에게 국가 역사에서 최악의 권력을 수사하라고 목소리를 높였다. 1988년 야권이 다수를 차지한 이후에 국회는 〈제5공화국 청문회〉를 열었다. 그 조사는 광주 민중 항쟁과 이후의 극단적인 억압에 집중했고, 궁극적으로 전두환에게 책임을 물었다. 결국 전두환 전 대통령은 11월에 사과해야 했다. 또한 전두환 시대를 수사하는 과정에서 그 대통령 가족과 고위 관료들 사이의 거대한 부패가 드러났다. 연루된 인물 중 일부는 재판을 받았고, 전두환은 자신이 부정하게 취득한 재산을 환원하겠다고 약속했다. 이후 전두환은 설악산에 있는 백담사에 2년간 머무른 뒤 다시 서울로 돌아왔다.[47]

독재 정권에 대한 수사는 김영삼이 대통령이 되면서 또 다른 전환점을 맞이했다. 김영삼은 그의 5년 임기가 시작되자마자 반부패 운동을 벌이면서 전두환과 노태우에 주목했다. 1993년 6월에 김영삼 정부는 두 전직 대통령에 대한 반부패 조사를 재개했다.[48] 그 전직 대통령에 대한 고소를 추진한 단체를 이끈 사람은, 다름 아닌 전두환이 쿠데타를 일으키면서 체포했던 전 육군 참모총장 정승화였다.[49] 노태우 역시 전두환의 쿠데타를 지지한 인물이었다. 최근 자리에서 물러난 노태우 대통령 또한 전두환의 많은 추종자와 함께 고발 대상에 올랐다. 그런데 당시 한국의 젊은 민주주의는 가장 최근에 물러난 대통령을 수사할 만큼 충분한 의지를 갖고 있었을까?

그 대답은 〈그렇다〉였다. 검찰은 전두환과 노태우가 〈12.12 군사 반란〉과 관련해서 폭동과 반역에 개입했다는 충분한 증거를 확보했다. 그리고 부패 혐의까지 추가되었다. 1996년 3월 한국인들은 전두환과 노태우가 재판받기 위해 서울 중앙 지방 법원으로 들어서는 모습을 눈을 비비고 지켜봤다. 그들은 8월에 재판을 받았고 전두환은 (원래 사형에서 감형된) 종신형, 노태우는 22년 6개월을 선고한 원래 형에 항소한 후 17년 형을 선고받았다. 그러나 1997년 12월에 김영삼은 〈국가 통합〉의 명목으로 이들을 사면했다.[50] 그렇지만 이러한 사건은 한국 사회가 전직 대통령을 수사하고, 기소하며 유죄가 드러나면 투옥하는 것까지도 두려워하지 않는다는 사실을 보여 주었다. 기존의 많은 민주주의 국가가 그들의 전직 지도자에 대한 부패 조사에 머뭇거리고 있는 실태를 고려할 때 실로 놀라운 성과였다.

또한 김영삼은 독재로서의 과거 역사로부터 한 걸음 더 멀어지기 위한 차원에서 국가 안전 기획부를 겨냥했다. 1994년 그는 국회에서 지배 여당과 함께 〈안기부〉의 역할을 새롭게 정의하기 위한 정보 위원회를 설립했다. 그 결과, 그 기관의 헌장에 정치적 중립성이 명시되었다. 나아가 안기부는 정치에서 배제되었고, 활동 영역은 한국을 국제적 위협으로부터 보호하는 정보 수집에 집중하는 방향으로 수정되었다.[51] 지금까지도 안기부는 계속해서 정치에 개입을 해왔다. 그러나 1994년 개혁 이후로 한국인들은 그 정보기관이 더 이상 무작위 체포에 관여하거나 그들의 국가가 나아가야 할 방향에 영향을 미치지 않게 되었다고 느꼈다.

한국 경제에 대한 미국의 개입

워싱턴 컨센서스consensus. 이는 IMF와 세계은행, 그리고 미 재무부가 추진했던 경제 개혁 프로그램을 말한다. 세 기관은 모두 걸어서 15분 거리 내에 자리 잡고 있고 백악관에서도 멀지 않다. 1980년대에 세 기관은 이 개혁 프로그램을 밀어붙였으며, 특히 남미 지역에 집중했다. 전두환 역시 그 프로그램에 관심을 가졌지만 궁극적으로 완전히 받아들이지는 않았다. 냉전시대가 지나간 후, 세 기관은 중동부 유럽과 러시아, 그리고 사하라 남부 아프리카 지역을 중심으로 이 정책을 실행했다. 동아시아 지역도 포함되었다. 이 프로그램의 핵심에는 세 가지 신자유주의 원칙이 있다. 1980년대 이후로 변하지 않고 그대로 남은 그 원칙이란 규제 철폐와 민영화, 그리고 자유화를 말한다. 그러나 이 원칙은 금융 위기와 대규모 실업 사태를 유발하면서 전 세계 국가에게 치명적인 것으로 드러났다. 그럼에도 1990년대에 공산주의가 몰락하면서 워싱턴 컨센서스는 개발을 향해 나아가기 위한, 단 하나의 분명한 길처럼 보였다.

　　이전에 한국은 워싱턴 컨센서스와 관련된 정책을 완전히 받아들이지는 않았다. 전체적으로 한국 경제의 개발 모형은 민간 기업들과 협력하는 국가의 〈잘 보이는 손〉을 기반으로 삼았다. 그러나 1980년대에 들어서면서 특히 재벌을 비롯한 많은 기업이 국가가 관리하기에 그 덩치가 지나치게 커졌다. 그리고 1990년대 초 한국은 민주주의를 강화하기 위한 국면을 맞이했다. 정치가 완전한 자유를 맞게 된 상황에서 한국은 정책적인 차원에서 경제 간섭주의를 유지해야 할 것인가? 경제는 완전히 자유화되어서는 안 되는 것일까? 미국을 비롯하여 서유럽과 일본과 같은 부유한 나라들은 어쨌든 자유 경제를 도입하지 않았던가? 이는 노태우, 그리고 특히 김영삼이 직면한 질문이었다. 그들은 자유화를 향해 나아가기로 선택했다. 워싱턴 컨센서스는 한국이 걸어가야 할 길이 되었다.

　　1991년에 노태우는 이자율에 대한 규제를 철폐하는 계획을 실행에 옮겼다. 이는 국가 개입이 줄어든 자유로운 경제를 향해 나아가기 위한 첫걸음이었다. 하지만 1992년 경제 성장률이 〈겨우〉 6퍼센트가 살짝 넘는 수준으로 떨어지면서,[52] 전면적인 개혁을 위한 상황이 마련되었다. 같은 해 한국 정부는 새로운 〈금융 분야의 포괄적 자유화를 위한 청사진〉을 미 재무부에 제시했다. 그 청사진은 신자유주의의 꿈이었다. 이는 이자율 규제 철폐와 화폐 정책 자유화, 단기 자본 시장의 출범, 자본과 외환 거래 자유화를 담았다.[53] 이후 몇 년에 걸쳐 김영삼 정부는 서서히, 그리고 꾸준하게 청사진을 따라 나아갔으며 한국 경제의 얼굴을 바꾸고자 했던 개혁을 도입했다. 이로써 정부가 아닌 시장이 경제 성장을 책임지게 되었다.

김영삼 정부는 1960년대 초 박정희가 권력을 강화하면서 한국의 경제 정책을 정의했던 지난 5개년 계획을 철폐함으로써 자유화 흐름에 박차를 가했다. 1992년에 발표되어 1996년 말까지 실행이 예정되었던 노태우의 일곱 번째 5개년 계획은 한국의 마지막 경제 계획이었다.[54] 김영삼은 정권을 잡자마자 그 계획으로부터 거리를 뒀으며, 결국 이를 실행에 옮기지 않기로 결정했다. 1994년 경제 기획원은 독립적인 기관으로서 지위를 잃었고 재정부에 예속되었다.[55] 김영삼은 중앙 정부가 한발 물러서야 한국 경제가 새로운 세계 경제를 향해 나아갈 것으로 내다봤다.

또한 김영삼은 권력을 도시와 지방으로 분산하고자 했다. 1995년 부산과 대구, 대전, 광주, 인천이 광역시로 개편되었다. 이어 울산은 1997년에 광역시가 되었다. 이들은 서울에 이어 한국에서 가장 큰 여섯 도시였다. 김영삼은 중앙 정부, 그리고 서울에 기반을 둔 관료들이 혼잡한 도시의 안락한 사무실에서부터 한국 경제의 전반을 위해 무엇이 최고인지 결정할 수 없다고 생각했다. 지역의 정책 결정자, 그리고 그들과 함께 일하는 지역 기업들이 더 많은 것을 알고 있을 것이라 믿었다. 국가는 그러한 방향으로 이동해야 했다.

김영삼은 정부와 민간 분야의 유착을 단절하는 궁극적인 단계에 돌입했다. 그는 반부패 운동을 근간으로 정치인과 관료, 그리고 기업인을 겨냥했다. 대표적으로 김영삼은 대단히 유명한 〈금융 실명제〉와 금융 거래 정책을 마련했다. 새로운 정책하에서 사람들은 실명을 통해서만 계좌를 만들고 송금할 수 있게 되었다. 그때까지만 해도 가명을 사용할 수 있었고, 이러한 방식으로 인해 기업가는 정치인과 관료에게 쉽게 뇌물을 전달할 수 있었다. 이후 여러 유명한 반부패 방안이 이어졌다. 여기에는 〈실명〉 부동산 소유권 정책과 함께 더 많은 관료가 재산을 공개하도록 하는 공직법이 포함되었다. 김영삼 정부 시절은 고위 공직자와 여러 재벌 소유주에 대한 기소로 특징지워졌다. 그 대상에는 삼성의 이건희와 대우의 김우중, 그리고 현대의 정주영도 포함되었다.[56]

김영삼은 한국 기업인들이 비즈니스 모델에서 변화를 추구하는 시점에 자유화를 추진했다. 인건비가 증가하면서 기업의 수익은 낮아졌고, 많은 이는 중국의 개방과 값싼 노동력을 중대한 위협으로 인식했다. 한국 재벌들은 혁신적인 기술 제품을 수출하는 방향으로 넘어가기 위해 애를 썼다. 1990년대에 걸쳐 전자 제품과 자동차, 선박은 한국의 주요 수출 품목이 었다. 한국 재벌들은 기술적인 측면에서 미국과 서유럽 및 일 본의 경쟁자들을 따라잡기 시작했다.[57] 동시에 경쟁 기업들보 다 더욱 값싸게 그러한 상품들을 생산할 수 있었다. 이러한 제 품들은 값비싼 제품과 함께 향후 경제 성장을 유지하는 기반 이 되었다.

그러나 삼성의 이건희 회장은 더 큰 꿈을 꾸고 있었다. 그 는 삼성이 세계 무대에서 혁신과 개척의 기업으로 알려지길 원했다. 1993년 그는 삼성 임원들에게 〈아내와 자녀 빼고 모 든 것을 바꿔라〉고 지시했다. 그렇게 삼성의 〈신경영〉이 시작 되었다. 삼성 계열사들은 혁신에 도전해야 했고[58] 임원들은 새 로운 사업을 시도해야 했다. 그리고 직원들은 스스로 아이디 어를 내놓아야 했다. 이는 기존 체제에 대한 충격이었다. 다른 모든 재벌과 대부분의 한국 기업과 마찬가지로, 그때까지 삼 성의 의사 결정은 경영진이 신중하게 고려한 뒤 아래로 전달 하는 하향식으로 이뤄졌다. 그러나 고(故) 이건희는 그러한 방 식으로는 혁신을 이룰 수 없다고 생각했다. 그의 〈신경영〉 정 책은 삼성이 향후 수십 년에 걸쳐 세계적으로 최고의 수준에 오르도록 만드는 기반이 되었다. 다른 재벌들 역시 비슷한 방 식을 받아들였고, 한국의 수직적이고 엄격한 기업 구조를 점 차 느슨하게 만들어 나갔다.

그러나 그것만으로는 경제 성장을 계속해서 이끌어 나갈 수 없었다. 1994년 김영삼 대통령의 과학 기술 자문 위원회는 영화「쥬라기 공원」을 보고 충격을 받았다. 특수 효과는 특히 놀라웠다. 그러나 이 영화에는 더 충격적인 사실이 숨어 있었다. 1년 후「쥬라기 공원」은 현대가 150만 대의 자동차를 판매하는 것과 맞먹는 수입을 벌어들였다.[59] 영화에 등장하는 공룡이 아니라 바로 그러한 사실이 스티븐 스필버그 영화의 가장 무시무시한 측면이었다. 한국 정부도 전 세계에 수출할 수 있는, 이와 같은 엔터테인먼트 상품에 도전해야 하지 않을까? 하는 생각을 하게 되었다.

정부로서는 고맙게도 한국의 기업가들은 인기 있는 문화상품으로 수익을 올릴 수 있다는 사실을 이미 알고 있었다. 이러한 분위기에서 SM 엔터테인먼트와 YG 엔터테인먼트, 그리고 JYP 엔터테인먼트가 각각 1995년과 1996년, 1997년에 설립되었다(SM 엔터테인먼트의 기원은 1989년으로까지 거슬러 올라간다). 이들은 이후 수십 년에 걸쳐 케이팝의 놀라운 성공 신화를 주도한 〈3대〉 기업으로 자리 잡았다. 한국의 영화 제작사들 또한 크게 주목하기 시작했다. 미국 영화사들이 인기 있는 영화를 만들 수 있다면, 왜 우리는 할 수 없단 말인가? 이에 강제규는 한국 특수 요원들과 북한 공작원의 이야기를 그린「쉬리」를 구상하고 있었다. 삼성을 비롯한 여러 기업은 그 작품을 한국 역사상 가장 비싼 영화로 만들기 위해 자금을 투자했다. 1999년에 개봉한 이 영화는 한국에서 가장 높은 수익을 올린 작품이 되었다.[60] 또한 동아시아의 여러 나라에서도 흥행 몰이에 성공했다. 이처럼 문화는 한국의 또 다른 성장 동력으로서 잠재력을 품고 있었다.

김영삼의 경제 정책은 효과가 있었다. 경제 성장률은 1994년과 1995년에 9퍼센트를 넘어섰다.[61] 1993년 3퍼센트에 가깝던 실업률은 1996년에 2퍼센트 아래로 떨어졌다.[62] 그리고 불평등 수준은 낮게 유지되었다.[63] 한국은 첨단 선박에서 고유한 케이팝 그룹에 이르기까지 다각화된 상품과 수출에 힘입어 선진국의 문턱에 도달해 있었다.

선진국

1996년 12월 12일 한국인들은 정말로 선진국에 도달했다고 생각했다. 프랑스 대사 이시영은 OECD에 29번째 국가로 가입하기 위한 한국의 비준서를 파리에 있는 OECD 본부에 제출했다. 동아시아 국가로서는 일본 다음으로 두 번째였다. 정부와 국민은 이를 축하했다. 김영삼은 비준서를 제출한 직후에 이렇게 말했다. 〈OECD 가입은 한국 국민으로서 영광스러운 일입니다.〉[64] KBS 9시 뉴스는 프랑스 대사가 한국의 OECD 가입을 승인하는 서류에 서명하는 장면으로 시작했다.[65] 그의 커다란 미소는 그 순간이 오기까지 열심히 노력했던 정부 관료와 수많은 한국인의 미소를 대변하는 것이었다. 한국은 이제 경제적 새우에서 고래가 되었다.

김영삼 정부는 한국을 선진국으로 만들기 위해 노력했다. 한국의 민주주의를 강화하는 것이 중요했지만, 한국 경제가 부가 가치의 흐름 속으로 나아가게 하는 것 역시 중요했다. 김영삼 정부는 한국이 다른 선진국과 경쟁하도록 만들기 위해 기술 인력 육성과 신기술에서 주도적인 지위를 차지할 수 있는 과제에 주목했다.

1993년 말 세계은행은 「동아시아의 기적」을 발표했다. 이는 1960년대 이후로 한국을 비롯한 여러 동아시아 국가들의 경제 성장 원동력을 분석한 보고서였다.[66] 무엇보다 보고서는 고도로 숙련된 인적 자원 마련을 뒷받침하는 핵심 원동력으로서 교육에 주목했다. 김영삼 정부는 한국의 교육 시스템을 민주적이고 경제적으로 개발된 국가에 어울리는 형태로 재편해야 한다고 생각했다. 〈교육 대통령〉임을 자처한 김영삼은 1995~1997년에 놀랍게도 120가지에 이르는 교육 개혁을 추진했다. 김영삼 정부는 한국의 교육 제도를 전면적으로 뜯어고치는 과정에서 교육 시스템의 분산화, 영어와 IT 교육 강화, 특히 여성을 위한 대학 교육 기회 확대, 학교의 책임 강화 및 교육 기관과 산업 사이의 협력 증진에 집중했다.[67]

　이러한 개혁으로 읽고 쓰는 능력과 기본적인 수리 능력은 한국에서 거의 보편화되었다. 실제로 1997년에 고등학교 졸업생 중 63퍼센트가 대학에 진학했다. 1991년을 기준으로 대학 등록률은 49퍼센트에도 미치지 못했었다.[68] 김영삼 정부 들어서 대학 교육에 대한 여성의 접근성 또한 크게 높아졌다. 나아가 김영삼 정부는 영어 교육을 강화했다. 그리고 대학에서 정치적 동원과 군 장교 교육을 폐지했다.[69] 이러한 변화는 대학 등록률을 더 높이는 데 기여했다. 김영삼은 국내 및 해외 학생들(이 책의 저자도 포함해서)이 향후 수십 년에 걸쳐 누리게 될 현대적인 교육 기반을 닦았다.

　또한 1990년대에는 한국의 〈교육열〉이 중학교에서 대학에 이르기까지 모든 단계에서 보편적으로 나타났다. 높은 사회적 지위를 차지하고자 하는 유교적인 생각이든, 아니면 고용 가능성을 높이기 위한 욕망이든 간에 한국 가구는 이후 수십 년에 걸쳐 교육에 많은 지출을 했다. 그리고 서울 올림픽 이후로 여행 규제가 완화되었다. 이후 점점 더 많은 한국 가정이 이민을 떠나거나 고등학교 교육을 위해 자녀를 미국이나 캐나다로 보냈다. 그리고 거기서 대학 교육까지 받도록 했다.[70]

　또한 김영삼 정부는 1989년에 대학생 개인 과외를 허용했다. 이후 학생들의 미래를 결정하는 대학 입학시험에서 높은 성적을 받기 위한 과외 시장은 크게 증가했다.[71] 게다가 1991년부터는 민간 교육 기관(학원)이 중학생과 고등학생을 대상으로 교습을 할 수 있도록 허용되었다. 사실 학원은 한국의 분단 이전으로 거슬러 올라가는 긴 역사를 갖고 있다. 1991년 학원 허용 이후로 가구의 학원비 지출은 크게 증가했다. 1995년을 기준으로 가구의 교육비 지출 규모는 17조 원으로 추산되었다. 이는 작년 교육부에 할당된 예산을 살짝 넘어서는 수준이었다.[72] 한국인들은 전통적으로 삶의 기회를 높이기 위한 방안으로서 교육을 중요하게 생각해 왔다. 그들은 자녀가 잠재력을 실현할 수 있도록 기꺼이 비용을 지불하고자 했다.

한국 정부는 또한 1990년대에 걸쳐 그들의 나라를 첨단 기술 분야의 글로벌 리더로 만드는 과제에 집중했다. 김영삼 정부는 이동 통신 사업에 많은 투자를 하면서 한국이 이 분야에서 글로벌 리더로 도약하기 위한 기반을 다졌다. 1995년 정부는 정보화 촉진에 관한 기본법을 통과시켰다. 그 법의 목적은 정부가 인프라를 구축하고 연구 개발 프로젝트를 추진하면서[73] 민간 사업자들이 최고의 품질과 저렴한 제품을 공급하도록 경쟁하는 가운데 한국 소비자들이 인터넷과 휴대 전화를 더 많이 사용하도록 촉진하기 위한 것이었다.

민간 분야는 인터넷과 휴대 전화 분야를 개발하기 위한 정부의 노력에 반응을 보였다. 1994년 온라인 게임의 거물인 넥슨이 설립되었다. 이듬해 〈다음〉이 등장해서 인터넷 포털 및 검색 엔진을 선보였다. 다음 해에는 백신 소프트웨어 기업인 안랩이 설립되었다. 1997년에는 또 다른 게임 개발사인 앤씨소프트가 탄생했다. 그리고 2년 후에는 또 다른 온라인 플랫폼인 네이버가 등장했다. 이들 기업은 앞으로 한국의 IT와 인터넷 혁명을 이끌어 가게 되었다. 곧 재벌 및 민영화된 기업들과 더불어 한국의 휴대 전화 시장을 지배했다. 그 무렵 삼성과 LG 또한 이 시장에 뛰어들면서 2000년 이후 글로벌 진출을 위한 기반을 마련했다.[74] 이렇게 민간 분야와 정부가 함께 협력하는 가운데 한국은 정보 통신 기술의 글로벌 리더로 나아갔다.

IMF 위기

1997년 12월 3일, 재정 경제원 장관 임창열과 한국은행 총재 이경식은 그 나라의 젊은 민주주의를 위해 감내해야만 했던 가장 굴욕적인 서류에 서명했다. 이는 한국 정부가 IMF에 보내는 동의서였다.[75] 그리고 그 무미건조하고 딱딱한 제목은 김영삼 정부와 한국 국민의 고통을 외면하는 것이었다. 한국은 570억 달러 구제 금융을 받는 조건으로 경제 주권을 포기해야만 했다. 한국의 IMF 구제 금융는 당시로서는 최대 규모였다. 이틀 후 IMF와 한국은 그 굴욕을 공식화하는 합의에 동의했다.[76] 당시 한국은 5년 만에 치러지는 대선을 앞두고 있었다.

IMF는 당시 모든 후보가 그 합의를 받아들이도록 압박했다.[77] 이는 아무런 발언권이 없는 합의에 대해 차기 대통령을 인질로 잡는 것과 다를 바 없었다. 한국은 스스로 경제적 의사 결정을 내릴 수 있었다. 하지만 적어도 단기적으로 IMF는 그들이 싫어하는 모든 결정에 거부권을 행사할 수 있었다.

　　IMF 총재 미셸 캉드쉬Michel Camdessus의 행보는 한국의 고통을 가중시켰다. 그는 많은 이들에게 〈백인의 임무〉, 즉 부유하고 똑똑한 백인이 가난하고 어리석은 아시아 국가를 구한다는 상투적인 표현에 대한 최악의 사례를 보여 줬다. 캉드쉬와 한국 정부와 논의하기 위해 서울로 파견된 IMF 팀은 구제 금융을 한국이 금융 분야를 개혁하고, 자본 시장을 자유화하며, 경제를 전반적으로 발전시킬 수 있는 기회로 묘사했다. 그〈자비로운〉IMF는 한국이 더욱 〈개발될〉 때, 다시 말해 당시 유럽과 미국에서 일반적인 경제 정책들을 따를 때, 한국의 손을 잡아 주겠다고 약속했다. IMF 총재는 이후 오랫동안 똑같은 메시지를 계속해서 보냈다.[78] 임창열이 구제 금융 서류에 서명할 때 캉드쉬가 커다란 웃음을 짓고 있던 사진은 한국인들이 가장 보고 싶어 하지 않는 모습이었다.

　　일반적으로 아시아 금융 위기로 알려진 이번 사태는 한국에서 〈IMF 위기〉로 알려졌다. IMF의 〈구조 조정〉으로 인해 수십만 명이 일자리를 잃고, 소득 수준은 1950년대 이후로 처음으로 떨어졌으며, 재벌들이 파산하고, 한국의 은행들은 해외 금융 기업에 헐값에 매각되었다.[79] 그런데 한국은 어쩌다가 역사상 최대 규모의 구제 금융을 받는 지경에 이르게 되었을까? 그것은 IMF가 지지했던 워싱턴 컨센서스 정책을 따랐기 때문이었다. 실제로 1997년 한국을 강타한 금융 위기는 본질적으로 1990년대에 걸쳐 한국이 선택한 신자유주의로의 전환이 국내 부패 척결의 정책 실패와 맞물리면서 벌어진 결과물이었다. 국내와 해외 요인이 결합하면서 한국 경제는 불행한 운명의 수렁으로 떨어졌다.

또한 OECD 가입은 신자유주의 정책의 실행을 강력하게 압박함으로써 금융 위기를 재촉했다. 한국 정부는 자본 이동의 자유화 규정을 지켜야 했다. 금융 시스템의 자유화 규정은 국내 기업과 은행이 정부 승인 없이도 외화 표시 채권을 발행하도록 하고, 해외 투자자가 원화 표시 채권을 매입하도록 허용하며, 외국인이 한국 기업의 주식을 사들일 수 있는 한계를 없애는 방안을 담았다. OECD는 한국 정부가 이러한 변화를 받아들이도록 강요했다. 그럼에도 노태우와 김영삼 정부에서 일했던 많은 관료는 이러한 압박을 오히려 환영했다. 그 이유는 한국 경제에 도움이 될 것이라고 믿었기 때문이었다. 어쨌든 한국의 은행과 기업들은 장기적인 국내 프로젝트를 뒷받침하기 위해 달러로 표시된 단기 채권을 대규모로 발행하기 시작했다.[80] 좋은 조합이 절대 아니었다.

동시에 부패 문제는 끝나지 않았다. 정부와 재벌 간의 연결 고리는 그대로 남았다. 실제로 김영삼의 아들은 1997년 5월에 한보 스캔들과 관련된 뇌물 수수 및 탈세 혐의로 체포되었다. 그리고 한국에서 두 번째로 큰 그 철강 기업의 여러 임원이 김영삼의 아들을 비롯하여 장관과 대통령 측근을 포함한 여러 공무원에게 뇌물을 준 것으로 드러났다.[81] 김영삼은 직접 연관되지는 않았지만, 한보 스캔들은 정부와 재벌의 긴밀한 연결 고리가 그대로 남아 있다는 사실을 여실히 보여 줬다. 한국 정부에게는 부패를 뿌리 뽑을 능력, 혹은 어쩌면 의지가 없어 보였다.

나아가 많은 재벌 기업은 은행과의 친밀한 관계 덕분에, 혹은 정부의 압력 행사로 쉽게 돈을 빌릴 수 있었다. 그것은 노태우 정부도, 그리고 김영삼 정부도 쉬운 대출과 재벌 투자, 그리고 경제 성장 사이의 연결 고리를 끊지 못했기 때문이었다. 한보 스캔들은 결국 정부 관료들이 그 철강 거물에게 값싼 대출을 제공하도록 은행을 압박한 사건이었다. 은행들이 자발적으로, 혹은 정부 압력으로 재벌에게 대출을 제공하고 OECD 가입에 따른 개혁으로 해외 자본이 유입되는 가운데 한국 경제는 돌아올 수 없는 길로 들어서고 있었다.

문제의 조짐은 1997년 1월에 뚜렷하게 드러났다. 당시 한보는 60억 달러에 달하는 부채를 상환할 수 없게 되자 파산을 신청했다. 삼미철강과 음료 기업인 진로, 자동차 기업인 기아, 쌍방울 등 여러 다른 재벌 기업이 뒤를 이어 파산을 신청하거나 정부의 구제 금융을 요청했다. 이에 김영삼 정부는 35개 은행이 힘을 모아 파산을 막는 방안을 마련하도록 했다.[82] 한국 경제 전반이 위기에 처했다는 사실이 분명해졌다. 점점 더 많은 대기업과 중소기업이 부채 문제를 드러내면서 한국은 구조적 위기에 봉착했다.

마지막 타격은 태국에서 왔다. 1997년 7월 태국은 갑작스러운 자본 인출 사태로 어려움을 겪었다. 한국의 경우가 그랬던 것처럼, 태국 은행과 기업들은 단기 달러 표시 채권을 발행하고 있었다. 또한 태국의 바트는 투기 공격을 받았다. 7월 2일 태국 정부는 환율을 조정할 수밖에 없었다. 미국 달러에 대한 바트의 가치를 유지하기 위한 돈이 바닥을 드러냈다. 이후 투자자들은 태국에 투자한 돈을 회수했다. 단기 달러 표시 채권을 상환할 수 없게 된 태국 은행과 기업들은 하나씩 쓰러졌다.[83] 겁을 먹은 해외 투자자들은 똑같은 운명에 처할 위험이 있는 다른 나라들을 살펴보기 시작했다. 필리핀과 특히 인도네시아가 물망에 올랐다. 그리고 한국의 차례가 왔다.

투자자들이 한국으로부터 돈을 빼내 가기 시작할 때, 한국 정부와 은행, 기업들은 서울과 전국 각지에 흩어져 있는 사무실에서 그 모습을 무력하게 지켜볼 뿐이었다. 기업의 파산은 은행에 엄청난 부실 채권을 남겼다. 은행들은 단기 달러 표시 채권을 상환해야 했다. 한국은행은 미국 달러 대 원화의 가치를 유지하기 위한 외환 보유고가 바닥을 드러내는 위기에 직면했다. 중앙은행이 두 통화 간 가치를 유지하지 못하면 은행과 기업들은 부채를 상환할 수 없었다. 원화 가치가 하락하면 한국 기업들은 외국 채권자에게 달러를 상환할 수 없게 될 것이었다. 11월 21일에 김영삼 정부는 IMF에 도움을 요청하는 서한을 작성했다.[84] 그리고 이후의 일은 역사로 남았다. 이일은 한국인들이 1960년대 이후, 첫 진보 대통령 선출과 더불어 깨어나고 싶은 악몽으로 기록되었다.

진보주의 10년
1998 ~ 2007

2002년 한일 월드컵 개막식

2000년 6월, 남북 정상 회담을 위해 평양에서 만난 두 정상

정권 이양과 폐허가 된 경제, 새로운 경제 정책

1998년 2월 김대중이 민주화 이후 한국 최초의 진보주의 대통령으로 취임했다. 김대중은 서울과 그의 고향인 전라도를 포함한 서쪽 경기, 충청 모든 지역에서 과반수 혹은 최다 득표수를 차지했다. 특히 전라도에서 그의 지지율은 90퍼센트를 넘었다.

그의 주요 경쟁자인 보수 진영의 이회창은 동쪽 강원, 경북, 경남 지역에서 대부분 표를 얻었다. 그 결과 김대중은 2퍼센트가 안 되는 근소한 차이로 승리를 거뒀다.[1] 그러나 한국이 정치적 위기에 빠져들 것이라는 걱정과, 혹은 보수 진영이나 군부가 김대중의 승리를 인정하지 않을 것이라는 우려는 전혀 근거 없는 것으로 드러났다. 선거일 밤에 김대중은 이회창으로부터 꽃다발을 받았다.[2] 10년이 되지 않은 민주주의의 놀라운 성숙을 상징하는 꽃다발이었다. 이후 2003년에 노무현 대통령이 김대중의 자리를 이어받으면서 한국은 10년간의 진보주의 통치를 이어 나가게 되었다. 이는 역사상 가장 긴 기간이었다.

김대중의 승리는 분명하게도 정치적 근육을 과시했던 386 세대의 성취였다. 그 세대의 구성원들은 1960년대부터 민주주의를 위해 쉼 없이 달려온 한 남자에게서 진보의 가치를 보았다. 그들은 〈진보 정치인〉을 뽑는 데 주저하지 않았다. 그리고 북한 침공의 위협이나 한국이 공산주의 마법에 걸리게 될 위험을 우려하지 않았다. 번영하는 한국에서 자라난 386세대는 이제 정치적, 사회적 개혁을 추진해 나갈 지도자를 원했다. 386 세대가 보기에 김대중은 한국이 원하는 변화를 가져다줄 인물이었다. 김대중은 TV 화면 속에서 그 약속을 했다. 대단히 뛰어난 웅변가인 김대중은 한국 최초의 TV 선거에서 승리를 거뒀다.[3]

김대중이 떠안은 첫 번째 과제는 IMF 위기를 끝내고 경제 개혁을 통해 지속 가능한 성장을 일궈 내는 것이었다. 1988년에 GDP는 5퍼센트 하락했다.[4] 이는 한국 역사상 최대의 경기 침체였다. 실업률은 1997년 10월에 3퍼센트 미만에서 1998년 7월에 8퍼센트 이상으로 급증했다.[5] 그 수치는 박정희 정권의 고속 경제 성장 이후로 들어 본 적이 없는 것이었다. 그러나 IMF는 확고했다. 그들의 구제 금융은 조건부로 이뤄졌고, 한국은 자금을 지원받기 위해 그에 따른 고통스러운 방안을 실행에 옮겨야 했다. 사회 안전망이 거의 없던 상황에서 실직은 종종 가족과 친구, 혹은 비영리 시민 단체에 의존해야 한다는 것을 의미했다. 최악의 경우에 실직은 빈곤의 나락으로 떨어지는 지름길이었다. 높은 취업률(특히 남성의 경우)과 거의 평생직장에 익숙했던 나라에서 이는 삼키기 힘든 쓰디쓴 약이었다.

한국 경제는 재빨리, 그리고 강력하게 반등했다. 1999년 GDP는 11퍼센트 넘게 성장했고, 이어서 2000년에는 9퍼센트 성장을 기록했다.[6] 실업률도 빠르게 떨어지면서 2002년 9월에는 금융 위기 이전의 3퍼센트로 낮아졌다.[7] 금융 위기 동안 원화 가치 하락에 힘입은 수출 증대는 회복을 뒷받침하는 주요 원동력으로 작용했다. 또한 김대중 정부는 은행권의 체질 개선 작업에 신속히 돌입했다. 불과 3년 동안 정부는 부실 채권을 해결하기 위해 29조 원을 투입했고, 이후 44조 3천억 원을 새롭게 쏟아부었다.[8] 이를 통해 대출은 재빨리 기능을 회복했다. 32곳의 대형 은행 중 12곳이 문을 닫거나 구조 조정의 대상이 되었다.[9] 그리고 1999년 많은 기업의 가치가 금융 위기 이전의 수준을 넘어서면서 주식 시장은 빠른 전환을 맞이했다.[10] 국내와 해외 투자자들이 값싼 주식을 사들이기 시작하면서 시장은 반등하기 시작했다.

그러나 김대중 정부는 더 크고 담대한 계획을 갖고 있었다. 김대중이 대통령으로 취임한 첫해가 저물 무렵에 30곳의 재벌 중 11곳에 대한 파산이 결정되었다. 여기에는 한라와 한화, 기아 등 유서 깊은 기업이 포함되었다.[11] 다른 재벌들 역시 규모를 축소하고 핵심 사업 이외의 다양한 비즈니스에 대한 투자를 줄여야 했다. 김대중은 재벌 회장들을 만나 서로 경쟁하는 재벌들의 사업부를 합병할 것을 권고했다. 서로 사업부를 교환함으로써 누구도 손해를 보지 않도록 했다. 김대중의 이러한 노력은 부분적으로 성공을 거뒀다. 그리고 은행권의 대출을 더 투명하고 시장 원칙에 적합하도록 만든 노력 또한 효과를 거뒀다.[12] 물론 재벌들은 계속해서 대출을 받았다. 그러나 대출 여부에 대한 의사 결정은 점차 밀실에서 나누는 이야기나 뇌물이 아니라 비즈니스 계획에 대한 신중한 분석의 결과로 이뤄졌다.

한국 정부는 IMF의 감독과 지시하에 은행권과 부동산 시장을 비롯한 여러 다양한 분야를 해외 투자자에게 개방했다. 그러나 무제한으로 개방한 것은 아니었다. 가령 1998년 포드가 기아를 사들이는 방안에 관심을 드러냈을 때, 한국 정부와 재계 리더들은 그 기업이 국내 기업으로 남아 있도록 노력을 기울였다. 결국 현대가 기아를 사들였다.[13] 그들은 중동부 유럽 국가들이 1990년대 초에 공산주의 몰락과 함께 IMF와 세계은행이 요구한 민영화 이후에 자산을 박탈당했던 상황을 지켜봤다. 그리고 남미 국가들이 1980년대와 1990년대에 걸쳐 위기를 겪는 동안에도 비슷한 이야기를 목격했다. 당연하게도 한국인들은 그들이 만든 기업을 지켜 내고자 했다. 이러한 차원에서 현대는 기아를 인수하기 위한 자금을 지원받았다. 그리고 그 합병으로 현대는 10년 후 세계에서 다섯 번째로 큰 자동차 기업으로 우뚝 서게 되었다.[14] 중요하게도 한국 전역에 걸쳐서 수십만 개의 일자리를 계속해서 창출하거나 지원하는 역할을 했다.

　IMF라는 책에서 또 다른 한 장을 기록하면서, 김대중 정부는 일자리 시장을 자유화했다. IMF 구제 금융은 다시 한번 한국 정부가 어쨌든 실행하길 원했던 방안을 제시했다. 법률과 규제는 기업이 고용과 해고를 더 쉽게 할 수 있도록 바뀌었다. 여기에는 장기적인 계약 대신에 단기 계약을 활성화하는 방안도 포함되었다. 이후 계약직 비중이 20~25퍼센트로 높아졌다. 이는 OECD 국가 중에서도 가장 높은 수준이었다.[15] 다른 한편으로, 파트타임 일자리 비중도 점차 늘어나기 시작했다. 파트타임 고용은 OECD 평균에 못 미치기는 했지만,[16] 이는 가장이 가족을 부양할 수 있도록 해주는 전일 근무에 익숙한 많은 한국인에게 달갑지 않은 소식이었다. 마찬가지로 청년 실업이 증가하면서 수년 동안 10퍼센트에 머물렀다. 이는 다른 OECD 국가에 비해 특별히 높은 수준은 아니었지만,[17] 학생들이 대학을 졸업하자마자 여러 곳의 기업에서 받은 취업 제안 중 하나를 선택했던 시절은 이제 옛말이 되고 말았다. 전

반적으로 일자리 시장 자유화는 실업률을 낮추는 데 도움을
줬다. 하지만 미래의 정부들이 직면해야 할 여러 가지 과제를
남겼다.

당시 크게 주목받지는 못했지만, 김대중 정부는 또한 기
업가 정신과 스타트업에 힘을 실어 주고자 노력했다. 1990년
대 말 미국에서는 닷컴 열풍이 한창이었다. 그렇다면 한국도
젊은이들이 혁신을 꾀했던 미국의 성공 사례를 재현할 수 있
지 않을까? 이는 경제 성장에 도움을 줄 것이며, 김대중 정부
와 이후 한국 정부에서도 더욱 비중 있는 일자리를 만들어 낼
것이었다. 김대중 정부는 집권 1년 차부터 벤처 기업을 지원하
는 기구 세 곳을 설립해, 보다 쉽게 스타트업을 세우고 투자할
수 있도록 세금 우대 정책 및 규제 변화를 도입했으며, 한국 스
타트업의 세계화를 뒷받침하기 위해 해외에 아이파크iPark를
설립했다.[18] 또한 정부는 인터넷 사용을 활성화하고 이동 통신
분야를 확장하기 위한 인프라를 계속해서 구축해 나갔다.
2001년 한국의 광대역 통신망의 보급률은 세계에서 최고 수
준이었다.[19] 덕분에 스타트업들은 사무실이나 매장 임대에 큰
돈을 지불할 필요 없이 소비자에게 다가갈 수 있었다.

이러한 환경에서 한국의 기업가 정신은 성장하기 시작했
다. 1999년 설립된 네이버는 자체 검색 엔진을 탑재한 한국 최
초의 포털 웹사이트였다.[20] 금융 위기 직전에 등장했던 또 다

른 검색 엔진인 다음은 빠른 성장세를 보였다.[21] 2002년에는
바이오 제약 기업인 셀트리온이 설립되었다. 이는 전 세계적
으로 바이오 제약 분야의 최대 기업 중 하나로 성장했다.[22] 한
국은 정부 지원을 통해 아이디어를 실현하고 확장해 나가는
〈자수성가〉 사업가들의 새로운 물결을 만들어 내고 있었다.
획기적인 아이디어를 가진 사업가와 그들에게 지원을 아끼지
않았던 정부 간의 공생 관계는 이후로 계속해서 한국 경제의
특징으로 남았다.

더 자유로운 사회 만들기

진보적인 정치와 정책을 실현해야 할 과제를 떠안고 대통령의
자리에 오른 김대중은 국가와 정부 기관에 대한 한국 시민의
권리를 강화해 나가기 시작했다. 김대중은 선거 공약을 실행
하는 차원에서 2001년 11월에 대한민국 국가 인권 위원회를
설립했다. 독립 기관인 이 위원회는 한국인들의 권리를 보호
하고 개선하는 것은 물론, 국가의 민주주의를 수호하는 과제
를 떠안았다.[23] 그 위원회는 〈개인〉의 인권에 신중하게 접근했
다. 과거에 한국 지도자들은 국민 개인에 대한 억압을 정당화
하기 위해 국가의 공익에 호소했다. 나아가 1990년대에 걸쳐
아시아 지도자들 사이에서는 〈서구적〉 민주주의 가치와 개인
의 인권이 〈집단주의적〉이고 〈권위주의적〉인 아시아 문화에

부합할 수 있는지에 대한 의문이 있었다. 〈문화는 운명인가? 아시아의 반민주주의 가치에 대한 신화〉라는 잘 알려진 한 기사에서 김대중은 아시아인들, 나아가 한국인들 또한 개인의 권리를 소중하게 생각한다고 분명하게 밝혔다.[24] 그리고 대통령의 자리에 오른 뒤 김대중은 자신의 말을 행동으로 옮겼다.

국가 인권 위원회는 향후 20년에 걸쳐 수십만 건의 상담 요청과 수만 건의 건의 사항을 다루고 조사했다.[25] 또한 그 위원회는 의견을 제시함으로써 한국의 정책을 만드는 과정에서 중요한 역할을 했다. 대표적으로 2005년 4월에 국가 인권 위원회는 사형제 폐지를 지지하는 의견을 내놨다.[26] 김대중은 대통령이 되고 나서 사형제를 일시적으로 정지시켰다. 그리고 국가 인권 위원회의 의견은 이러한 결정에 더욱 무게를 실었다. 한국에서 사형은 여전히 합법으로 남아 있지만, 김대중 정부가 들어서고 국가 인권 위원회가 의견을 제시한 이후로 사형제는 사실상 폐지되었다.[27] 국가 인권 위원회는 양심적 병역 거부와 비정규 노동자 보호 및 프로 스포츠 분야의 인권 침해와 같은 다양한 사안에 대해 조사를 벌이고 의견을 제시함으로써 개인의 자유를 강화하고 엄중한 책임을 부여하는 방향으로 이끌었다.

또한 김대중은 유권자를 비롯해 많은 한국인이 싫어했던 제도와 관행의 개혁에 주목했다. 그리고 그 목록의 상위에는 안기부에 대한 개혁이 포함되었다. 25년 전 (중앙정보부로 불리던 시절) 그 기구는 그를 납치해 동해에 수장하기 직전까지 갔었다. 김영삼은 안기부를 일반적인 정보 수집 기관으로 바꾸는 개혁을 이미 추진한 바 있었다. 1999년 김대중은 그 기구의 명칭을 국가 정보원(국정원)으로 바꿨다. 국정원은 이후 대통령뿐 아니라 국회에도 보고할 책임을 지게 되었다. 또한 합법적인 절차 없이 체포할 수 있는 권한을 잃어버렸다.[28] 이후 2003년에 노무현 대통령은 추가적인 개혁을 추진함으로써 (반공 혐의를 포함해서) 국내 정보 감시와 관련된 많은 권한을 없애고 다양한 감시 활동을 경찰에게 넘겼다.[29]

김대중은 치안 활동에 대한 변화도 추진함으로써 그가 야권 운동가 시절에 개인적으로 경험했던 권위주의적이고 공격적인 접근 방식에서 벗어나고자 했다. 당시 한국에서 시위를 목격했던 사람이라면 다른 어느 곳의 시위에 비해 대단히 평화로웠다고 증언할 것이다. 김대중 정부를 시작으로 경찰은 시위 현장에 최루탄 대신 이른바 립스틱을 들고 왔다. 그렇다. 립스틱이다. 이제 시위대는 여경들의 폴리스 라인, 완곡하게 말해서 〈립스틱 라인〉과 마주하게 되었다. 그 메시지는 분명했다. 경찰은 시위자들을 억압하고 구타하기 위해 거기 있는 것이 아니었다. 그들은 다른 공무원과 마찬가지로 한국 시민에게 봉사하기 위해 그곳에 있었다. 물론 폭동 진압 경찰은 필요할 때마다 여전히 배치되었다. 그러나 그럴 때도 그들은 친근함과 공공 서비스 정신을 강조하기 위한 귀여운 경찰 마스코트 뒤에 있었다. 이러한 단순한 변화는 한국의 시위 문화를 바꿔 놓았다. 시위는 이제 폭력과 거리가 멀어지게 되었다.[30] 목표는 폭력적으로 시위대를 해산시키는 것이 아니라 갈등을 완화하는 것이었다. 김대중의 당선과 더불어 시작된 이러한 변화는 1990년대 말부터 한국에서 나타난 비폭력적인 시위 문화를 만들어 낸 핵심적인 요인이었다.

김대중 정부, 그리고 이후 노무현 정부는 IMF 위기를 초래한 근본적인 한 가지 원인인 부패를 척결하기 위한 과제에 집중했다. 1999년 대통령 반부패 특별 위원회는 청렴성 평가 방안을 마련했고, 정부는 OECD 뇌물 방지 협약을 비준했다. 2002년 1월 김대중 정부는 대통령 자문 위원회를 대한민국 국가 청렴 위원회로 격상했다. 국가 청렴 위원회는 반부패 정책을 수립하고, 잠재적인 부패 위험에 대처하고, 공공 및 민간 부문에서 윤리와 투명성을 강화하는 과제를 떠안았다.[31] 국가 청렴 위원회는 보편적인 차원에서 부패와의 전쟁이 김대중 정부의 최고 의제라는 점을 분명히 했다. 그리고 그 목표가 부패를 처벌하는 것뿐만이 아니라 애초에 발생하지 않도록 예방하는 것임을 밝혔다. 또한 실무적인 차원에서 계약을 홍보하고, 제안서 제출을 쉽게 만들고, 시민들이 조달 과정을 추적하고 감

시할 수 있도록 공공 조달 시스템을 전자 방식으로 바꿨다.[32]

　　노무현 대통령은 국가 청렴 위원회의 임무를 행정에서 청렴성을 보장하는 방향으로 반부패 정책을 밀어붙였다. 또한 2003년 노무현 정부는 UN 반부패 협약에 서명했다. 그리고 공공 기관의 정보 공개 범위를 확대하고, 개인 투자자가 부패로 인해 경제적으로 손실을 입었다고 생각할 경우에 기업을 상대로 집단 소송을 할 수 있도록 허용했다. 또 민간 기업을 대상으로 정보 공개 범위를 확대하고 기업 투명성을 개선하도록 압박하기 위한 법안을 통과시키기 위해 개인적으로 많은 노력을 했다.[33] 아울러 노무현 정부는 그의 〈참여 정부〉 정신을 근간으로 부패에 맞서기 위해 시민 사회가 정책을 만드는 과정에 참여하고 입법 과정에 정보를 제공하도록 했다.[34] 공공 및 민간 분야에서 부패로 인해 피해 입은 사람들은 이제 처음으로 이 문제에 대한 해법을 발견하는 과정에 적극적으로 참여할 수 있게 되었다. 물론 공공 분야에서 부패는 완전히 사라지지는 않았다. 그러나 한국은 경제 성장을 명분으로 부패를 묵인하지는 않는 나라가 되어 가고 있었다.

역사 만들기: 첫 번째 남북 정상 회담

햇살 가득한 서울의 아침이었다. 때는 6월 13일. 오전 8시에 청와대 정문이 열렸다. 김대중 대통령과 그의 아내 이희호 여

사, 그리고 다섯 명의 자문 위원이 모습을 드러냈다. 김대중과
그의 아내는 대통령 전용차의 뒷좌석에 올랐다. 전용차는 김
포 국제공항으로 향했다. 청와대에서 공항으로 이어지는 길을
따라 길게 늘어선 수십만의 인파가 태극기를 흔들었다. 그들
은 흥분해 있었다. 그리고 꿈으로 가득 차 있었다. 김대중은 공
항 활주로 연단에서 출발 전 연설을 했다. 「사랑하고 존경하는
시민 여러분. 저는 평양에서 이박 삼 일을 머무르기 위해 오늘
떠납니다. 영원히 막혀 있을 것만 같았던 남북 간 정상 회담의
길이 열렸습니다.」[35]

그의 말은 당시 분위기와 희망을 담고 있었다. 김대중과
이희호, 그리고 대통령 사절단이 비행기에 올랐다. 그들이 창
문으로 손을 흔드는 사이에 비행기는 이륙했다. 비행기는 서
해 상공을 날았고 35분 만에 북한 영공으로 들어섰다. 25분 후
그 비행기는 서울을 떠난 지 한 시간 만에 평양 국제공항에 내
렸다. 사절단은 박수를 쳤다. 비행기가 활주로를 달리면서 수
십 명의 북한 장성과 고위 인사가 그들을 맞이하기 위해 기다
리고 있는 모습이 보였고 비행기 안에는 흥분감이 감돌았다.[36]

그러나 김대중의 마음 한구석에는 의심이 있었다. 이번
정상 회담이 어떻게 될 것인가? 북한에게 그 회담은 얼마나 중
요한 것일까? 김정일은 남북 간 관계 개선에 정말로 관심이 있
을까? 그러나 김대중은 비행기에서 내리기 전에 그 답을 알 수

있었다.[37] 예상을 깨고 김정일이 모습을 드러냈다. 김정일은
비행기 계단 앞으로 걸어와 국빈을 기다렸다. 김대중은 비행
기에서 나와 김정일을 보았고 공항 주변으로 펼쳐진 맑은 하
늘을 바라봤다. 그리고 다시 한번 김정일을 바라봤다. 〈만나서
반갑습니다.〉, 〈보고 싶었습니다.〉 남북 지도자는 서로 인사를
건네며 악수를 나눴다.[38] 사절단은 손을 흔들며 환호하는 수십
명의 북한 사람들을 봤다. 남성들은 정장을, 여성들은 한복을
입고 있었다. 두 정상과 그 측근들은 조선 인민군의 행렬과 행
진을 구경했다. 이는 북한을 방문한 외국의 고위 인사에게 주
어지는 최고의 환대였다. 김정일은 관례를 완전히 깨고서 김
대중을 백화원 영빈관으로 함께 이동할 의전 차량에 함께 올
랐다. 평양을 방문하는 동안 김대중은 그곳에 머물 예정이었
다. 차량이 영빈관을 향해 떠날 때 두 정상은 손을 맞잡고 감탄
했다. 그리고 왜 이 회담을 위해 50년 가까운 세월을 기다려야
했는지 의아해했다.[39]

　　한국의 관점에서 볼 때, 이번 정상 회담은 성공이었다. 김
대중은 대통령의 자리에 오르면서 남북 간 평화를 강화하기
위해 〈햇볕 정책〉을 약속했다. 1998년 남북은 남측이 북측에
원조를 제공하기로 합의했다. 그해 11월 북한은 금강산을 한
국 여행객들에게 개방했다. 그러나 1999년에는 서해에서 남
북 간 교전이 발생하기도 했다.[40]

2000년 초 관계는 다시 완화되었다. 2월에 남북 대표들이 접촉을 시작했다. 한 달 후 김대중은 독일의 수도에서 〈베를린 선언〉을 통해 남북 관계를 열어 갈 네 가지 항목을 제시했다. 그것은 직접적인 대화와 협력, 냉전 대치의 종식과 평화 정착, 이산가족 만남, 그리고 특사 교환이었다. 4월에 한국 정부는 남북 정상 회담 개최를 발표할 준비가 되어 있었다. 6월 13~15일 동안 정상 회담이 열렸다.[41] 50명의 한국 기자들이 취재를 위해 북한 입국이 허용되었다. 남북은 정상 회담을 마무리하면서 〈6.15 남북 공동 선언〉을 내놨고, 여기서 다섯 가지 원칙을 제시했다. 그것은 자주적인 통일, 연합이나 낮은 단계의 연방을 통한 통일, 이산가족 만남, 문화에서 환경에 이르는 분야에서 협력, 합의를 실행하기 위한 대화 추진이었다.[42] 정상 회담 후 몇 주일 만에 김대중의 지지도는 크게 치솟았다. 그리고 12월에는 〈한국과 동아시아 전반에서 민주주의와 인권을 위한 그의 노력, 그리고 특히 북한과의 평화와 화해를 위한 노력〉으로 노벨 평화상을 받았다.[43] 이는 한국의 꿈을 이루기 위한 평생의 투쟁에 대한 공로였다.

또한 정상 회담 이후로 많은 회담이 급속하게 이어졌다. 당시를 살았던 한국인들에게 물어본다면, 많은 이들은 아마도 화해와 통일이 눈앞에 있었다고 증언할 것이다. 6월에서 12월에 이르기까지 남북은 네 번의 장관급 회담과 적십자 대표단

회의, 한 번의 국방장관 회의와 경제 협력에 집중한 두 번의 실무진 회의, 그리고 한 번의 실무자급 군사 회의가 열렸다. 그리고 한국 정부는 북한에 식량을 빌려주기로 결정했고, 남북은 기근 사태가 한창이던 1996년에 북한이 문을 닫았던 판문점 연락 사무소를 다시 열기로 합의했다. 광범위한 차원에서 실무자 회담을 열고, 서울, 그리고 북한과 중국을 가르는 압록강 남쪽에 위치한 도시인 신의주를 잇는 철도를 복원하기로 합의했다.[44] 9월 15일 남북은 시드니 올림픽 개회식에서 기립 박수를 받으며 공동 입장을 했다.[45]

무엇보다 이산가족 상봉이 1985년 이후로 처음으로 이뤄졌다. 2000년 8월 15~18일을 시작으로 2007년에 이르기까지 열아홉 번의 가족 상봉이 있었다. 그중에 열다섯 번은 직접적인 만남이었고 네 번은 영상 통화를 통해 이뤄졌다. 보수 진영이 한국에서 다시 권력을 잡으면서 남북 관계가 다시 식어 버렸던 2009~2015년 동안에는 네 차례 만남이 있었다. 전체적으로 2만 604명이 그들이 사랑하는 사람을 잠깐이나마 만날 수 있었다. 이후의 상봉은 2018년에 이뤄졌다.[46] 이산가족 상봉은 고통스러우면서도 즐거운 행사였다. 수십 년을 떨어져 살았던 남과 북의 노인들이 며칠 동안, 혹은 때로 몇 시간 동안 만났다. 그들은 그때가 마지막 기회라는 사실을 알았다. 세월이 흐르면서 화해의 전망은 점점 더 옅어졌기 때문이었다.

남북 간 관계는 정상 회담 이후 후퇴했다. 김대중의 〈햇볕 정책〉은 그의 임기 마지막 시점인 1999~2000년 동안 미국과 북한 간의 화해를 모색했던 빌 클린턴의 노력으로 크게 힘을 얻었다. 그러나 2000년 11월 조지 W. 부시가 미 선거에서 승리를 거뒀다. 2001년 1월 부시 대통령은 미 정부의 대북 접근 방식을 변경함으로써 클린턴의 대북 정책과는 멀어졌다. 김대중은 3월 회담에서 부시가 북한과의 관계에 신경을 쏟을 여유가 없다는 사실을 직접적으로 확인했다. 뉴욕과 워싱턴 DC를 향한 9월 11일 테러 공격과 그에 따른 〈테러와의 전쟁〉 선포 이후로 북한은 이란과 이라크를 비롯하여 〈악의 축〉 국가에 포함되었다. 이후 부시 행정부는 한국과 중국, 일본, 러시아가 참여하는 다자간 6자 회담에 북한을 참석시켰다.[47] 하지만 그 무렵 대통령 자리에서 물러나야 했던 김대중으로서는 너무 늦었다.

김대중은 국내 보수 진영으로부터 북한에 너무 많이 퍼 주고 조금밖에 얻어 내지 못했다고 비판받았다. 그러나 다양한 경제 프로젝트야말로 정상 회담의 가장 두드러진 성과물이었다. 외국 관광객들은 정상 회담이 열리기 2년 전부터 이미 북한의 금강산을 방문하기 시작했다. 11세기 북송의 학자 소식(蘇軾)은 이렇게 썼다. 〈고려에 태어나 금강산을 직접 보았다면 원이 없겠다!〉 수 세기에 걸쳐 금강산은 한반도 전체에서 가장 아름다운 곳으로 손꼽혔다.[48] 남북 정상 회담 이후로 북한은 한국인들의 관광을 활성화하기 위해 금강산 국제 관광 특구를 열었다. 이로써 한국인의 금강산 관광이 활성화됐다. 2004년에는 한국의 자본과 기술, 그리고 북한의 노동력이 만난 개성 산업 공단이 DMZ 북쪽에 문을 열었다.[49] 처음으로 남과 북이 손을 잡고 제품을 생산하게 되었다.

그러나 2000년 현대가 남북 정상 회담에 앞서 북한에 5억 달러를 송금했다는 보도가 나오면서 2003년에 파문이 일었다.[50] 그리고 주로 북한에 도움을 준 경제 협력 프로젝트와는 달리, 안보 논의는 아주 천천히 이뤄졌고 북한은 가족 상봉과 관련해서 종종 시간을 끌었다. 많은 한국인이 보기에 김정일은 한국이 지원한 돈을 자신의 체제 강화에 쓰고 있었다. 대북 송금 스캔들이 대통령 임기 말에 터지면서 김대중에게 악영향을 미쳤다. 그의 〈햇볕 정책〉은 물론 반부패 전사로서 그의 이미지를 흐리게 만들었다. 화해의 꿈은 3년이 흘러 더욱 멀어져만 갔다.

2002년 한일 월드컵과 한국인의 자부심

때는 2002년 6월 22일이었다. 붉은 물결이 전국을 뒤덮었다. 수많은 인파가 모였다. 모두가 붉은색 옷차림이었다. 붉은색은 이제 그들의 나라를 상징하는 색깔이 되었다. 티셔츠의 가슴팍에는 〈Be the Reds〉가 적혀 있었다. 한국인들은 그들의 나라를 부르는 구호인 〈대한민국!〉을 자랑스럽고 당당하게 외쳤다. 수많은 사람이 대형 TV 화면에 모여 경기를 시청했다. 한국인의 절반 이상이 그렇게 경기를 봤다. 그리고 전국의 수많은 시청자가 그들의 TV로 월드컵 중계를 봤다. 그중에서 운 좋은 4만 명의 관중은 광주 월드컵 경기장의 좌석을 구할 수 있었다. 물론 대부분 시간 동안 서 있었지만.[51] 붉은 악마들은 그들의 붉은 분노를 표출할 준비를 하고 있었다. 4강 진출을 놓고 한국 대 스페인 경기가 치러질 예정이었다. 분명하게도 한국은 포르투갈과 이탈리아에 이어 세 번째로 만난 유럽 강호를 연달아 이길 수는 없어 보였다. 하지만 두 시간 후 붉은 옷을 입은 사람들 모두 계속해서 노래를 부르고 있었다. 승패를 결정짓는 페널티 킥이 끝나고 한국에는 두 명의 새로운 영웅이 탄생했다. 그들은 스페인의 네 번째 페널티 킥을 막은 이운재, 그리고 다섯 번째이자 한국의 마지막 페널티 킥을 성공시키면서 한국을 4강으로 이끈 홍명보였다.[52] IMF 위기에 대한 기억이 아직도 남아 있고 첫 번째 남북 정상 회담의 흥분이 시들어 갈 무렵, 대한민국 국가대표 팀은 바로 그들의 나라에서 한국인의 자부심을 높여 줬다.

    그것은 한국의 기적 같은 4강 진출은 물론, 아시아 국가로서 처음으로 그러한 업적을 이뤘다는 사실 때문이었다. 2001년

3월에는 인천 국제공항이 문을 열면서 한국을 오가는 국제선을 위한 주요 관문이 되었다.[53] 2002년 말이나 2003년 초에 인천 국제공항에 내린 사람들은 아마도 깨끗하고 현대적인 시설에 깜짝 놀랐을 것이다. 아마도 사람들은 서울과 경기의 모든 지역으로 향하는 광역 버스에 올랐을 것이다. 그리고 버스 안에서 TV 화면을 봤을 것이다. 그 화면에서는 붉은 악마가 득점하는 영상이 계속해서 흘러나오고 있었을 것이다. 또한 응원하는 한국인들과 현대적인 축구 경기장, 그리고 한국과 일본이 공동 주최한 월드컵에 열광한 국가의 모습을 보았을 것이다. 월드컵은 분명하게도 한국인들이 그들의 나라를 응원한 첫 번째 대규모 행사였다. 그것은 한국을 위해서가 아니었다. 그리고 일본 제국주의든 한국의 독재자든 정치적 억압으로부터 해방되어서가 아니었다. 그들은 그저 행복했기 때문에 그들의 나라를 응원했다. 월드컵은 한국인의 시민 민족주의를 강화했다. 그리고 한국인이라는 자부심을 높여 줬다.

2000년대에 걸쳐 시민 민족주의는 계속해서 강화되었다.[54] 386 세대는 그들의 가치관을 대변하는 대통령과 더불어 분명하게도 그들 자신의 국가에 대한 자부심을 느꼈다. 남북 정상 회담은 민족을 강화했다. 그러나 김정일에게는 한국이 보여 준 개방성에 완전하게 보답할 의지와 능력이 없다는 사실은 두 나라가 얼마나 다른지를 극명하게 보여 줬다. 사실 한국인들은 그들의 나라를 북한과 비교하는 일을 오래전에 그만 뒀다. 더 적절한 비교 대상은 OECD 회원국들, 즉 각 나라마다 장단점이 있지만 개발되고 민주화된 동료 국가들이었다. 이는 북한과의 분단 때문에 한국에 관심을 가졌을 외국인들에게는 대단히 주목할 만한 대목이었다. 점점 더 많은 한국인은 북한을 경쟁 상대로 보지 않았다. 중요한 것은 그들의 나라를 발전시키는 일이었다.

　　더욱 거세진 시민 민족주의 물결은 밀레니얼 세대의 등장으로 한층 강화되었다. 1990년대 말에서 2000년대 초에 대학에 입학한 이들은 1980년대 민주주의 투쟁의 기억이 거의 없는 세대였다. 또 북한에 가까운 친척이 없는 세대였다.[55] 이들 세대에게 처음으로 각인된 기억은 아마도 한국이 국제 무대에 모습을 드러냈던 1988년 올림픽과 관련되었을 것이다. 또한 그들은 해외여행에 익숙했고, 친구들, 때로 가족들이 해외에 살고 있는 세대였다. 그들의 시야는 한반도의 경계를 훌쩍 넘어섰다. 통일은 그들에게 주요한 사안이 아니었다. 그들 중 일부는 실제로 많은 비용이 들고 일자리 기회가 줄어들게 될 통일의 과정에 대한 의구심을 솔직하게 드러냈다. 그들이 대학에 입학할 당시, 학생 운동은 이미 통일에 대한 염원으로부터 멀어져 있었다.

　　새로운 시민 민족주의가 몰고 온 한 가지 눈에 띄는 변화는 한국 문화유산에 관한 관심이었다. 당시 한국 사회는 그 어느 때보다 외부를 지향하고 현대적이었다는 점에서 이러한 사실은 역설적인 현상으로 보일 수 있다. 하지만 흔히 그러하듯 해외여행과 외국에서의 삶은 고국의 고유한 것들에 대한 생각을 자극한다. 2000년도에 많은 한국인은 그러한 경험을 했다. 그리고 자신의 나라가 선진국에 비해 절대로 뒤떨어지지 않는다고 생각했다. 모든 나라는 고유한 역사와 문화를 갖고 있다. 한국 역시 다르지 않았다. 당시 대다수 젊은 한국인은 그들의 국민과 해외에서 온 사람들 모두 전통적인 한국 문화의 아름다움을 이해하길 원했다. 실제로 한국의 문화는 대단히 아름다웠기 때문이다.

  이러한 모습을 가장 잘 보여 주는 사례로 북촌 한옥 마을을 꼽을 수 있다. 서울 중심부에 자리 잡고, 경복궁에서 쉽게 걸어갈 수 있는 거리에 있는 북촌은 600년 된 주거 구역으로서, 좁은 골목들을 따라 한옥들이 줄지어 들어선 마을이다. 한옥은 기와를 얹은 구불구불한 형태의 지붕을 떠받치고 있는 전통적인 한국 가옥을 말하는데 1990년 말까지만 해도 이 지역은 대부분 훼손된 채 방치되어 있었고 가옥 수도 1천여 채 정도에 불과했다. 그러나 2001년을 시작으로 서울특별시 주도로 한옥을 재건하기 위한 보수 공사가 시작되었다. 그리고 한옥에 살고 거주하는 것이 하나의 유행이 되면서 주택 가격은 재빠르게 올랐다.[56] 이후 많은 관광객이 북촌을 구경하기 위해 몰려들었다. 그래도 보수 프로젝트는 북촌을 더 나은 방향으로 바꿀 것이라는 사실이 분명했다. 또한 바닥을 데우는 한국의 전통적인 온돌 시스템과 가구, 그리고 다양한 공예품에 관한 관심과 더불어, 한옥 보수 운동은 전국으로 확산되었다. 이들 모두 한국의 고유한 문화유산이었고, 세계를 여행하는 한국인들은 그들의 나라가 이러한 유산을 을 보존하고 되살리기 위해 노력한다는 사실에 자긍심을 느꼈다.

반미주의의 해

김대중과 미 대통령 조지 W. 부시 사이의 관계는 대북 정책을 둘러싼 양국의 입장 차이를 확연하게 드러내는 가운데 순탄치 못한 길을 계속해서 걸었다. 이러한 상황에서 미 정부의 고의적인 무시, 혹은 한국 정부 입장에서 인식된 미 정부의 태도는 두 동맹 간의 긴장을 유발했다. 가령 2000년 7월 미군은 한강에 강한 독성 있는 화학 물질 228리터를 한강에 무단으로 방류했다는 사실을 인정한 후 사과했다. 이를 계기로 한국의 정책 결정자 48명은 한국에 주둔하는 미군에 대한 규제 기반을 마련한 한미 주둔군 지위 협정Status of Forces Agreement, SOFA 개정을 요구했다.[57] 그들은 SOFA가 본질적으로 미군에게 공식적인 임무를 수행하는 동안 그들이 원하는 방식으로 행동할 수 있는 무한한 자유를 허용했다고 생각했다. 실제로 미군은 한국의 사법부 관할을 넘어서 있었다. 결국 긴장은 모습을 드러내기 시작했고 영원히 사라지지 않았다.

2002년 6월에 두 명의 14세 여학생이 사망하는 사건이 벌어지면서 수십 년간 한국에 주둔했던 미군에 반대하는 대규모 시위가 일어나기 시작했다. 경기도에서 중간 규모의 도시인 양구에서 길을 따라 걷고 있던 두 여학생이 미군 장갑차에 깔려 목숨을 잃는 사건이 벌어졌다. 그리고 즉각 반미 시위의 불길이 일었다.[58] 사망 사건 후 3주가 흘러, 그 장갑차를 조종했던 두 명의 미군이 재판을 받았다. 그러나 SOFA는 공식 임무를 수행하다가 범죄를 저지른 미군은 미군 법정에 서도록 규정하고 있었다. 그러나 한국 사법부는 사안의 중대성을 고려할 때 관할권을 한국 법원으로 넘겨야 한다고 주장했다. 이와 관련된 내용은 SOFA에도 담겨 있었다. 하지만 미군은 요청을 묵살했다. 그리고 이 결정은 반미주의 정서를 더욱 증폭시켰다. 부시는 김대중에게 전화를 걸어 두 여중생의 사망에 대해 유감을 표명했고, 미군은 여러 번 사과했다.[59]

그럼에도 미군 법원은 11월에 두 미군에 대해 〈과실 치사〉로 혐의가 없다고 판결을 내렸다. 이는 반미주의 분위기를 새로운 단계로 끌어올렸다.[60] 많은 한국인이 보기에, 미군은 비록 사고라고 해도 자국민 두 명을 죽였으며, 그럼에도 제대로 처벌받지 않았다. 그리고 한국 사법부는 피고들이 유죄인지 무죄인지에 대해 아무런 발언권이 없었다. 어떤 면에서 많은 한국인은 국가의 지위가 19세기 말에 비해 더 나아진 것이 없다고 생각했다. 당시 외국인들은 불평등 조약을 빌미로 조선의 법에 구애받지 않고 마음대로 행동할 수 있었다. 이후 용산 기지 외부를 포함한 다양한 지역에서 시위가 여러 주에 걸쳐 이어졌다. 당시 서울 중심부에 위치한 용산 기지는 주한 미군의 주요 기반이었다.

두 여중생이 사망하기 몇 달 전에는 2002년 솔트레이크 시티 동계 올림픽 1,500미터 경기에서 한국 선수가 분명하게도 금메달을 땄음에도 실격을 당하는 일이 벌어졌다. 그리고 그의 실격으로 금메달은 미국 경쟁자에게 돌아갔다.[61] 다음으로 여중생 사망 사건 몇 달 후에는 미 하원이 이라크 결의안을 통과시켰다. 이로써 부시 행정부는 중동 국가를 침공할 수 있게 되었다. 전 세계의 많은 국가처럼 한국에서도 반전 물결이 일었다.[62] 이 세 사건이 합쳐지면서 한국 내 반미주의 정서는 일반적인 좌파 기반을 넘어 확장되었다.

이러한 상황에서 노무현 대통령이 취임하면서 더 균형 있는 한미 동맹 관계를 위한 재조정을 공식적으로 요구했다. 동맹 관계 그 자체는 의심의 여지가 없었음에도, 한미 관계의 기존 상태에 대한 노무현의 공식적인 의문 제기는 양국 간에 상당한 마찰을 일으켰다.[63] 많은 한국인은 미국에 대한 한국의 낮은 지위가 그들 국가의 주권을 위축시키는 것이라고 믿었다. 이후 반미 시위가 이어졌다. 또한 2003년 12월에는 광우병 파동이 벌어지면서 한국 정부는 많은 다른 나라들과 함께 미국 소고기에 대한 수입 금지를 실시했다. 수입 금지 중단을 요구하는 부시 행정부의 요청을 한국 정부가 직접적으로 거부했다는 점에서 일각에서는 이를 반미주의 흐름의 정점으로 봤다.[64] 소고기 수입 금지는 한미 관계의 긴장을 드러내는 상징적인 사건이었다. 이 문제는 2008년 이명박이 대통령이 된 직후에 다시 등장하게 된다.

한류의 확산

한류는 대부분의 한국인에게 놀라운 일이었다. 케이팝 공연은 전국의 대학 축제에서 일반적인 행사로 자리 잡았다. 이러한 축제에 참여한 이들은 차세대 대형 스타를 직접 눈으로 볼 수 있었다. 그럼에도 이러한 흐름이 한국을 넘어설 것으로 예측하는 사람은 거의 없었다. 역사상 한국은 가장 빛났다. 그리고 오랫동안 그 자리를 차지하고 있던 일본을 밀어내고 아시아에서 가장 빛나는 나라로 올라섰다. 말 그대로 한국의 물결을 의미하는 한류는 이러한 현상을 잘 설명해 줬다. 한국 문화는 1990년대 말부터 중국과 일본, 그리고 대만을 휩쓸기 시작했다. 사실 한류라는 용어는 원래 중국 언론이 만든 것이다. 이후 한국 정부와 그 국민이 받아들여 사용하게 되었다.[65] 한국 드라마와 음악, 영화는 중국과 일본의 모든 연령층에서 인기를 끌었다. 소년들은 최신 팝스타의 외모를 따라 했고 중년 여성들은 공항에서 그들이 동경하는 대상을 기다렸다.

한국 문화 상품의 등장과 성공은 한국인이 끊임없이 추구했던 혁신과 창조성의 표출에 대한 증언이었다. 1990년대 중반 할리우드 스튜디오는 미국 정부에 대한 로비를 통해 한국이 영화 시장을 개방하도록 했다. 그 결과, 미국 영화는 한국 관객이 흥미를 느끼지 못한 한국 영화들을 밀어내고 시장의 80퍼센트를 차지했다.[66] 다른 한편으로, 한국 정부는 일본의 문화 상품에 대한 수입 제한을 철폐했다.[67] 이로써 많은 한국인이 일본의 영화와 음악, 혹은 애니메이션에 관심을 기울이게 되었다. 한국 문화 산업은 두 번째로 치명타를 입을 위기에 처했다.

그러나 한국은 이미 정해진 것처럼 보이는 그들의 운명을 그저 받아들이기보다 미국과 일본의 문화 산업과 정면 승부를 결정했다. 검열과 과거의 예산 제약으로부터 자유로워진 많은 한국의 영화사들은 블록버스터와 작품성 있는 영화를 통해 많은 관객을 끌어모을 방법을 모색했다. 영화「쉬리」의 성공은 한국 관객들은 그들이 좋아하는 영화가 나오면 단체로 그 작품을 본다는 사실을 입증했다.[68] 이후 「공동경비구역 JSA」와 「엽기적인 그녀」, 「실미도」, 「살인의 추억」, 「태극기 휘날리며」, 「왕의 남자」가 곧이어 블록버스터 반열에 올랐다. 한국 영화 제작사들은 역사 드라마와 코미디, 액션 무비에 이르기까지 국내 관객은 물론 해외 관객의 마음까지도 사로잡을 수 있다는 사실을 보여 줬다. 영화 내내 이름을 모르는 소녀와 사랑에 빠진 대학생의 이야기를 그린 로맨틱 코미디 영화 「엽기적인 그녀」는 2001년 개봉 이후로 동아시아 지역을 강타했다.[69] 한국 관객은 그 영화를 보며 울고 웃었고, 가슴을 따스하게 만드는 결말과 사랑에 빠졌다. 또한 이 작품은 한국적인 이야기가 세계로 나아갈 수 있다는 가능성을 보여 줬다.

그러나 한국 감독들이 더 넓은 세계의 관객층과 해외 비평가의 취향을 충족시킬 수 있다는 사실을 보여 준 작품은 「올드보이」였다. 사실 여러 한국 감독이 베를린과 칸 영화제에서 수상을 했다. 그러나 인간 영혼의 깊이를 탐험한 박찬욱 감독의 그 걸작은 2004년 칸 영화제에서 두 번째로 높은 영예인 그랑프리를 수상했다.[70] 이를 통해 박찬욱은 이후로 동아시아를 넘어 세계적인 찬사를 얻을 수 있는 길을 한국 영화사들에게 열어 줬다. 그의 성공은 한국의 이야기가 〈단지〉 한국인의 것만이 아니라는 사실을 증명했다.

한국 드라마는 동아시아 지역을 중심으로 인기를 끌었고,

이후 남아시아와 중동 지역을 넘어 뻗어 나갔다. 한국 영화와
마찬가지로 한국 드라마 역시 사랑 이야기에서 역사 드라마,
코미디 등 다양한 장르를 섭렵했다. 대표적으로 「겨울연가」를
꼽을 수 있다. 이 드라마는 2002년에 한국에서 방영되었다. 사
랑 이야기와 뛰어난 연기, 인상적인 노래, 그리고 숨을 멎게 만
드는 아름다운 장면으로 이뤄진 「겨울연가」는 일본 총리인 고
이즈미 준이치로가 〈드라마 주인공이 자신보다 더 유명하다〉
는 농담까지 하도록 만들었다.[71] 「겨울연가」는 동아시아 지역
에 걸쳐 패션에 실질적인 영향을 미쳤고 팬들이 촬영지로 몰
려들게 만든 최초의 한국 드라마였다. 특히 남이섬은 세계 관
광객들이 찾는 주요 장소가 되었다(붉고 노란 잎이 섬 전체를
뒤덮는 가을이야말로 남이섬을 만끽하기 가장 좋은 시즌
이다).

다음으로 가요, 해외에서 알려진 이름인 케이팝이 등장했
다. 다양한 보이 그룹과 걸 그룹, 그리고 솔로 아티스트들이 한
국과 동아시아에 걸쳐 인기를 누렸다. 그들 중 일부는 〈빅3〉
기획사인 SM 엔터테인먼트와 YG 엔터테인먼트, JYP 엔터테
인먼트 출신이었다.[72] 1990년대 중반을 시작으로 이 세 기획
사는 서태지가 팝 음악과의 접목을 통해 매력을 확장했던 고
유한 스타일을 더욱 진화해 갔다. 2000년 H.O.T는 한국 그룹
으로서는 최초로 베이징에서 공연을 했다.[73] 2000년대 초반에

서 중반에 이르기까지 동방신기, 슈퍼주니어, 빅뱅, 원더걸스, 소녀시대와 같은 그룹이 동아시아 지역에서 큰 인기를 얻었다. 인상적인 가사와 강렬한 댄스, 그리고 완벽한 이미지를 결합한 케이팝 그룹들은 10대, 점차 더 많은 젊은이와 성인들이 한류에 입문하는 통로가 되었다. 이들 그룹은 해외 투어를 다니면서 수만 명의 관객으로 매진된 공연장에서 무대를 선보였다.

솔로 아티스트들도 한류에 합세했다. 대표적으로 보아는 일본의 음악 차트를 석권한 최초의 한국 아티스트였다. 2002년 발매된 그녀의 앨범, 「Listen to My Heart」는 나오자마자 히트를 쳤다. 당시 보아의 인기는 중국과 대만, 그리고 동남아시아로도 뻗어 나갔다.[74] 그녀가 〈팝의 여왕〉으로 알려지게 된 것에는 충분한 이유가 있었다. 마찬가지로, 솔로 가수인 비는 자신의 앨범, 「나쁜 남자」의 발매와 함께 이들 지역에서 인기를 얻었다. 원래 빛을 보지 못한 보이 그룹의 전 멤버였던 비는 그룹 출신 멤버가 솔로 아티스트로 전향하는 흐름을 만들었다.[75]

한국 정부는 한류의 흐름을 확장하기 위해 노력했다. 1990년대 중반 이후로 한국 정부는 (1998년에 문화 관광부로 이름이 바뀐) 문화 체육부의 예산을 늘렸다. 대학 및 국내외 문화 축제, 그리고 다양한 정부 기관의 협력을 기반으로 한국어의 홍보와 함께 문화 산업이 이어졌다.[76] 특히 김대중 정부는 한국 문화의 해외 홍보를 1997~1998년 금융 위기에 이은 경제 성장을 강화하기 위한 방안으로 인식했다.[77] 한국인의 재능과 각고의 노력이 정부의 의지와 결합하면서 한류는 국가의 이미지를 정의하기 시작했다. 많은 이들이 정부의 도움과 더불어 문화적으로 거대한 힘을 창조해 냈다. 한국은 문화적 고래가 되었다.

386 세대의 힘

2002년 12월은 386 세대를 위한 진실의 순간이었다. 야당인 한나라당은 2000년 총선에서, 그리고 2002년 6월 지방 선거에서 이름을 바꾼 (김대중의) 새천년민주당을 이겼다. 그리고 1997년 선거에서 김대중에게 근소한 차이로 패한 이회창은 대선 여론 조사에서 우위를 점했다. 새천년민주당의 노무현은 혜성처럼 나타난 후보자였다. 당시 새천년민주당은 처음으로 국민 경선제를 통해 대선 후보를 선출했다. 제5공화국 청문회 스타이기도 한 노무현은 경선에서 이길 것으로 보이지 않았다. 그러나 그는 해냈다. 그리고 그는 대선 운동 기간 내내 여론 조사에서 이회창을 추격했다.[78] 선거가 임박했을 무렵에 노무현과 이회창은 막상막하였다. 그러나 대부분 보수 쪽으로 기울어진 나이 많은 유권자들은 전통적으로 투표권을 행사하고자 하는 의지가 더 높았다.

선거 당일에 386 세대는 그들이 지지하는 후보를 위해 투표장에 나섰다. 동시에 노무현은 한국의 X 세대는 물론, 밀레니얼 세대로부터 〈예상치 못한〉 지지를 얻었다. 1970년대에 태어난 X 세대는 386 세대를 비롯한 이전 세대에 비해 더 자유로웠다. 그들은 김대중 대통령에게 특별한 애착을 느끼지도 않았다. 어쨌든 한국의 독재에 맞선 김대중의 투쟁은 그들의 싸움이 아니었다. 그 싸움은 기껏해야 그들이 어린아이였거나 10대 시절에 겪었던 지나간 일이었다. 그럼에도 그들은 김대중의 진보적 개혁의 계속되기를 원했고, 이는 또한 노무현의 약속이기도 했다.[79] 다른 한편으로 1980년대 이후로 태어난 밀레니얼은 대학생 단체가 그들에게 불어넣었던 더 자유로운 가치관을 지녔다. 일반적으로 정치적으로 냉담한 것으로 알려진 밀레니얼 세대는 온라인 뉴스를 통해, 그리고 문자 메시지와 막 시작되던 소셜 미디어를 통해 집결했다.[80] 당시 한국에 막 들어왔던, 그리고 인터넷의 위력을 충분히 이해하지 못했던 외국인들은 어떻게 이 새로운 매체가 당시 그들의 나라에서는 상상할 수 없는 방식으로 정치에 영향을 미쳤는지 깜짝 놀랐을 것이다. 그러나 이러한 매체는 분명한 영향을 미쳤다. 사실 노무현은 아마도 세계 최초의 〈인터넷 대통령〉일 것이다. 2000년에 창간되어 한국 최초로 독자들의 기고를 기사로 실었던 온라인 신문인 오마이뉴스는 386 세대와 X 세대, 특히 젊은 밀레니얼 사이에서 큰 지지를 얻었다. 이러한 젊은 매체가 당시 선거의 판도를 뒤집는 데 기여했다는 사실을 부정하는 사람은 거의 없다.[81]

노무현은 이회창에게 승리를 거두면서 〈3김 시대〉의 종말을 알렸다. 그는 자신을 뽑아 준 유권자들의 두 가지 최대 관심사를 해결하기 위해 애썼다. 그것은 불평등, 그리고 일과 삶의 균형이었다. 사회 불평등 문제, 또 세제 개혁이나 복지 확대와 같은 전통적인 정책과 관련해서, 노무현은 행정 수도를 서울에서 충청 이남으로 이전하는 카드를 꺼내 들었다.[82] 한국의 수도는 이제 거대 도시가 되었다. 그리고 수도권과 더불어 한국 인구의 3분의 1 이상이 거주하는 지역이 되었으며, 또한 명백하게도 한국의 경제적, 문화적 발전소가 되었다.

노무현은 수도를 서울에서 이전함으로써 다른 지역에서도 경제적 기회를 마련하고 더 균형 있는 성장을 이룰 것으로 내다봤다. 그는 보수적인 정책 결정자들, 그리고 많은 진보주의자의 격렬한 반대에 직면해서 이를 밀고 나갔다. 2007년 노무현 정부는 새로운 행정 수도로서 세종특별자치시를 착공했다. 그것은 2004년 헌법 재판소가 수도 이전이 헌법에 어긋난다고 판결을 내렸기 때문이었다.[83] 이후 보수 진영의 대통령인 박근혜는 2012년부터 대부분의 정부 기관을 세종시로 이전하기 시작했다. 노무현의 계획이 결국 반대 진영에 의해 받아들

여지게 된 것이다.

또한 노무현은 취임 직후에 5일 근무제를 도입했다. 이는 한국 근로자의 일과 삶의 균형을 개선하기 위한 방안이었다. 또한 그는 한국의 불충분한 공공 연금 시스템을 강화하는 방법을 모색하면서, 동시에 실직의 충격을 완화하기 위한 복지 정책을 확충했다.[84] 당시 한국인은 OECD 국가 중 가장 오랫동안 노동을 하고 있었다.[85] 반면 국가의 구직 수당과 국민연금은 제대로 마련되어 있지 못했다. 남성이 가족을 부양하는 대가족이 한집에 모여 사는 과거의 가족 모형은 이미 오래전 모습이 되었다. 가족 구성원이 전국에 걸쳐, 혹은 세계에 걸쳐 살아가기를 시작하고 더욱 자유로운 가치관이 확산되면서 가문의 중요성은 낮아졌다. 동시에 한국이 선진국으로 도약하면서 많은 한국인은 노동의 결실을 누릴 충분한 시간을 원했다. 노무현은 이러한 현실을 잘 알았다. 그리고 그 문제를 해결하고자 했다.

나아가 노무현은 한국 정부가 식민지와 독재의 역사를 제대로 청산하지 못했다고 생각했다. 2005년 12월 노무현 정부는 일본 식민지 정권 부역자, 한국 전쟁 동안에 벌어진 대량 학살, 그리고 독재 시절에 국가가 주도한 살인과 고문을 조사하기 위해 진실 화해 위원회를 설립했다. 그런데 그 위원회는 1993년에 이르는 역사까지 파헤침으로써 논란을 불러일으켰다.[86] 진보 진영의 많은 이는 김영삼을 민주주의 이후로 최초의 적법한 대통령으로 인정하기를 거부했다. 또한 진실 화해 위원회는 박정희가 제국주의 일본군에서 복무했던 시절을 조사함으로써 암묵적으로 그의 딸인 박근혜를 겨냥했다. 결론적으로 진실 화해 위원회는 20세기 한국 역사에서 벌어진 많은 범죄와 사건을 밝혀냈다.[87] 그러나 동시에 논란의 늪에 빠지고 말았다.

노무현 정부 시절에는 앞선 세 정부보다 더 많은 논란이 일었다. 정부가 칠레와의 자유 무역 협정에 서명하기 위한 협상을 강행하면서 농민들이 일어났다. 농민들은 그 남미 국가에서 넘어온 값싼 농작물이 한국 시장을 장악할 것을 우려했다. 그러나 2003년 2월에 협정은 서명되었다.[88] 2006년 3월에는 철도 노동자들이 단기 계약직 비중이 높아진 것에 항의하여 파업에 돌입했다.[89] 단기 계약직은 IMF 위기 이후로 한국 사회에 보편화되었다. 노무현 정부는 그 파업을 불법으로 규정하면서 맞섰고, 수백 명의 근로자가 체포되었다. 그리고 같은 해, 농민들은 미국과의 자유 무역 협정에 반대하여 시위를 벌였다.[90] 그러나 노무현 정부는 협상을 강행했고, 2007년 6월에 KORUS(KOR-US FTA)라고 알려진 합의안에 서명했다.

노무현이 386 세대와 더 젊은 세대의 희망을 충족시키지 못하고, 또한 갖가지 논란을 불러일으키면서 한나라당은 대통령 자리를 되찾을 방법을 모색했다. 2004년 3월 한나라당은 다가오는 총선에 영향을 미치기 위한 목적으로 노무현에 대한 탄핵 표결을 강행하는 전략적 실수를 범했다. 표결은 역풍을 일으켰고, 노무현이 새롭게 만든 열린우리당은 4월 총선에서 승리를 거뒀다. 그리고 한 달 뒤 헌법 재판소는 노무현의 대통령 지위를 회복시켰다. 이후 한나라당은 선거 직후 박근혜를 대표로 선출했다. 그녀는 나중에 〈선거의 여왕〉이라는 이름을 얻게 되었다.

한나라당은 총선에서 패배했지만 그 격차는 지지를 얻지 못한 탄핵 과정, 그리고 전 대통령 후보인 이회창이 연루된 부패 스캔들에 이어 많은 이들이 생각한 것만큼 크지는 않았다. 그리고 2006년 한나라당은 지방 선거에서 승리했다.[91] 노무현의 인기가 기록적인 수준으로 떨어지면서, 2007년 대선에서는 한나라당 후보가 승리할 것이라는 전망이 기정사실이 되었다. 노무현은 2007년 10월에 남북 정상 회담을 열었지만, 이를 통해 진보 진영의 운명을 바꾸지는 못했다. 어쨌든 북한은 2006년 10월에 첫 번째 핵 실험을 한 바 있었다. 이후 남북 간 분위기는 뚜렷하게 바뀌었다. 한국의 대선 역사상 가장 낮은 투표율을 기록하는 가운데 (노무현을 둘러싼 논란에 좌절한 386 세대와 젊은 층이 투표를 포기하면서) 한나라당 후보인 이명박이 2007년 대선에서 손쉽게 승리를 거뒀다.[92]

사회적 변화와 호주제 폐지

진보주의 10년은 한국의 근본적인 사회적 변화와 함께 이뤄졌다. 그 변화는 김대중 정부와 노무현 정부의 노력에 의해, 그리고 동시에 스스로 변화하는 한국 사회 그 자체에 의한 것이었다. 무엇보다 사회 속 여성의 역할이 크게 바뀌었다. 1990년대 중반 상속권과 이혼에 따른 권리와 관련해서 여성에 대한 차별을 막기 위해 도입된 법률의 변화는 즉각적인 효과를 드러냈다. 1990년대 초에서 노무현의 임기가 막바지에 이른 2007년 사이에 이혼율은 두 배 이상 높아졌다.[93] 다른 한편으로 출생률은 지속적인 하향세를 그렸다.[94] 동시에 여성의 평균 결혼 연령은 1997년에서 2007년 사이에 26세 이하에서 31세 이상으로 높아졌다.[95] 여성들이 결혼을 하지 않겠다고 선언하는 것도 용인 가능한 모습이 되었다. 물론 보편적인 현상은 아니었지만 미혼모도 더 이상 사회적 금기가 아니었다.[96] 결론적으로, 2000년 중반 한국 여성들은 과거의 유교 가치관의 명령에 따르는 방식이 아니라 다른 선진국 여성들과 같은 방식으로 행동했다. 그리고 당시 대학을 다닌 사람이나 여학생의 목소리에 귀를 기울인 사람들이 증언하듯이 이러한 흐름은 계속해서 이어졌다.

　변화는 또한 직장에도 찾아왔다. 〈아줌마 일자리〉는 계속해서 남았지만 결혼한 많은 중년 여성은 다른 뭔가를 원했다.

출산 휴가를 받은 여성 근로자의 수는 2003년에 20퍼센트 미만에서 2007년에 절반 이상으로 증가했다.[97] 나아가 점점 더 많은 여성이 출산 후 직장으로 복귀했다. 여성 관리자의 비중은 2006년에 처음으로 10퍼센트를 넘어섰다.[98] 같은 해, 한명숙이 한국 역사상 최초로 여성 국무총리(한국에서 정치적으로 두 번째로 높은 자리)에 올랐다. 여성 국회 의원의 비중도 2004년 총선 이후로 가장 높은 10퍼센트에 달했다. 물론 비교 가능한 다른 국가보다는 낮은, 혹은 아주 낮은 수준이었지만 어쨌든 개선이라 할 수 있었다. 다시 말해, 변화의 흐름은 사회와 직장, 그리고 정치 속으로 서서히 스며들고 있었다.

그러나 이는 여성이 남성과 동등한 대우를 받게 되었다는 의미는 아니었다. 많은 여성은 여전히 임신 후, 혹은 결혼 후에 직장을 그만둬야 했다. 또한 여성들은 계약직과 파트타임 일자리에서 더 높은 비중을 차지했다.[99] 여성 관리자와 여성 국회 의원의 비중은 아주 낮은 수준에 머물렀다. 더군다나 전통적인 견해를 지닌 사람들은 이러한 직종이 애초에 남성을 위한 것이라고 여전히 믿었다.

하지만 의식의 변화는 멈출 수 없었다. 무엇보다 2000년대 초 남아 선호 사상이 사라졌다. 2007년을 기준으로 출생 시 성비는 자연적인 범위 내로 들어왔다.[100] 386 세대나 더 젊은 세대와 이야기를 나눠 보면, 자녀의 성별을 더 이상 중요하게 생각하지 않는다는 사실을 분명히 확인할 수 있다. 그리고 정치인과 사법부 역시 여성 단체와 사회 전반으로부터 영향을 받아서 이러한 흐름을 따라잡고자 했다. 1998년 김대중 정부는 여성 특별 위원회를 신설했다. 이는 2001년에 여성 가족부로 바뀌었다. 한국 역사상 처음 설립된 기관이었다.[101] 여성 가족부는 성폭력과 가정 폭력, 그리고 직장 내 여성 차별과 같은 문제를 다뤘다.

이후 2005년과 2008년 사이에 정치적, 법률적으로 더 큰 변화가 일어났다. 그동안 한국은 호주제를 폐지했다. 2005년 2월 국회는 동성동본 혼인 금지와 호주제를 폐지하기 위해 민법을 개정했다. 동성동본 혼인 금지는 이미 1997년에 헌법 재판소에서 위헌으로 결정된 바 있었다.[102] 2008년 1월 헌법 재판소는 호주제가 2005년 민법 개정안을 위배했기 때문에 역시 위헌이라고 판결을 내렸다. 이렇게 정치인과 판사들은 입법과 재판 과정을 통해 여성을 법률적으로 차별해 온 수십 년 세월에 마침표를 찍었다.

진보주의 10년 동안에는 또 다른 중요한 변화도 있었다. 2000년 서울 중심에서 멀지 않은 대학로에서 한국에서는 처음으로 퀴어 문화 축제가 열리면서 성 소수자 공동체가 사회를 향해 한 걸음 더 나섰다. 첫 축제에는 약 50명이 참가했다.[103] 그리고 같은 해에 배우 홍석천이 한국의 배우로서는 처

음으로 동성애자임을 밝혔다. 그 직후 그는 배우로서의 역할
과 팬들의 지지를 잃어버렸다.[104] 퀴어 문화 축제는 계속해서
열렸고 규모도 점차 커졌다. 2000년대 중반에는 그야말로 축
제 분위기를 연출하면서 더 많은 관심을 끌었다. 그리고 홍석
천은 배우로서의 경력을 다시 시작하면서 여러 곳에 레스토랑
을 열어 성공을 거뒀다. 동시에 국가 인권 위원회는 동성애자
를 혐오하는 표현을 근절하기 위한 권고안을 내놨고, 대법원
은 성확정을 합법으로 인정했다.[105] 한국 사회는 아주 느리게,
그러나 분명하게 다양한 성 정체성을 받아들이고 있었다. 실
제로 1990년에는 한국인 89퍼센트가 동성애를 〈절대 인정할
수 없다〉고 생각했던 반면, 2001년 그 비중은 53퍼센트로 크
게 줄었다.[106]

　　2000년대에 걸쳐 한국에는 비교적 많은 이민자가 유입되
었다. 적어도 과거에 비해서는 많았다. 중국과 몽골 등 동아시
아 국가들, 그리고 방글라데시 등 남아시아 국가들 출신의 국
외 근로자들이 줄지어 한국으로 들어왔다. 대부분은 한국인이
더 이상 원치 않았던 일자리, 즉 과일 수확이나 어업, 건설, 노
동 및 공장의 단순 노무직을 맡았다. 이들 모두 더럽고dirty, 힘
들고difficult, 위험한dangerous 소위 3-D 직종이었다.[107] 게다가
중국과 베트남과 같은 국가에서 온 여성들은 한국 남성과 결
혼해서 농촌 지역에 거주했다.[108] 과거 남아 선호 사상으로 인

한 성 불균형은 한국 여성들이 농촌의 삶을 기피하고 도시로 이주하면서 더 심각해졌다. 동아시아 지역의 가난한 국가에서 온 여성들은 한국 농부와 결혼함으로써 그들의 고향에서는 가능하지 않았던 삶의 변화를 누리게 되었다.

이러한 모든 사회적 변화는 구조적인 문제로 이어졌고, 중앙 정부와 지방 정부는 이를 해결하기 위해 노력했다. 우선 다자녀 가구에 혜택을 주는 방안이 도입되었다. 그리고 은퇴 연령을 높이는 방안에 관한 논의도 있었다. 직무 관련 훈련을 장려하기 위해 제3차 교육(중등 교육에 이은 대학 및 직업 교육 과정의 총칭–옮긴이) 과정에 대한 개혁이 이뤄졌다. 그리고 이민 정책은 국외 근로자와 그들의 배우자가 국내로 쉽게 들어올 수 있도록 바뀌었다.[109] 결론적으로 정치인들은 그들이 직면한 현실을 바꾸려고 노력하면서 동시에 그러한 현실을 인정하고 있었다.

변화의 흐름은 가족과 가문을 비롯하여 다양한 유형의 사회적 관계에 대한 전통적인 견해를 더 위축시켰다. 유교가 지배하던 과거를 그리워하는 이들, 그리고 자유로운 세계관을 지닌 이들 사이에 분열이 나타났다. 하지만 시간의 편에 서 있었던 쪽은 후자였다. 일반적으로 나이 많은 세대가 더 보수적이고 상대적으로 젊은 세대가 더 자유로웠기 때문이었다.[110] 그 결과 2007년 이명박이 대선에서 승리하면서 진보주의 통치의 10년을 끝냈을 때, 한국 사회는 크게 달라져 있었다. 한국인들의 사고방식은 더욱 열려 있었다.

글로벌 한국
2008~2023

2019년 6월, BTS의 웸블리 스타디움 공연 모습

2017년 10월, 촛불 집회 1주년을 앞둔 광화문 광장

보수주의로의 회귀

이명박은 다른 한국 대통령과는 달랐다. 한국의 식민지 시절에 일본에서 태어난 그는 해방 이후 가족과 함께 부모의 고향으로 돌아왔다. 한일 간 관계 정상화에 반대 시위를 이끈 혐의로 5개월간 투옥되었던 이명박은 석방과 동시에 과거와 다른 길을 택했다. 1965년에 그는 현대건설에 입사했다. 그리고 서른다섯의 나이로 한국에서 가장 젊은 CEO의 자리에 올랐다. 또한 마흔일곱에는 현대건설의 회장이 되었다. 그 기업에 몸담았던 시절에 이명박은 〈불도저〉라는 별명을 얻었다. 이후 그는 정치인이 되기로 결심하고 국회 의원으로 당선되었다. 하지만 그가 전국적으로 존재감을 드러낸 것은 2002년 서울 시장이 되었을 때였다. 시장이 된 〈불도저〉 이명박은 도시를 더욱 푸르게 가꾸기 위해 주요 도시 재생 사업을 추진했다. 또한 교회 장로인 그는 독실한 개신교 신자로 유명했다. 2008년 2월에 대통령으로 취임한 이명박은 〈기업가〉 출신의 대통령이자 이승만 이후로 가장 종교적으로 신실한 대통령이었다.[1] 진보주의 통치 10년이 끝나고 한국인들은 그들의 새로운 대통령을 어떻게 받아들여야 할지 확신하지 못했다.

많은 한국인은 조만간 이명박을 부정적으로 바라보기 시작했다. 그 이유는, 소고기 때문이었다. 취임 후 2개월밖에 지나지 않은 그해 4월, 이명박은 광우병에 대한 우려로 2003년 이후로 시행되었던 미국산 소고기 수입 금지를 철폐하는 데 합의했다고 발표했다. 그 직후 이명박이 미국의 압박에 굴복했으며, 한국 국민의 건강보다 미국과의 관계를 더 우선시한다는 비난이 일었다. 특히 많은 한국인은 이명박이 미 하원이 KORUS를 승인하도록 만들기 위해 소고기 수입 금지를 철폐하는 데 동의했다고 생각했다. 수십만 명의 한국인이 거리로 나왔다. 여러 장관이 사임을 표명했다. 이명박의 지지율은 몇 주 사이에 20퍼센트 아래로 떨어졌다. 이후 그는 그 자신의 표현을 빌자면, 국민의 우려를 외면한 것에 대해 사과했다.[2] 결국에는 수입 금지 조치가 철폐되었지만, 초반에는 공공 건강에 대한 우려를 완화하고자 제한된 규모로 수입을 허용했다.

소고기 시위가 사그라지면서 이명박은 선거 운동에서 내놨던 핵심 공약, 즉 높은 경제 성장률 회복에 집중했다. 한국 경제는 이명박 취임 무렵에 연 4~6퍼센트 성장률을 기록하고 있었다.[3] 이는 선진국 기준으로 높은 수준이었지만, 많은 한국인에게 익숙했던 높은 성장률에는 미치지 못했다. 이명박은 다른 정치인들과는 달리 전직 CEO 출신으로서 경제 발전과 관련해서 높은 기대를 모았다. 그는 〈747〉 경제 정책을 실행에 옮겼다. 이는 자신의 임기 동안에 연 7퍼센트 성장을 달성하고, 1인당 국민 소득을 4만 달러로 끌어올리며, 한국을 세계에서 7번째로 큰 경제 대국으로 만들겠다는 약속이었다.[4]

이명박은 한국의 이전 경제 정책에서 벗어나 다양한 시장 친화적인 정책을 기반으로 공기업 수백 곳을 민영화하기로 약속했다. 그러나 〈MB 노믹스〉(이명박의 경제 정책을 일컫는 표현)는 2007~2008년 한국의 수출 시장이자 투자의 원천이었던 미국과 유럽을 강타한 글로벌 금융 위기의 후폭풍에 직면했다. 이후 이명박은 전통적이면서 잘 알려진 민관 협력 방식의 정책을 추진했다. 그러나 이명박 정부의 부자 감세 정책은 일반 시민을 고려하지 않는 대통령이라는 진보 진영이 비판에 힘을 실어 줬다.[5]

이명박의 재임 기간 동안 일반적으로 경제 성장을 우선시했던 보수적인 한국인들로 구성된 노령층, 그리고 일반적으로 사회 문제 해결을 높은 우선순위로 꼽았던 진보적인 한국인들로 구성된 젊은 층 사이에 깊은 단절이 뚜렷하게 드러났다. 이러한 단절의 골은 2009년 5월에 노무현이 스스로 목숨을 끊으면서 더욱 깊어졌다. 노무현과 그의 가족은 가까운 기업인으로부터 돈을 받았다고 고발당하면서 수사를 받았다. 노무현 지지자들은 수사가 정치적으로 편향된 것이라고 주장했고, 결국 그가 스스로 목숨을 끊으면서 이명박에 대한 노무현 지지자들의 분노는 극에 달했다. 이후 8월에는 김대중이 노환으로 세상을 떠났다. 노무현의 죽음이 얼마 지나지 않아 김대중까지 세상을 뜨면서 진보 진영은 두 명의 뛰어난 지도자를 갑작스럽게 잃어버렸다. 이 또한 이명박 정부에 대한 반감을 높였다.

  이명박의 임기가 끝을 향해 가자, 관심은 차기 대선 후보에게로 쏠렸다. 2012년 9월 문재인은 새롭게 설립된 민주통합당 경선에서 승리했다. 그는 노무현 정부에서 비서실장을 지낸 인물이었으며, 그의 경선 승리는 고인이 된 노무현의 식지 않은 인기를 보여 주는 것이었다. 그러나 문재인은 쉽지 않은 경쟁자를 상대해야 했다. 그는 보수 진영의 (이름을 바꾼) 새누리당이 몇 달 전 대선 후보로 선출한 박근혜였다.[6] 박근혜는 대단히 강력한 한국 정치인으로 인정받았다. 2007년에 그녀는 그 보수주의 정당 경선에서 이명박에게 근소한 차이로 패한 바 있었다. 그러나 이번 경선에서는 큰 차이로 승리를 거뒀다. 그리고 그 여세를 몰아 51퍼센트가 넘는 득표율로 대선에서 문재인을 이겼다. 이는 대선 후보가 한국의 민주주의 회복 이후로 기록했던 가장 높은 득표율로서, 그녀의 인기와 더불어 보수주의에 대한 시들지 않는 지지를 보여 주는 것이었다. 하지만 문재인도 48퍼센트의 지지를 얻었고, 이는 한국이 민주주의를 회복한 이후로 대선 차점자가 기록한 최고 득표율이었다.[7] 이러한 선거 결과는 진보 진영에 대한 여전히 높은 인기와 함께 한국 사회의 중심을 관통하는 분열상을 극명하게 보여 줬다.

한국에서는 지역 간 분열보다 세대 간 분열이 더 큰 영향을 미쳤다. 문재인은 전통적으로 진보가 우세한 전라 지역에서 큰 차이로 승리를 거뒀다. 하지만 한국 정치에서 최대 분열은 세대 간 분열이었다. 박근혜는 50대 이상으로부터 압도적 지지를 받았다. 특히 〈새로운 386〉 세대, 다시 말해 1930년대에 출생해서 선거 당시 80대의 나이로 1960년대에 대학을 다닌 (혹은 그들과 같은 세대에 해당하는) 유권자 집단이 큰 힘을 실어 줬다. 이 집단은 그 선거 기간에 집결했다. 다른 한편으로 40대 이하는 압도적으로 문재인을 지지했지만, 그의 선거 승리를 위한 규모에는 이르지 못했다.[8]

이러한 세대 간 분열이 뚜렷하게 드러나는 가운데 젊은 남성과 여성 사이에 막 시작된 분열은 크게 주목받지 못했다. 당시 점점 더 많은 20대 남성은 문재인 대통령이 상징하는 386 세대가 그들이 겪는 고통에는 관심을 기울이지 않는다고 생각했다. 높은 수준의 교육을 받았지만 이전 세대에 비해 대학 졸업 후 일자리를 얻는 데 어려움을 겪고 있던 젊은 남성들은 독재 시절에 자랐고 더 쉽게 전문적인 경력을 차지한 기성

세대에 대해서는 물론, 그들이 생각하기에 병역의 의무가 없기 때문에 더 수월하게 일자리를 구할 수 있는 여성에 대해서도 불만을 드러내기 시작했다. 당시 젊은 남성들과 대화를 나눠 보면, 그들은 여성이 예전에 그랬던 것처럼 불이익을 받는다고 생각하지 않는다는 사실을 확인할 수 있었다. 이들 젊은 남성 중 가장 극단적인 부류는 〈일베저장소〉로 눈길을 돌렸다. 일베저장소는 2009년에 등장했다가 2010년에 다시 시작된 극우 웹사이트였다. 그들은 여기에 모여 진보주의자들과 여성들을 비난했다.[9] 그리고 전통적인 보수의 가치를 지닌 이러한 젊은 남성들은 박근혜가 선거에서 이기도록 표로 힘을 실어 줬다.

2013년 2월 박근혜는 한국의 첫 번째 여성 대통령이 되었다. 그녀는 한국 역사상 왕족에 가장 가까운 모습을 드러낸 대통령이었다. 진보주의자들은 물론, 보수 진영에서도 일부 반대 세력은 이러한 점에서 박근혜를 비판했다. 그들은 새 대통령이 좀처럼 소통하지 않으며 은밀한 방식으로 아무런 논의 없이 의사 결정을 내린다고 지적했다.[10] 실제로 대중과의 단절과 은밀한 의사 결정 방식은 이후 박근혜가 몰락하게 되는 원인이 되었다.

그래도 박근혜는 취임 후 몇 달 동안 허니문 기간을 누렸다. 그녀는 내부적인 분열로부터 거리를 유지했고, 불평등 해소를 위해 노무현의 정책을 받아들이기도 했다. 대표적으로 박근혜는 지역 간 불균형을 해소하기 위해 36곳에 달하는 정부 및 공공 기관을 이전했다.[11] 박근혜는 이명박과는 달리 성장 그 자체보다 행복과 자기 충족의 개념을 강조했다. 이후 5월에 미국을 방문한 박근혜는 미 의회의 상하원 합동 회의에서 이례적인 연설을 했고 호평을 받았다. 이는 고국에서 새 대통령의 인기를 높이는 데 도움이 되었다. 여름 동안에 그녀의 지지율은 60퍼센트를 넘어섰다.[12] 박근혜는 보수주의자였지만 이명박과 비교할 때 인간의 얼굴을 한 보수주의자였다. 그리고 상대 진영과의 분열을 완화하고자 노력하는 모습을 보였다. 이는 일부 진보주의자조차 인정하는 바였다.

세계로 뻗어 가는 한국

이명박과 박근혜 정부 시절에 한국은 세계적인 유행을 선도했다. 한류는 분명하게도 한국이 세계에서 새롭게 발견한 그들의 위상을 뒷받침한 핵심 근간이었다. 한국의 현대 문화는 2000년대에 걸쳐 아시아 지역으로 퍼져 나갔다. 그리고 그 10년이 저물 무렵에 한류는 남미와 중동으로까지 확산되었다.[13] 젊은이들은 온라인으로 케이팝을 들었고, 몇몇 한국 드라마는 해외에서 즉각적인 선풍을 일으켰다.[14] 예를 들어 고구려 건국자의 삶을 그린 역사 드라마 「주몽」은 이란에서 80퍼센트가 넘는 시청자들이 봤다.[15] 많은 해외 시청자들은 한국 드라마가 사회적 관계와 가족 관계를 묘사하는 방식은 물론, 서구 드라마에 비해 외설적인 장면이 적다는 사실에 호감을 느꼈다.

　다른 한편으로 케이팝 그룹들은 유럽과 남미, 미국으로 투어를 떠났고 한국 정부는 케이팝과 한국 문화를 위한 축제를 전 세계적으로 조직하고 후원했다.[16] 미국의 경우, 처음에는 한국계 미국인들이, 그리고 나중에는 아시아계 미국인 공동체가 한국 문화의 인기를 높이는 데 기여했다. 2012년에 캘리포니아는 처음으로 KCON을 주최했는데, 이는 케이팝 팬들이 그들의 우상과 교류할 수 있는 축제였다. 당시 1만 명이 넘는 팬들이 참석했다. 이듬해에는 2만 명이 모였다. 그다음 해에는 4만 명 이상의 팬들이 축제 현장을 가득 메웠다.[17] 한류는 미국에서 주류 문화는 아니었지만, 소수의 팬을 위한 관심의 수준을 넘어서 세계적인 문화 원동력으로 발돋움했다.

　이러한 상황에서 「강남스타일」이 나왔다. 재미있는 영상 클립과 특이한 안무로 유명한 30대의 싸이는 일반적인 케이팝 스타와는 달랐다. 그는 한국에서 유명했던 반면, 많은 다른 케이팝 스타들과는 달리 아시아 지역에서 인기를 끌지는 못했다. 그러나 2012년 여름에 모든 것이 바뀌었다. 「강남스타일」이 세계적인 유행이 되었다. 30개국 이상에서 음악 차트 정상을 차지하고, 뮤직비디오로는 처음으로 유튜브에서 10억 회 조회 수를 돌파했으며, 그 춤은 UN 사무총장 반기문과 미국 대통령 버락 오바마도 거부하지 못할 만큼 매력적이었다. 한국에서는 물론 아시아와 그 너머까지 수만 명이 무리를 지어 「강남스타일」 춤을 췄다.[18] 싸이는 세계적인 화제를 몰고 왔고, 전 세계적으로 주류의 명성을 얻은 최초의 케이팝 솔로 아티스트가 되었다. 그의 히트송은 이후 그를 따라 세계로 진출했던 다른 한국 아티스트들에게 기회의 문을 활짝 열어 줬다.

또한 한국 정부는 국가의 세계적인 인지도를 높이고자 했다. 이명박은 자신의 외교 정책에 〈글로벌 코리아〉라는 이름을 붙이기까지 했다. 그가 보기에, 한국은 이제 한반도와 동북아시아에 집중했던 협소한 관심의 범위를 넘어설 시점이었다. 한국은 세계 무대로 진출해야 했다. 그리고 그 시기는 좋았다. 한국은 G20의 회원국이었다. G20은 2008년 글로벌 금융 위기로 심화된 세계 경제의 불균형을 해소하기 위한 협의체였는데[19] 한국은 G20에서 주요 경제 정책을 수립하기 위한 발언권을 갖고 있었다. 그러나 이명박은 단지 발언권만으로 만족하지 않았다. 한국은 세계를 이끌어야 했다.

그리고 한국은 그렇게 했다. 2010년 11월 강남에 있는 인상적인 코엑스 컨벤션 센터에서 아시아 국가로서, 그리고 G8 회원국이 아닌 국가로서는 처음으로 G20 정상 회의를 주최했다. 세계 지도자들은 한국의 수도에 모여 세계 경제 상황에 대해 논의하고 유지 가능하고 균형 잡힌 성장을 이끌어가기 위한 방안을 모색했다.[20] 공정하게 말하자면, 한국은 그전까지 이처럼 중요한 회담을 주최한 적이 없었다. 「강남스타일」은 전 세계 수많은 사람이 한강 남쪽의 부자 동네에 관심을 기울이도록 만들었다. 그리고 이제 G20 정상 회의는 세계적으로 중요한 지도자들이 바로 한국에 모이도록 만들었다.

그러나 이명박의 야심은 거기서 멈추지 않았다. 2010년 그는 글로벌 녹색 성장 기구를 설립했다. 이는 2년 뒤 UN 산하 국제 기구가 되었다.[21] 이듬해 7월에는 평창이 세 번의 도전 끝에 동계 올림픽 개최지로 선정되면서 한국인들을 기쁘게 만들었다. 평창은 처음에는 밴쿠버에, 다음에는 소치에 아깝게 패했었다. 그러나 2011년 투표에서는 경쟁자인 독일과 프랑스를 크게 물리치고 주최국으로 선정되었다.[22] 하계 올림픽의 경우와 마찬가지로, 한국은 일본에 이어 아시아로서는 두 번째로 동계 올림픽을 주최하는 나라가 되었다. 그리고 3개월 후인 10월에는 지속 가능한 발전을 위한 UN 사무소가 인천 국제공항에서 그리 멀지 않은 곳에 문을 열었다.[23] 또한 1년 반이 지나기 전인 2012년 3월에 코엑스 센터는 다시 한번 수십 명의 세계 지도자를 불러 모았다. 이번에는 제2차 핵 안보 정상 회담이었다. 이는 오바마의 주도로 시작된 모임이었다.[24]

이러한 문화적, 외교적 성과와 더불어 한국인들은 또 하나의 성취로 그들 나라의 세계적 위상에 자부심을 느끼게 되었다. 2010년 2월 스무 살이 되지 않은 한국인 선수가 동계 올림픽을 주최한 밴쿠버의 아이스 링크로 들어섰다. 한국인들은 그녀의 실력을 익히 잘 알고 있었다. 그녀는 세계 최고의 선수였다. 아이스 스케이트 종목은 한국에서 대단히 인기가 높았다. 그것은 한국의 스피드 및 쇼트 트랙 스케이트 선수들이 이미 세계 정상권에서 활약하고 있었기 때문이기도 했다. 그런데 이번에는 달랐다. 그녀는 피겨 스케이트 선수였다. 지금까지 한국 선수들이 이 종목에서 이렇다 할 성과를 올리지 못했다. 사실 그녀는 어릴 적 공공 아이스 링크에서 연습해야 했는데 당시 한국에는 피겨 스케이트 선수를 위한 제대로 된 훈련 시설이 없었기 때문이었다. 결국 그녀는 훈련을 위해 캐나다까지 넘어가야만 했다.[25]

그녀의 이름은 김연아였다. 그녀가 쇼트 프로그램을 위해 처음으로 밴쿠버 아이스 링크에 모습을 드러냈을 때, 한국은 주목했다. 그녀가 다시 프리 프로그램을 위해 아이스 링크로 돌아왔을 때, 한국은 숨을 멈췄다. 그날 김연아는 세계 기록을 깼다. 그녀는 스피드와 쇼트 트랙이 아닌 종목에서 한국 최초로 동계 올림픽 금메달을 땄다.[26] 그렇게 〈퀸 연아〉는 한국 최고의 유명인이 되었다. 그녀는 지금까지 다른 나라의 무대였던 종목에서 세계 최고의 선수가 되었다. 그리고 글로벌 코리아를 위한 글로벌 아이콘이 되었다.

새로운 〈김〉, 똑같은 북한?

DMZ 위쪽 상황은 크게 달랐다. 그동안 북한은 한국과 뚜렷한 대조를 이루면서 점점 더 고립되고 있었다. 2008년에는 김정일의 건강에 관한 소문이 떠돌았다. 김정일이 한 번, 혹은 그 이상 뇌졸중을 일으켰다는 보도도 있었다. 김정일은 대중 앞에 모습을 드러냈지만 소문은 사그라지지 않았다. 공개 석상에 모습을 드러낸 김정일의 사진 중 일부가 조작된 것이라는 주장도 나왔다.[27] 사진 속 김정일의 모습은 분명하게도 신체적으로 약해 보였다. 건강에 대한 추측은 더 무성해졌다.

　　그러한 소문이 떠도는 가운데 북한은 공격적인 행보를 이어 나갔다. 2009년 5월 오바마가 막 취임하면서 그의 전임자가 시작했던 6자 회담을 계속해서 이어 나갈 것임을 약속했음에도 북한은 두 번째 핵 실험을 강행했다. 게다가 2009년에 걸쳐 북한은 기록적으로 많은 미사일 실험을 했다.[28] 여기에는 중거리 미사일 실험도 포함되었다. 이로써 일본 열도 전체와 그곳에 주둔한 미군은 잠재적인 북한 공격의 사거리 안에 놓이게 되었다.

　　2010년 북한의 가속화된 움직임은 한국과의 관계가 실질적으로 중단되었음을 보여 줬다. 3월에 북한은 서해에서 한국의 천안함을 침몰시켰다. 탑승했던 104명 중 40명이 사망자로 확인되었고 6명은 실종자로 남았다.[29] 이 사건이 한국에 미친 충격을 과장해서 말하기는 힘들다. 모든 한국인 남성은 국방의 의무를 지기 때문에, 한국의 모든 가정은 그들의 남편과 아버지, 아들, 혹은 다른 남성 친척이 군대에 가는 것이 무엇을 의미하는 것인지 잘 알았다. 그 사망자 중 누구라도 그들의 가족이 될 수 있었다. 이후 11월에 북한군은 남북 간 분쟁 중인 서해상 국경 인근에 있는 섬인 연평도를 향해 포격을 가했다. 이 사건으로 두 명의 민간인과 두 명의 군인이 목숨을 잃었다.[30] 당시 북한군은 한국의 민간인 지역을 의도적으로 공격했다. 남북 간 긴장이 수십 년 만에 최고조에 이르렀다. 그러나 이러한 상황은 2011년에 호전될 것으로 보였다.

그해 김정일이 사망했다. 2011년 12월 북한의 유명한 뉴스 아나운서인 리춘희는 김정일이 사망했다는 소식을 전했다. 그리고 며칠 후 그의 아들이 후계자가 될 것임이 분명해졌다. 김정은은 장례 위원회를 이끌며 자신의 아버지를 추모했고, 몇 달 후 공식적으로 북한의 새로운 지도자가 되었다.[31] 그러나 북한은 대단히 불투명한 사회였기에 그 새로운 북한 지도자를 찍은 사진도 없었고 나이조차 공개되지 않았다. 권력을 잡을 당시에 나이가 서른이 채 되지 않았던 것으로 알려지면서 김정은은 세계에서 가장 젊은 정부 수반이 되었다. 또한 김정은이 어린 시절에 스위스에서 다른 이름을 사용해서 공부했다는 사실이 드러났다. 일부 전문가는 그러한 경험 덕분에 김정은이 북한을 다른 방향으로 이끌어 갈 가능성이 있다고 내다봤다. 또한 그 젊은 북한 지도자가 중국과 베트남 방식의 개방적인 경제 및 외교 정책을 추진할 것이라고 기대했다.[32]

그러나 안타깝게도 예상은 어긋났다. 2년간의 공백을 깨고, 김정은은 2012년에 미사일 발사를 재개했다. 그리고 2014년부터 2017년에 이르기까지 매년 기록적인 횟수로 미사일을 발사했다. 또한 2013년 2월에는 새로운 핵 실험을 했고, 2016년과 2017년에 걸쳐 세 차례 더 이어졌다.[33] 그리고 그의 할아버지의 시절 이후로는 찾아볼 수 없었던 잔인한 숙청 작업이 함께 이뤄졌다. 가장 충격적이게도 2013년 12월에 김정은은 자신의 고모부인 장성택을 숙청했다. 이는 북한 TV로 방송된 행사에서 그를 공식적으로 체포한 지 며칠밖에 되지 않은 시점이었다.[34] 그의 처형에 대한 이유는 밝혀지지 않았지만, 장성택이 중국과 너무 가까웠고 경제 개혁에 주목했다는 소문이 떠돌았다. 진실이 무엇이든 간에 장성택의 숙청은 김정은이 철권통치를 이어 나갈 것임을 분명히 보여 줬다.

이러한 상황에서 남북 간 관계는 꽁꽁 얼어붙었다. 이명박과 박근혜는 북한과의 관계를 위한 여지를 남겨 두고는 있었다. 그러나 중요하게도 그들은 북한이 핵무기 프로그램 개발을 중단하는 조건으로 남북 간 협상을 지지했다. 두 대통령은 국제 사회가 북한의 핵 개발 프로그램을 막기 위해 2006년부터 강화해 오고 있던 제재에 동참했다. 박근혜 정부는 여기서 한 걸음 더 나아갔다. 2016년 3월 국회는 여당인 새누리당의 주도하에 「북한 인권법」을 통과시켰다.[35] 박근혜와 그의 당의 시선으로 볼 때, 한국은 북한 정부의 인권 유린에 맞서야만 했다.

21세기가 시작될 무렵 시작되었던 남북 간 협력의 상징 또한 난관에 봉착했다. 2008년 7월에 한 관광객이 총에 맞아 숨지는 사건이 벌어지면서 한국 관광객의 금강산 여행이 중단되었고, 이후로 재개되지 못했다. 또한 남북 간 가족 상봉 행사는 아주 드문 일이 되었다. 2009년과 2010년, 2014년, 2015년에 네 차례의 만남이 있었다. 이들 모두 가슴 시린 행사였지만, 오래전 가족을 잃어버린 수만 명의 노령의 한국인이 떨어져 있던 사랑하는 이를 만나기에 그 규모가 턱없이 작았다. 그리고 2016년 초에는 개성 산업 공단이 문을 닫았다. 북한의 로켓 발사가 박근혜 정부가 그러한 결정을 내리도록 하는 중요한 요인으로 작용했다. 북한은 그것이 위성 발사라고 주장했다.[36] 하지만 사실 그것이 중요한 문제는 아니었다. 남북 간 교류는 이명박과 박근혜 시절에 거의 종적을 감췄다. 보수 진영 정치인들이 보기에, 같은 핏줄이라는 사실은 북한과의 협력을 이어 나갈 충분한 명분이 되지 못했다. 한국인 대부분에게 북한은 자극적인 존재이거나 별 관심이 없는 대상이었다. 물론 대부분은 통일에 찬성했다. 그러나 점점 더 많은 인구가 북한의 행동과 통일에 따른 비용의 차원에서 다르게 생각했다.[37] 이러한 점에서 이명박과 박근혜 정부의 대북 정책은 대중의 생각과 그리 동떨어진 것만은 아니었다.

대기업과 중소기업, 그리고 혁신 경제

이명박이 대통령 자리에 올랐던 2008년 2월, 중국은 7년간 세계 무역 기구의 회원국으로 있었으며 그 나라의 기업들은 부가 가치가 높은 경제로 이동하기 시작했다. 한국이 경제 성장을 강화하기 위해 값싼 제품의 수출에 의존했던 시대는 이제 끝났다. 그런데 만약 중국이 반도체와 스마트폰, 현대적인 자동차, 혹은 첨단 기술의 선박까지 한국보다 더 싸게 만들 수 있다면? 그리고 팝 음악 시장이 성장하고 있는 중국이나 태국과 같은 국가들이 한류를 따라 한다면?

이에 대해 이명박은 한국 경제는 오로지 혁신을 통해서만 성공할 수 있다고 확신했다. 그리고 혁신을 통해서만 한국 기업이 중국을 제치고 일본과 경쟁할 수 있다고 믿었다. 한국은 저비용의 중국과 고기술의 일본 사이의 끼어 다시 한번 새우

신세가 되어서는 안 되었다. 대신에 한국은 혁신의 주축이 되어야 했다. 물론 그것은 특별한 생각은 아니었다. 한국의 정책 결정자와 기업가들은 이미 그들 국가의 경제를 혁신적으로 만드는 방안을 모색하고 있었다.[38] 이러한 생각은 이명박이 취임하면서 결실을 맺기 시작했다. 실제로 2009년에 국제 혁신 지수International Innovation Index는 한국을 세계에서 가장 혁신적인 대규모 경제로 꼽았으며, 전체 분야에서 싱가포르에 이어 두 번째 국가로 선정했다.[39] 당시 한국을 돌아다니다 보면 꿈이 큰 기업가들을 만나 이야기를 나눌 수 있었다.

이명박은 취임하는 순간부터 저탄소 녹색 성장을 혁신적인 경제 성장 정책의 핵심으로 삼았다.[40] 그는 한국이 수출을 강화하기 위해 녹색 성장 기술을 활용해야 할 뿐만 아니라, 탄소 경제에서 벗어남으로써 국가의 환경을 깨끗하게 만들 수 있다고 믿었다. 특히 당시 중국발 미세 먼지가 한국 내 배출 가스와 결합해서 대기의 질을 악화시키고 있었기 때문에, 탄소 경제와의 결별은 서울과 이를 둘러싼 지역에서 정치적인 화두가 되었다.[41] 혁신이야말로 성장을 가속화하고 한국 국민의 삶의 질을 개선해 줄 원동력이었다.

그렇다면 한국은 어떻게 세계 수준의 혁신 국가로 도약할 수 있을까? 그 열쇠는 교육에 있었다. 2000년을 시작으로 OECD는 국제 학업 성취도 평가Programme for International Student,

PISA를 통해 수학과 과학, 독해 영역에서 고등학생들의 성적을 평가해 오고 있었다. PISA는 수십 개국 학생들에게 과제를 내주고 그들의 지식을 창조적으로 활용함으로써 문제를 풀도록 했다. 모든 PISA 시험에서 한국 학생들은 최고, 혹은 최고에 근접한 성적을 기록했다.[42] 그들은 지식이 풍부하고 창조적이었다. 그러나 그들은 또한 오랜 시간 공부했다. 바로 여기에 해결이 쉽지 않은 딜레마가 있었다. 한국의 혁신은 오랜 공부 시간에서 비롯되었기 때문이다. 게다가 무시무시한 수능이 있었다. 이는 고등학교를 졸업하는 학생들 대부분이 치러야 하는 9시간에 걸친 대학 입학시험이었다. 시험 당일에는 방해가 되지 않도록 교통과 항공이 통제되었다. 이 시험은 많은 한국인의 미래를 결정했다. 그 딜레마는 여전히 해결되지 않은 채 남아 있다.

그럼에도 교육 시스템은 한국인들이 사회에 이익이 되는 방향으로 기능한다고 신뢰하는 제도였다.[43] 그리고 한국인들은 다른 국가와 비교해서 교육 불평등에 대해서는 상대적으로 깊이 우려하지 않았다.[44] 실제로 PISA 연구 결과는 한국 학생들이 사회적, 경제적 지위와 무관하게 좋은 성적을 기록했다는 사실을 보여 줬다.[45] 간단하게 말해서, 한국 학생들은 집안의 경제력을 떠나서 좋은 성적을 보여 줬다. 이러한 사실은 한국의 혁신을 뒷받침했다.

　　높은 수준의 교육을 받은 한국의 인재들은 재벌 기업과 중소기업, 혹은 신제품을 개발하는 연구소에 들어갔다. 그렇다면 정부는 어떠했는가? 이명박 정부는 EU와 양자 간 무역 협정을 협상하고 논란이 된 KORUS를 재협상함으로써 전임자의 무역 정책에서 한 걸음 더 나아갔다. EU와의 무역 협정은 2011년 7월에 발효되었고, 미국과의 협정은 2012년 3월에 뒤를 이었다.[46] 그 두 합의 덕분에 한국 기업들은 동아시아 지역의 경쟁자들에 비해 세계 최대의 두 경제권에 더 쉽게 접근할 수 있게 되었다. 정부와 민간 부문은 공생 관계를 이어 나갔다. 한국 경제의 특성은 달라졌지만 에너지는 그대로 남았다.

　　박근혜 또한 한국이 경쟁 우위를 유지하기 위해서는 혁신이 필요하다고 믿었다. 그러나 이명박과는 달리 스타트업과 중소기업을 혁신의 중심에 놓았다. 박근혜는 취임 후 몇 주 만에 발표한 창조 경제 실천 계획을 바탕으로 한국의 비즈니스 생태계를 개발하기 위해 전국 도시 기반을 구축하고자 했다.[47] 이를 위해 그녀는 김대중과 노무현 시절의 정책을 다시 꺼내 들었다. 두 대통령은 기업가 정신과 스타트업을 지원했다. 이명박은 이러한 정책을 전적으로 포기한 것은 아니었지만 그래도 그의 정책은 재벌에 강력하게 의존했다.[48] 그렇다고 박근혜가 한국의 대기업들을 위축시킨 것은 아니었다. 사실 한국의 어떤 대통령도 그렇게 하지는 않았다. 그러나 박근혜는 스타트업과 중소기업이 경제 성장과 일자리 창조에 더 많이 기여하기를 원했다.

창조 경제 실천 계획은 기업가를 지원하는 다양한 사업으로 이어졌다. 정부는 전국 18개 지역에 창조 경제 혁신 센터를 설치했고, 9개 지방에 적어도 한 곳 이상을 유치했다. 그리고 모두 재벌과 협력 관계를 맺었다. 이들 센터를 방문하면, 기업가와 정부 관료, 전문가, 그리고 한국 소비자가 원하는 차세대 제품과 서비스를 연구하는 재벌 기업의 대표를 만나 볼 수 있었다. 또한 한국 정부는 국내 기업가를 지원하고 해외 기업가를 끌어들이기 위한 기금을 마련했고, 중소기업의 세계화를 후원하기 위해 〈본투글로벌Born2Global〉을 비롯하여 다양한 사업을 추진했다. 2013년에는 KONEX를 열었다. 이는 특히 세계 최초로 스타트업에 집중한 주식 거래소 중 한 곳이었다. 박근혜 정부는 또한 해외 벤처 캐피털 기업 및 다양한 투자 원천을 끌어들이고자 했다. 그리고 대통령 스스로 TV에 출연하거나 전국을 돌아다니며 기업가 정신을 홍보했다. 박근혜는 젊은 한국인들이 그들의 부모와 조부모에게 재벌 기업에 들어가기보다 스스로 창업하길 원한다고 더 쉽게 말할 수 있는 분위기를 조성했다. 또한 외국인들도 여기에 동참했다. 실리콘 밸리와 이스라엘과 같은 핵심적인 혁신 지역을 포함하여 해외의 다양한 지역으로부터 자본과 기업가들이 한국으로 흘러들어

오기 시작했다. 한국의 이민 역사와는 반대로, 그들 중 많은 이들은 한국계 미국인, 혹은 해외에 거주하고 있지만 국내에서 자신의 운을 시험해 보고 싶었던 한국인들이었다.[49]

그 밖에도 구글이 아시아로는 처음으로 한국에 캠퍼스를 열었다.[50] 그것도 서울 강남에. 싸이 열풍의 무대가 되었던 강남은 이제 대전을 제외하고 한국에서 가장 혁신적인 스타트업 중심지가 되었다. 강남 전역에 걸쳐 스타트업과 육성 기관, 벤처 캐피털 기업을 비롯하여 기업가적 생태계의 필수적인 모든 요소를 쉽게 찾아볼 수 있게 되었다. 서울은 새로운 실리콘 밸리가 되기를 원하지는 않았다. 세계의 어느 도시도 혁신의 중심지인 캘리포니아를 따라잡기는 어려웠다. 그럼에도 서울은 박근혜 시절에 아시아의 혁신 중심지 중 하나가 되었다. 그곳에 들어선 혁신적인 기업들은 종종 전 세계 스타트업이 열광하는 사내 바리스타와 바비큐 시설까지 갖추고 있었다.

한국은 그 기간에 걸쳐 개방적인 혁신 시스템을 구축해 나갔다. 전통적으로 정부 연구소와 대학들은 재벌 기업과 손을 잡고 연구를 추진해 왔다. 반면 재벌들은 종종 중소기업의 혁신적인 아이디어와 제품을 훔친다는 비난을 받았다. 그러나 이제 상황이 바뀌었다. 재벌들은 창조 경제 혁신 센터를 기반으로 스타트업과 중소기업을 지원할 뿐 아니라, 삼성과 현대를 비롯한 여러 대기업은 규모의 경제를 통해 이익을 얻을 수

있는 혁신적인 중소기업들을 사들였다.[51] 게다가 한국은 세계
적으로 혁신적인 국가 중에서 가장 많은 수의 연구원들을 산
업에서 학계로 이동시켰을 뿐 아니라, 대단히 높은 비중이 그
반대 방향으로 이동했다.[52] 민간 영역과 공공 영역은 공생 관
계를 바탕으로 한국의 개방적인 혁신을 뒷받침했다. 매년 블
룸버그 혁신 지수Bloomberg Innovation Index는 한국을 세계에서
가장 혁신적인 국가 중 하나로 꼽았다.[53] 한국 주식회사는 진
화했고 21세기에 다른 경제 강국들과 맞설 준비가 되었다.

두 번의 재앙과 한 번의 혁명

서울 도심의 어느 추운 토요일 저녁이었다. 한국 전역이 꽁꽁
얼어붙었다. 그러나 그 추위도 2백만 명이 넘는 사람이 한 번
더 거리로 나서지 못하도록 막지는 못했다. 그날 사람들은 전
국을 휩쓴 저항 운동의 상징이 된 촛불을 손에 들고 있었다. 때
는 2016년 12월 3일 저녁.[54] 한국인들은 6주 연속으로 토요일
에 거리로 쏟아져 나와 궁지에 몰린 박근혜 정부에 대한 규탄
시위를 벌였다. 사실 그 움직임은 지난 7월 뜨거운 열기 속에
서 시작된 시위에서 비롯되었다. 당시 이화여자대학교 학생들
수천 명이 고등 교육을 받지 않은 한 사람을 대상으로 건강과
미용 및 패션과 관련해서 학위를 주고자 했던 평생 교육 단과
대학 신설에 반대하여 캠퍼스에서 시위를 벌였다. 대학 측은

그 계획을 즉각 철회했지만, 시위대는 이화여자대학교가 최순실의 딸에게 제공한 부정 입학 사실과 특혜 비리를 밝혀내고자 했다. 나중에 드러났듯이 최순실은 박근혜에게 자문을 제공하고 있었다. 그리고 어떠한 공식적인 지위도 맡고 있지 않음에도 정부 비밀 문서에 접근할 수 있었다. 10월 25일 늦은 오후, 박근혜는 결국 최순실이 자신의 대통령직을 보좌했다는 사실을 시인했다. 소셜 미디어에는 즉각 〈탄핵〉과 〈사임〉이라는 용어가 흘러넘치기 시작했다. 그리고 10월 29일에 약 2만 명이 참가한 첫 시위가 일어났다. 박근혜의 지지율은 17퍼센트로 떨어졌다. 12월 3일에는 5퍼센트로 추락했다. 6일이 지난 12월 9일, 국회는 박근혜 탄핵을 위한 표결에 들어갔다.[55] 불과 6주 만에 소셜 미디어 속 이야기가 현실로 나타났다. 결국 국민이 승리를 거뒀다. 한국은 다시 한번 그들 국가의 정치에 영향을 미치면서 지도자에게 책임을 물었다. 촛불 혁명이 일어난 것이다. 이는 한국인들이 자부심을 느끼는 또 하나의 원천이 되었다.

촛불 혁명은 최순실 스캔들과 직접적인 연관이 있었다. 이는 또한 대통령으로서 박근혜의 행동에 대한 전반적인 의혹으로부터 시작되었다. 많은 한국인은 박근혜가 자신의 아버지의 독재 시절을 떠올리게 하는 방식으로 행동한다고 느꼈다. 검찰은 2012년 선거 직후, 대선에서 표심을 흔들기 위해 박근혜의 경쟁자인 문재인에 대한 비방 운동을 한 혐의로 국정원을 수사했다.[56] 진보 진영의 많은 이는 이를 그들이 다시 권력을 잡지 못하도록 막고자 한 〈모종의 세력〉이 있다는 증거로 이해했다. 박근혜가 그 사실을 알고 있었는지는 분명하지 않지만, 이명박 임기 동안 그런 일이 발생했다는 사실은 그 보수 정당과 국정원 사이의 공모에 대한 의심을 불러일으켰다. 나아가 박근혜 정부는 이 문제를 비판하는 자들이 입을 틀어막았다. 또한 2016년 말에 한국의 언론과 더불어 조사를 진행했던 이들은 좌편향 예술가와 기자 및 정부의 블랙리스트에 오른 공직 인사 1만 명의 목록이 존재한다는 사실을 밝혀냈다.[57] 그러나 박근혜는 언론과 여론의 조사에 굴복할 의사가 없었다. 박근혜 대통령은 너무 멀리 있었고 행정부는 너무 무능해 보였다. 이러한 분위기는 1년 전 한국을 강타했던 두 번의 재앙에 대해 박근혜와 그의 행정부가 보인 반응의 결과였다.

첫 번째 재앙은 정확하게 비극으로 정의할 수 있는 사건이었다. 그리고 그 비극은 전국에 걸쳐 TV로 생중계되었다. 2014년 4월 16일 아침, 인천을 떠나 제주로 향하던 세월호가 갑작스럽게 방향을 틀었고 몇 분 후 선체가 기울어지면서 가라앉기 시작했다. 그리고 구조 신호를 보냈다. 이후 이틀간 이어진 필사적인 수색 작업에서 어선과 상업용 선박, 그리고 해양 구조선이 172명의 승객을 구했다. 하지만 300명 넘는 사람이 사망했고, 여기에는 승무원과 대부분 10대인 단원고 학생들, 구조 다이버와 구급 대원이 포함되었다.[58] 이는 1970년 이후로 한국 해상에서 벌어진 최대의 비극이었다.

허술한 단속과 과적, 그리고 승무원들의 행동은 세월호 재앙의 직접적인 원인이었다. 세월호는 규제를 준수했는지 확인하기 위한 필수 점검도 받지 않은 것으로 드러났다. 또한 사고 당일에 그 선박은 제한의 세 배가 넘는 화물을 싣고 있었다. 배에 물이 들어차면서 선장과 일부 승무원이 배를 버리고 달아나는 동안에도 승객들에게는 가만히 있으라고 안내 방송을 했다.[59] 한국인들은 분노했다. 승객과 아이들은 그들의 가족일 수도 있었다. 정부는 그들을 살리지 못했다.

당시 대통령이었던 박근혜 역시 그들을 살리지 못했다. 박근혜가 재난 통제 센터에 모습을 드러낸 것은 사고 시점으로부터 7시간이 지난 뒤였다. 세월호가 가라앉고 있던 그날 오전에 그녀가 어디서 시간을 보내고 있었던지 정확하게는 밝혀지지 않았지만 당시 침실에 있었던 것으로 드러났다. 또한 박근혜는 세월호가 가라앉고 4시간이 흘러 최순실을 청와대로 불러 만났다. 심지어 재난 통제 센터로 출발하기 전에 마지막으로 미용사에게서 머리 손질까지 받았다. 박근혜의 근황에 대한 전체적인 진실은 그녀가 탄핵 심판을 받는 동안에도 밝혀지지 않았다.[60] 그러나 한국인들은 비극이 일어나는 동안에도 그녀가 공식적인 자리에 모습을 드러내지 않았다는 사실에 분노했다. 그리고 박근혜가 미용사를 만났다는 사실이 드러나면서 분노는 더 거세졌다. 더군다나 박근혜는 슬픔에 잠긴 희생자의 부모와 가족에게 애도의 감정을 거의 보이지 않았다.

두 번째 재앙은 그로부터 1년이 흐른 시점에 시작되었다. 2015년 5월 20일 중동에서 막 귀국한 한 남자가 메르스 진단을 받았다. 메르스 바이러스는 3년 전인 2012년 4월에 사우디아라비아에서 처음으로 확인되었다. 당시 그 바이러스는 통제가 되었다. 그러나 한국에서 발견된 첫 감염 사례는 전국적인 확산으로 이어졌다. 5월과 7월 사이에 총 186건이 확인되었고 38명의 사망자가 발생했다.[61] 돌이켜 보건대 5년 뒤 벌어진 코로나 사태가 세계적으로 촉발했던 고통과 죽음에 비하면 피해 규모는 크지 않았다. 그럼에도 한국이 두 번째로 높은 사망자 수를 기록하면서 메르스는 재앙이 되었다.

이번에도 정부가 문제로 지적되었다. 보건 복지부는 초기에 의료 시설 간 메르스 환자 이송과 같은 중요한 세부 사항을 포함하여 관련 정보를 공개하지 않았다. 이러한 사실이 드러나면서 한국인들은 의료 센터 방문을 두려워하게 되었다. 게다가 메르스 환자들은 처음에 자유롭게 이동했다. 격리 시스템은 마련되지 않았다. 누가 바이러스에 감염된 사람과 접촉을 했는지 파악하기 위한 추적 시스템도 없었다.[62] 다시 한번 한국의 허술한 규제 기준이 피할 수 있는 사망 사건으로 이어졌다. 그리고 국민이 진실을 요구했을 때, 박근혜는 모습을 드러내지 않았다. 이로써 대통령과 정부 전반에 대한 한국인들의 불신은 더욱 깊어졌다.

2016년 7월에 좀비 영화가 나오면서 대중의 인기를 끌었다. 「부산행」은 한국에서 벌어진 좀비 재난의 이야기를 다뤘다. 허술한 규제가 화학 물질의 유출 사고로 이어졌고, 이로 인해 발생한 좀비가 서울에서 부산에 이르기까지 전국으로 확산되었다. 그러나 정부는 정보를 공개하지 않았다. 또 위기에 제대로 대처하지 못했다. 이는 세월호와 메르스 재앙과 유사한 대목이었다.[63] 한국인의 호응을 얻은 「부산행」은 1천1백만 명이 넘는 관객을 끌어모으면서 2016년 최고 흥행작으로 떠올랐다.[64] 물론 좀비는 현실이 아니었다. 그러나 많은 한국인에게 박근혜 정부의 실패는 현실이었다.

이러한 상황에서 촛불 혁명이 전국을 뒤덮었다. 2017년 3월 헌법 재판소는 재판관 8명의 만장일치로 박근혜의 탄핵을 확정했다.[65] 시위는 탄핵 절차가 끝날 때까지 이어졌고, 1990년대 초 이후로 여러 차례 모습을 드러냈던 것과 다르지 않은 시민 민족주의를 표출했다. 그 몇 달 동안에는 진보–보수의 분열도 드러나지 않았다. 무엇보다 박근혜의 새누리당 의원 중 많은 이들이 탄핵에 찬성표를 던지면서 그 당은 둘로 쪼개졌다. 박근혜 지지자로 이뤄진 반대 집회도 열렸지만 그 규모는 촛불 시위에 비하면 일부에 불과했다.[66] 탄핵 당시 박근혜의 지지율이 이 모든 이야기를 입증한다.

진보가 다시 권력을 잡다

문재인은 5월에 한국의 새 대통령이 되었다. 그는 두 번째로 출마했고 박근혜의 탄핵 확정에 이은 대선에서 승리를 거뒀다. 문재인은 41퍼센트가 넘는 득표율을 기록하면서 24퍼센트를 얻은 보수 진영 경쟁자인 홍준표와 21퍼센트를 살짝 넘긴 중도 진영의 안철수를 쉽게 물리쳤다.[67] 문재인은 경상 일부 지역을 제외하고 전국에 걸쳐 최다 득표를 차지했다. 그럼에도 중도 후보자로 정치에 입문하기 전에 안랩을 설립했던 안철수가 이룬 정치적인 성과는 많은 한국인이 진보–보수의 분열을 우려한다는 사실을 보여 줬다.

문재인의 승리는 한국 정치에서 진보 진영의 힘을 확인시켰다. 1980년대에 노동법 관련 사건에 주목했던 인권 변호사이자 1988년 한국의 독보적인 진보주의 신문인 『한겨레』의 창간 위원, 그리고 노무현 행정부에서 그를 보좌했던 문재인은 386 세대를 대변하는 인물이었다.[68] 2016년 4월 총선에서 민주당이 새누리당을 압도한 후 1년 만에 그는 대선에서 승리했다. 진보 진영 인사들은 2014년에 주요 진보 정당으로 설립된

민주당을 발판으로 2004년 이후 처음으로 다시 국회를 장악
했다. 또한 민주당은 2018년 지방 선거에서도 도지사 7석과
시장 7석을 차지하고 새누리당이 이름을 바꾼 자유한국당에
2석만을 내주면서 승리를 거뒀다.[69] 진보 진영이 승리가 이어
졌다.

　　새 대통령은 적폐 청산을 공약으로 제시했다. 문재인과
민주당이 보기에, 박근혜 시절의 스캔들은 일회적인 것이 아
니라 정부와 재벌 간의 부적절한 관계, 보수 세력의 허위 정보
유포 활동, 그리고 시민 자유의 후퇴가 빚어낸 결과였다.[70] 실
제로 2017년 8월 국정원은 이명박과 박근혜 정부 시절에 친정
부 및 반야당 허위 정보 활동을 해왔다고 시인했다.[71]

　　다른 한편으로 한국의 검찰과 법원은 과거의 잘못을 바로
잡느라 분주했다. 2017년 8월 삼성 후계자 이재용이 최순실에
게 뇌물을 제공한 혐의로 5년 형을 선고받았다.[72] 그리고 같은
해 전 국정원 원장 원세훈이 문재인과 민주당에 대해 조직적
인 비방 운동을 지시한 것으로 4년 형을 받았다.[73] 2018년 3월
에는 이명박이 뇌물 수수와 횡령 및 권력 남용 혐의로 수감되
었다.[74] 그리고 한 달 후 박근혜는 권력 남용 및 최순실 스캔들
과 관련된 부패 혐의로 24년 형을 선고받았다.[75] (2021년 12월
문재인 대통령은 건강상의 이유와 〈국가 통합〉의 명목으로 박
근혜를 사면했다.)[76] 10월에 이명박은 자신에게 부과된 혐의

로 15년 형을 선고받았다.[77] 그 외 이러한 스캔들에 연루된 여러 기업가와 전직 관료들 또한 징역형을 받았다.

다른 한편으로 문재인 정부는 불평등을 완화하기 위한 정책들을 내놨다. 세계적인 기준으로 볼 때, 한국의 소득 불평등은 비교적 낮은 수준이었다. 이명박과 박근혜 정부는 소득 불평등의 영향을 줄이기 위해 복지 정책을 확대했다.[78] 그러나 한국인들은 이러한 유형의 불평등에 대해 세계적으로 가장 높은 우려를 드러낸 국민 중 하나였다.[79] 그리고 한국의 사회적 유동성은 대단히 높은 수준이었음에도[80] 한국인들은 그러한 유동성의 결핍에 대해서 깊은 우려를 나타냈다.

이에 대해 문재인이 내놓은 대표적인 처방은 2018년에 최저 임금을 16퍼센트 이상, 그리고 2019년에 11퍼센트 가까이 높이는 방안이었다.[81] 한국의 최저 임금은 평균 임금과 비교해서 선진국 중 아주 높은 수준이었지만, 최저 임금 인상은 두 임금 간의 격차를 더욱 좁혔다.[82] 나아가 문재인 정부는 주당 최장 노동 시간을 68시간에서 52시간으로 줄였다. 당시 한국인의 노동 시간은 OECD 국가 중 대단히 긴 편에 속했고, 이러한 정책으로 노동 시간은 다른 선진국 수준에 더 가까워졌다.[83] 당연하게도 많은 한국인은 더 적은 시간을 일하고 소득을 취미 활동에 쓸 수 있게 된 것에 크게 만족했다. 다른 한편으로 문재인 정부는 고용을 늘리기 위해 공공 분야의 일자리를 확충했다. 당시 한국의 전체 일자리 중 정부 고용이 차지하는 비중은 OECD 국가 전체에서 두 번째로 낮았다.[84] 이러한 방안들로 인해 소득 불평등이 실질적으로 줄어들었고[85] 근로자들은 더 많은 여가를 누리게 되었다. 그리고 젊은 층 실업률을 포함해서 한국 전체 실업률이 서서히 떨어졌다.[86] 그러나 계약직과 파트타임 고용의 비중이 증가했다.[87]

　　다른 분야에서 문재인의 정책은 사실상 그의 보수주의 전임자들과 크게 다르지는 않았다. 약속했던 재벌 개혁은 이뤄지지 못했다. 문재인 대통령은 세계 최초로 중소 벤처 기업부를 신설했다. 그러나 성장 주도형 혁신을 강화하기 위한 그의 정책은 박근혜 시절의 정책을 그대로 이어받으면서 재벌과 함께했다.[88] 또한 새 정부가 추진했던 녹색 성장 정책은 이명박 정부와 비슷했다.[89] 전반적으로 수십 년 동안 한국의 경제 정책을 지배했던 기조는 9년간의 보수 통치에서 진보주의 정부로 넘어오면서도 크게 바뀌지 않았다.

　　문재인이 주도한 최대의 변화는 대북 정책에 있었다. 문재인 대통령은 2018년 2월에 평창 동계 올림픽을 기회로 삼아 김정은에게 화해의 메시지를 전했다.[90] 그리고 김정은은 이에 화답했다. 그 올림픽 개회식에서 남북은 「아리랑」 선율에 맞춰 하나의 깃발 아래 행진했다. 다른 한편으로, 김정은의 여동생인 김여정이 특별 사절단을 이끌고 (명목적으로는 최고 인민 회의 상임 위원회 위원장인 김영남이 대표였지만) 동계 올림픽 기간에 한국을 방문했다. 김여정은 김정은의 가족 중에서는 처음으로 한국 땅을 밟았다.[91]

이후 외교적 회오리바람이 몰아쳤다. 2018년 4월 문재인과 김정은은 거의 11년 만에 처음으로 남북 정상 회담을 열었다. 문재인과 김정은은 DMZ에 걸쳐 남북을 가로지르는 경계선을 숨 가쁘게 건넜다. 그러한 역사적 순간을 목격하는 것은 기쁨이었다. 두 사람은 다음 달 불과 24시간 전에 예정된 정상 회담에서 다시 만났다. 6월에는 김정은이 싱가포르에서 미 대통령 도널드 트럼프를 만났다. 이는 현직 미국 대통령이 북한의 수장을 만난 최초의 사건이었다. 이후 9월에는 또 한 번의 남북 정상 회담이 열렸다. 이번에 장소는 평양이었고, 문재인은 능라도 5월1일 경기장에 들어선 12만 명의 북한 사람들 앞에서 연설했다. 하지만 이후 남북 관계는 한 차례 더 악화되었다. 2019년 2월 김정은과 트럼프는 하노이에서 다시 한번 만났지만 어떤 합의안도 내놓지 못했다. 이후 일본을 방문 중이던 트럼프의 특유의 트윗 메시지에 이어 문재인과 김정은, 그리고 트럼프는 2019년 6월에 DMZ에서 한 차례 만남을 가졌다. 이로써 트럼프는 현직 미국 대통령으로서 처음으로 북한에 발을 디뎠다. 그러나 성과는 없었다.[92] 2020년에 남북 간, 그리고 미북 간 화해 흐름은 중단되었다. 문재인의 대표적인 외교 정책은 수포로 돌아갔다.

그러나 이와는 뚜렷한 대조를 이루며 문재인의 국내 정책들은 2020년 4월에 새로운 활기를 띠기 시작했다. 민주당과 그 위성 정당은 300석에서 180석을 차지하면서 총선에서 압도적인 승리를 거뒀다. 이는 한국이 민주주의로 넘어온 이후로 어떤 정당도 차지하지 못한 최대 규모의 의석이었다. 여기에는 28년 만에 기록한 최고 총선 투표율이 크게 작용했다. 유권자들은 1월 말 한국을 강타했던 코로나 사태에 대한 문재인 정부의 발 빠른 대응, 그리고 상대적으로 스캔들이 적은 정부의 행보에 보답했다.[93] 이로써 진보 진영은 네 번 연속으로 선거에서 승리를 거뒀다. 이는 한국이 민주주의를 회복한 이후로 어느 정당도 거두지 못한 이례적인 성과였다. 386 세대와 X 세대의 지지를 등에 업은[94] 민주당은 국회에서 야당의 동의를 구하지 않고서도 법안을 신속하게 통과시키기에 필요한 5분의 3 과반을 차지했다. 진보 세력은 한국을 바꾸기 위한, 그리고 한 세대에 한 번 있을 법한 기회를 잡았다. 당시 진보주의자들과 이야기를 나눠 보면, 그들은 역사가 그들에게 손짓하고 있다는 생각을 알 수 있었다.

문재인과 민주당은 그들에게 주어진 기회에 진지한 태도로 임했다. 2020년 하반기에 걸쳐 문재인 정부는 한국 사회의 특성을 본질적으로 바꿔 놓을 수백 개의 법안을 내놨다. 그리고 민주당은 12월 첫째 주에만 130개의 법안을 통과시켰다. 진보 진영의 입법 공세는 노동권 강화에서 부패 단속, 재벌 경쟁력 강화, 그리고 불평등 해소에 이르기까지 다양한 범위를 아울렀다.[95] 실제로 부패는 10년 동안 크게 줄어들어 다른 OECD 국가의 수준에 이르렀다.[96] 그러나 고위 인사가 연루된 사건들은 부패 문제를 해결하기 위해 추가적인 방안이 필요하다는 사실을 말해 줬다. 다른 한편으로 문재인 정부는 행정 수도를 서울에서 세종시로 옮기기 위한 계획에 다시 박차를 가했다. 지역 불균형과 관련해서 한국은 세계에서 가장 심각한 수준에 속했다.[97] 2019년에 서울과 수도권에 거주하는 인구가 처음으로 한국 전체 인구의 절반을 넘어서면서 이러한 우려는 설득력이 없었다.[98] 실제로 차를 몰고 서울을 벗어나다 보면 어디서 서울이 끝나고 위성 도시가 시작되는지 놓치기 쉬웠다. 문재인은 수도 이전을 통해 지역 불균형을 해소할 수 있기를 바랐다.

　게다가 또 다른 진보 정당인 정의당은 7월에 차별 금지법을 발의했다. 이번 법안 발의는 2007년 이후로 성별과 장애, 나이, 성적 취향, 출신 등 여러 다양한 이유로 차별하는 행위를 금지하는 법을 통과시키기 위한 진보 진영의 일곱 번째 시도였다. 이전 시도는 모두 실패로 돌아갔다. 주된 이유는 동성애를 죄악시하는 기독교 단체들의 반대 때문이었다.[99] 나아가 문재인 정부는 한국의 공기 질을 개선하고 기후 변화를 막기 위해 2050년까지 탄소 중립을 이룩할 것임을 약속했다.[100] 그리고 2021년에는 진보주의 경기도지사 이재명이 코로나 여파로 많은 이들이 겪고 있는 소득 감소 문제를 해결하는 방안으로 보편적 기본 소득을 제시하면서 이에 대한 논의가 본격적으로 이뤄졌다.[101] 변화하는 사회의 특성을 반영하는 진보적인 움직임이 한국을 바꾸고 있었다.

시민 민주주의와 진보주의 가치, 그리고 사회 변화

한국의 정체성이 진화하고 민족의 중요성이 쇠퇴하면서 (완전히 사라지지는 않았지만) 한국은 더욱 자유로운 사회로 진입하고 있었다. 시민 민족주의는 계속해서 힘을 얻어 갔다. 거의 두 배나 더 많은 한국인이 그들 자신의 정체성과 관련해서 민족보다 시민권이 더 중요하다고 생각했다.[102] 한국인 대부분에게 한국의 혈통을 물려받거나 한국에서 태어나는 것, 다시 말해 민족보다 한국 가족의 일원이 되는 시민 민족주의가 더 중요해졌다.[103] 한국인들은 국가에 대한 그들의 기여에 자부심을 느꼈다. 그러나 동시에 개인주의가 점차 확산하면서 더 많은 한국인은 사회에서 그들의 역할에 대한 유교 기반의 전통적인 기대를 거부했다. 이러한 흐름은 새로운 개방적인 사고방식, 그리고 사회 내부의 차이에 대한 수용적인 태도로 이어졌다. 무엇보다 한국인 90퍼센트 이상이 차별 금지법에 찬성했다.[104] 정치인들이 머뭇거렸던 반면, 국민 대부분은 확신했다. 그들은 모두 성별과 성적 취향, 지역 등 다양한 요소와 무관하게 평등한 존재였다. 2012년에 설립된 정의당은 소수의 권리를 주요 안건으로 제시함으로써 국민에게 처음으로 그들의 존재감을 보여 줬다.

　이러한 상황에서 페미니즘 운동이 더 힘을 얻었다. 한국 여성들은 차별, 특히 직장 내 차별로 인해 여전히 어려움을 겪고 있었다. 다른 선진국과 비교할 때, 한국 여성이 고용 시장에서 차지하는 비중은 낮았고 성별 임금 격차는 아주 높았다.[105] 그리고 많은 기업에서 출산이나 결혼은 여성이 직장을 떠나 가정에 머물러야 할 때임을 알리는 신호였다. 당시 한국 여성들과 이야기를 나눠 보면, 많은 이들이 좌절을 느끼고 있다는 사실을 분명히 확인할 수 있었다. 많은 여성에게 직장 경력은 엄마가 되는 것만큼 중요했다. 그리고 그러한 생각에는 아무런 모순이 없어야 했다. 이러한 상황에서 2016년 5월에 살인 대상을 물색하던 한 남성이 공중화장실에서 젊은 여성을 살해하는 사건이 벌어지면서 한국 사회에서 여성의 대우에 관한 논의가 새롭게 촉발되었다.[106]

　이어서 2020년 7월 박원순 서울시장의 성희롱 사건은 많은 남성의 태도가 여전히 변하지 않았음을 보여 줬다. 세 번째 임기를 보내고 있던 박원순 시장은 다른 민주당 인사들과 비교해도 진보적인 입장을 지닌 인물로 진보주의의 상징이었다. 그러나 그 달 박원순의 전 비서는 그의 성희롱 사실을 폭로했다. 직후 그는 스스로 목숨을 끊었고, 몇 달 후 이뤄진 수사는 그 주장이 사실이었다고 확인했다.[107] 그전에는 역시 민주당 인사인 오거돈 부산시장의 성추행 사건이 있었다. 2020년 4월에 두 명의 직원이 그를 성추행으로 고소했다. 오거돈은 혐의를 인정했고 같은 달 사임했다. 그는 2021년 1월에 기소되었다.[108] 오거돈과 박원순의 사건은 많은 여성이 여전히 안전하지 못한 환경에서 일하고 있다는 분명한 증거였다.

두 명의 작가는 많은 여성이 느끼는 분노를 목소리로 표출했다. 2016년 10월에 소설가 조남주는 『82년생 김지영』을 발표했다. 이는 김지영이라는 평범한 여성(김지영은 한국에서 흔한 여성 이름 중 하나다)의 이야기, 그리고 어린 시절을 보낸 1980년대와 결혼 생활을 했던 2010년대에 겪었던 고통과 차별에 관한 이야기를 들려줬다.[109] 그리고 2017년 12월에는 시인 최영미가 시 「괴물」을 발표했다. 이를 통해 그녀는 고은 시인의 성희롱을 비난했는데, 그는 다름 아닌 국가의 문인이자 〈한국의 유명 시인〉이었다.[110] 조남주와 최영미는 더 많은 여성이 목소리를 내도록 힘을 실었다.

그리고 처음으로 입을 연 사람은 서지현 검사였다. 실제로 그녀는 한국 사회에 큰 영향을 미쳤다. 2018년 1월 서지현은 직장 인트라넷에 상관으로부터 겪은 성희롱에 관한 글을 올렸다. 그리고 며칠 후 한국의 대표적인 뉴스 프로그램인 JTBC 뉴스룸에 출연했다. 서지현은 인터뷰가 진행되는 동안 어떻게 자신의 상사로부터 다른 검사들이 동석한 공식적인 자리에서 성추행을 당했는지 설명했다. 당시 누구도 이에 대해 아무런 말도 하지 않았다. 또한 그녀는 검찰에 그 사건을 제기하면서 경력과 관련해서 자신이 겪은 부당함을 토로했다.[111] 그 인터뷰가 있고 며칠이 흘러, 최영미도 JTBC 뉴스룸에 출연해서 「괴물」에 대해 이야기했다. 그리고 젊은 시절에 어떻게 많은 문화계 인사들로부터 성희롱을 당했는지 설명했다.[112] 이들의 인터뷰는 한국에서 미투 운동을 촉발시켰다. 정치에서 언론, 스포츠, 그리고 종교에 이르는 다양한 분야에서 여성들은 공개적으로 성희롱에 관한 발언을 했다. 또한 수천 명은 변화를 요구하며 거리로 나섰다. 예전에 그들은 일자리를 잃을지 모른다는 두려움 때문에 그렇게 행동하는 데 머뭇거렸다. 그러나 시대가 바뀌고 있었다. 이제 그들은 침묵하지 않았다. 서지현을 성추행한 상사는 권력 남용으로 징역형을 받았다.[113] 여성들은 이제 정의가 실현되고 있다고 생각하기 시작했다.

　　그리고 변화는 실제로 이뤄졌다. 어쨌든 한국은 박근혜를 선택하면서 역사상 처음으로 여성 대통령을 뽑았다. 더 오랜 역사를 가진 많은 민주주의 국가도 아직 여성 지도자를 선출하지 못했다. 점점 더 많은 한국 여성은 결혼과 출산을 꺼리면서 대신 자신의 경력에 집중했다. 그 결과, 2020년에 한국의 출산율은 여성 한 명당 0.84명으로 낮아졌다. 이는 계속해서 감소하는 세계적인 추세일 뿐 아니라 세계적으로 가장 낮은 수준이다.[114] 특히 한국이 2021년 처음으로 인구 감소를 겪으면서 일부는 이러한 사회적 분위기를 비난했다.[115] 하지만 진실은 한국 여성들이 점차 선택권을 갖게 되었다는 것이다. 설문 조사 결과가 말해주듯, 한국 여성들은 양육비 때문이든 아니면 다른 이유든 간에 더 적은 출산을 선택하고 있다.[116] 남성의 태도 역시 바뀌고 있다. 좋은 사례로, 점점 더 많은 남성이 자녀를 돌보기 위해 육아 휴직을 쓰고 있다. 전통적으로 이러한 모습은 직장에 대한 남성의 충성심 결여, 혹은 어머니의 〈의무〉에 대한 여성의 회피로 보였다. 그러나 2020년을 기준으로 육아 휴직을 받은 부모 중 24퍼센트는 남성이었다. 20대의 경우 그 수치는 30퍼센트를 넘었다.[117] 하지만 착각은 하지 말자. 일반적인 근무 시간에 한국의 공원이나 쇼핑몰을 걷다 보면, 여전히 남성보다는 더 많은 여성이 자녀와 함께 있는 모습을 보게 된다. 그래도 조금씩 더 많은 남성이 자녀를 돌보는 모습도 만나게 된다. 그들의 태도는 진화하고 있다.

또한 정치인들은 사회 속에서 변화하는 여성의 역할을 반영하기 위해 법을 현대화했다. 2015년에는 간통죄가 폐지되었다. 1950년대 도입된 간통법은 원래 남성이 여러 명의 아내를 두지 못하도록 함으로써 여성을 보호하기 위한 법이었다. 그러나 21세기 여성은 그러한 보호를 필요로 하지 않았고, 그래서 그 법은 폐지되었다.[118] 2019년에는 보다 중대한 변화가 일어났다. 당시 헌법 재판소는 낙태 금지를 위헌으로 판결했다.[119] 낙태는 사회적으로 널리 퍼져 있었지만, 법률은 특별한 조건에서만 낙태를 허용했다. 그러나 헌법 재판소의 이러한 결정으로 한국 여성들은 형사 처벌에 대한 두려움 없이 낙태에 관한 결정을 자유롭게 내릴 수 있게 되었다. 전국에서 수천 명의 사람이 거리로 나와 이를 축하했다. 느리지만 뚜렷하게 여성은 자유로워지고 있었다.

　　물론 편견은 여전히 남아 있지만 동성애 단체를 바라보는 시각 또한 더욱 자유로워졌다. 2014년 10월에 박원순은 주류 정치인으로서는 처음으로 동성 결혼을 공식적으로 지지했다. 이듬해에는 퀴어 축제의 행렬이 시청 앞 서울 광장에서 출발하도록 허용했다.[120] 이러한 움직임의 중요성은 결코 과소평가될 수 없다. 당시 광화문에서 걸어서 10분 거리에 있는 서울 광장으로 걸어 들어온 사람들은 화려한 축제의 장면을 볼 수 있었다. 기독교 단체는 반발했다. 반면 서울 시민들은 어깨를 으쓱했고, 해가 갈수록 더 많은 사람이 매년 그 행렬에 참여했다.

2020년을 기준으로 30대에서 40대 한국인 중 절반 이상이, 그리고 서른 살 이하는 80퍼센트 가까이 동성애를 받아들여야 한다는 데 동의했다.[121] 동성애가 〈절대 정당화될 수 없다〉고 생각한 한국인의 비중은 24퍼센트로 감소했다.[122] 이러한 모습은 1990년대에 많은 이들이 절대 동성애를 용납할 수 없다고 주장했던 나라로서는 중대한 변화가 아닐 수 없다. 실제로 대선에 도전하기 전 서울시장 선거에 출마했던 안철수가 서울 도심에서 거행되는 퀴어 축제를 불편하게 생각하는 사람이 있다고 주장했을 때, 거센 비판에 직면하면서 사과해야 했다.[123] 그의 발언은 현대 한국 사회와 멀어 보였다.

그러나 사회 변화에는 분명한 한계가 있었다. 변희수 하사의 비극적인 운명이 이를 상징적으로 보여 줬다. 남자로 태어난 변희수 하사는 2019년 11월에 성확정 수술을 받았다. 이후 그는 2개월 만에 강제 전역을 당했다. 그러나 변희수는 자신의 자리로 돌아가기 위해 운동을 벌였다. 모두가 보기에 그녀의 애국심은 확고했다. 그녀는 말했다. 〈제가 이 나라를 지키는 훌륭한 군인 중 하나가 될 수 있다는 것을 모두에게 보여 주고 싶습니다.〉 그러나 군은 결정을 번복하지 않았고, 2020년 7월 복귀 신청을 거부했다. 우울증을 앓았던 변희수는 결국 이듬해 3월 스스로 목숨을 끊었다. 국가 인권 위원회는 성확정자의 권리를 주장한 그의 용기에 존경의 뜻을 전했다. 특별하게 언급할 것이 없다는 취지의 초기 메시지에 심한 비판을 받은 후, 군도 애도의 뜻을 표했다.[124] 차별 금지법 통과에 대한 요구는 더욱 거세졌다. 변희수는 자신의 나라를 위해 복무하기를 원했다. 많은 한국인이 생각할 때 중요한 것은 바로 그 부분이었다.

2010년대에 한국 사회에는 〈다문화주의〉라는 용어가 나타났다. 2000년을 기준으로 한국 거주자 중 외국에서 온 사람은 1퍼센트가 되지 않았다. 그 비중은 2010년에 1퍼센트를 살짝 넘어섰고, 이후 2019년에는 3퍼센트로 증가했다. 이는 약 2백만 명에 해당하는 규모였다.[125] 이러한 흐름은 주로 이민 때문이었다. 중국과 베트남, 태국 등 여러 아시아 국가들로부터 이민자가 한국으로 몰려들었다. 중요한 두 가지 이유는 일과 결혼이었다. 이민자들이 한국인들이 기피하는 일자리를 계속해서 차지하고 점점 더 많은 한국인이 외국인 배우자와 결혼했다. 2010년대 말에는 한국에서 이뤄지는 결혼 중 10퍼센트가 한국인과 외국인 사이의 결혼이었다.[126] 중국 이민자 중 많은 이들은 한국에 뿌리를 둔 이들로서, 더 나은 삶을 찾아 그들의 부모나 조부모의 고향으로 넘어왔다. 미국과 유럽, 캐나다, 오스트리아에서도 점점 더 많은 사람이 한국으로 이주했다.[127] 일과 결혼을 위해 한국으로 온 이들과 함께, 서구 이민자 중에는 더 나은 취업 전망을 좇아 한국으로 넘어온 2세대 이민자도 포함되었다. 예를 들어 용산에 있는 서울 글로벌 창업 센터를 방문하면 한국의 수도에서 창업해서 자신의 운을 시험해 보고자 하는 수백 명의 서양인을 만날 수 있다. 그리고 여러 집단이 한국에 적응하는 과정에서 아주 다양한 경험을 하는 동안, 매년 수만 명이 한국으로 이주하고 있다는 사실은 점점 더 많은 외국인이 다문화 사회이고 포괄적이며, 또 자유롭고 부유한 한국에 매력을 느낀다는 사실을 보여 주는 증거다.

여기에는 북한인들도 포함되었다. 2010년대에 북한을 탈출해 한국에 정착한 탈북민의 수는 기록적인 수준에 이르렀다. 2021년을 기준으로 3만 3천 명이 넘는 북한인이 한국에서 살아가고 있다.[128] 그들이 북한을 떠나 한국으로 넘어온 주요한 이유는 다른 이민자들의 경우와 비슷했다. 그것은 더 나은 삶에 대한 기대였다. 더 많은 북한 주민이 그 나라에 몰래 스며든 드라마와 영화 덕분에 한국의 삶의 기준에 대해 많은 것을 알아 가면서 많은 이들이 탈북을 결심했다. 탈북민들과 이야기를 나눠보면, 한국 드라마와 한국 영화 때문에 한국으로 이주를 결심하게 되었다는 사실을 알 수 있다. 일반적인 한국인들은 북한 엘리트 집단이 누리는 수준을 넘어서 고급 아파트에서 살고 고급 자동차를 몰았다. 많은 북한 주민은 그러한 삶을 원했다. 물론 그들이 한국 사회에 정착하는 과정은 개인마다 서로 달랐다. 그러나 일반적으로 젊은 북한인들은 더 수월

하게 적응했다. 그리고 점점 더 많은 탈북민이 한국에서 사랑을 찾고 한국인과 결혼했다.[129]

　　젊은 한국인들은 그 나라의 변화를 이끄는 시민 민족주의와 자유주의를 강화하는 선봉에 섰다. 나이 많은 한국인들에게 출신 지역은 정당 선택을 포함해서 진보와 보수를 구분하는 뚜렷한 기준으로 남았다. 또한 반공주의 사상은 그들의 정치적 입장에 지속적인 영향을 미쳤다. 그러나 젊은 한국인들은 출신 지역보다 정책과 정당이 진보적인지 아닌지를 더 중요하게 생각했다.[130] 북한의 공산주의 위협은 그들에게 더 이상 중요한 문제가 아니었다. 실제로 젊은 한국인들 가운데 북한이 한국을 공산화할 수 있다고 생각하는 사람은 찾아보기 힘들다. 한국 사회에서 분열을 일으킨 가장 뚜렷한 기준은 세대였다. 386 세대, 그리고 특히 X 세대와 밀레니얼들은 60세 이상에 비해 다양성을 더 잘 받아들였다. 2017년에 그들은 혼족 라이프 스타일을 유행시켰다. 이는 식당에서 혼자 밥을 먹거나 노래방에서 혼자 노래를 부르는 것과 같은 행동에 거리낌이 없는 태도를 일컫는다. 그리고 2021년이 저물어 갈 무렵에 1인 가구의 수는 9백만 명에 달했다.[131] 젊은 한국인들은 그들이 원하는 대로 자유롭게 삶을 살아가야 한다고 생각했다. 실제로 한국은 동성애 인정과 관련해서 세계적으로 대단히 뚜렷한 세대 차이를 드러냈다.[132] 마찬가지로 젊은 세대는 나이 많은 세대에 비해 훨씬 덜 종교적이었다. 다시 한번 한국은 이와 관련해서 세계적으로 대단히 뚜렷한 세대 차이를 보여 줬다.[133] 또한 젊은 한국인들은 그들의 나라가 앵글로색슨 국가를 중심으로 하는 경쟁이 치열한 자본주의가 아니라, 북유럽의 사회 민주주의, 즉 강력한 복지 국가를 기반으로 하는 평등한 사회로 나아가길 원했다.

　　많은 한국 청년층의 가치관은 삶에 대한 새로운 태도에 기반을 뒀다. 많은 젊은이는 그들의 사회가 점점 더 불평등해지고 있으며, 그들에게 엄청난 압박을 가하고 있다고 생각했다. 그들은 불행을 재촉하고 그들이 겪는 압박감을 가중시키는 〈빨리빨리〉 문화를 거부했다. 이러한 압박감과 불평등에 대한 인식을 잘 보여 주는 상징적인 사건은 2014년 2월에 있었던 땅콩 회항 사건이다. 당시 뉴욕발 항공편에 앉아 있던 대한항공 부사장 조현아는 승무원이 일등석 승객에게 땅콩을 접시에 담지 않고 봉지째 가져다 놓은 것에 대해 사무장을 불러 욕설을 했다. 그리고는 공항 게이트로 다시 돌아가 사무장을 강제로 내리도록 했다. 이후 그 사무장은 당시의 일을 공개했고, 이는 대중의 항의와 조현아에 대한 재판으로 이어졌다.[134] 많은 한국 청년층이 보기에 이 사건은 국가의 불평등과 대기업 인사의 권력 남용을 보여 주는 것이었다. 2015년에는 이러한 사회적 분위기에 불만을 품은 젊은이들이 〈헬조선〉이라는 용어를 사용함으로써 그들이 느낀 좌절감을 드러냈다. 한국은 세계적인 기준으로도 세대 간 불평등을 가장 우려하는 국가 중 하나였다.[135] 2017년에는 삼포 세대라는 용어가 주목받았다. 몇 년 전에 만들어진 이 용어는 불확실한 사회 경제적 위치 때문에 연애와 결혼, 그리고 자녀 양육을 포기한 젊은이를 일컫는 말이다.[136] 물론 많은 한국인은 자신이 그 세대에 속한다고 생각하지는 않지만, 이러한 용어가 유행한 데에는 충분한 이유가 있었다.

변화를 추구하는 진보적인 한국인들 사이에서 발언권을 높인 인물로 김어준을 꼽을 수 있다. 유명 라디오 진행자였던 김어준은 2011년에 세 명의 동료와 함께 정치 팟캐스트 「나는 꼼수다」를 시작한 바 있다. 그 팟캐스트는 이명박 정부에 비판적인 진보주의자들의 관심을 자극했다. 덕분에 그는 유명인이 되었고, 이후 더 많은 팟캐스트와 TV 프로그램까지 생겨났다. 무엇보다 김어준은 그러한 인기에 힘입어 TBS라디오 「뉴스공장」 진행을 맡았다. 이는 한국에서 가장 인기 있는 라디오 프로그램이 되었고, 김어준은 한국에서 가장 영향력 높은 저널리스트가 되었다. 수백만 명이 매일 청취를 했고, 김어준은 여론을 보다 진보적인 사고방식으로 기울이는 데 기여했다.[137] 김어준은 한국 사회가 나아가는 방향을 제시하는 역할을 했다.

젊은 한국인들은 어느 당이 자신의 이해관계를 가장 잘 대변하는지를 놓고 성별 갈등을 드러냈다. 2021년을 기준으로 20대 중에서 보수당을 지지한다고 말하는 한국 남성의 비중은 60대 이상의 남녀의 경우와 비슷했다. 그리고 많은 30대 남성 역시 보수주의를 지지했다. 일부 평론가는 이들을 일컬어 〈일베 세대〉라고 불렀다. 반면 20대와 30대 여성 대부분은 진보주의 (민주)당을 지지했다.[138] 남성과 여성 모두 공정에 관해 비슷하게 자유로운 가치관을 지니고 있었음에도, 젊은 남성들은 386 세대가 그들의 경제적 곤궁을 이해하지 못한다고 느꼈다. 나아가 이들 중 다수는 국방의 의무를 위해 18개월을 보내야 하고, 여성은 여기서 제외되어 있다는 점에 분노했다. 때문에 그들은 진보주의 민주당의 페미니즘을 거부했고, 또한 징병제로 인해 20대의 1년 반을 〈허비〉해야 했던 자신들이 불이익을 당하고 있다고 생각했다.[139]

보편적으로 말해서, 한국인들은 무조건 민주당 편을 들지는 않았다. 민주당은 네 번 연속 승리를 거둔 뒤, 2021년 4월에 실시된 서울과 부산 보궐 선거에서 참패했다. 박원순과 오거돈의 성추문 이후로 한국의 두 대도시는 보궐 선거를 치렀다. 민주당은 성추문 사건으로 서울에서 선두를 지키지 못했고, 일반적으로 보수주의의 텃밭이었던 부산에서도 승리를 내줬다. 다음으로 거대한 부동산 문제가 민주당을 집어삼켰다. 한국의 두 대도시의 집값이 크게 치솟으면서 많은 유권자가 진보 진영으로부터 등을 돌렸다.[140] 부동산 문제가 심각해진 이후로, 당명을 바꾼 국민의힘 후보들은 서울 지역에서 압승을 거뒀다. 부산은 말할 것도 없었다. 그리고 이를 통해 국민의힘은 압도적인 과반으로 서울과 부산의 지방 정부를 장악했다. 서울의 경우에는 20퍼센트포인트 가까운 격차로, 부산에서는 30퍼센트포인트에 달하는 격차로 승리를 거뒀다.[141]

국민의힘이 승리를 거둔 지 11개월 이후인 2022년 3월에는 대선이 예정되어 있었다. 한국인들은 자유로운 가치관을 지니고 있었고 동시에 성별과 소득에서 공정함을 원했다. 공정함을 약속하지 못하는 당은 결코 승리할 수 없었다. 대선이 다가오면서 경기도지사를 지낸 민주당의 이재명, 그리고 검찰총장을 지낸 정치 아웃사이더인 국민의힘의 윤석열은 여론 조사에서 접전을 벌였다. 결국 48.5퍼센트를 얻은 윤석열이 47.8퍼센트의 이재명을 이겼다. 그 보수당 후보는 한국 대선 역사상 가장 근소한 차이로 승리를 거뒀다. 윤석열의 승리는 많은 한국인에게 보수주의가 진보주의만큼, 혹은 진보주의보다 더 공정함을 반영할 수 있다는 사실을 보여 줬다.

윤석열의 취임 직후인 2022년 10월 29일 저녁에 또 다른 재앙이 한국 사회를 뒤엎었다. 그날 수만 명의 한국인과 외국인들은 서울 한강 바로 북쪽에 위치한 유명 장소인 이태원에서 코로나 이후 처음으로 핼러윈 파티를 즐기고 있었다. 그런데 저녁 10시를 막 넘겼을 무렵, 사람들이 몰려든 인파에 깔리는 사고가 발생했다. 이로 인해 159명이 사망했다. 대부분 그날 밤을 즐기려는 젊은이들이었다. 이는 2014년 세월호 사건 이후로 한국에서 벌어진 가장 치명적인 재앙이었다. 윤석열은 사건 보도가 나오자마자 비상 회의를 소집했다. 그러나 많은 한국인은 이번 사건으로 다시 한번 그들의 지도자들을 신뢰할 수 있는지 의문을 품게 되었다.

세계를 앞서가는 한국

때는 2021년 3월 16일이었다. 4시간 가까이 이어진 시상식 프로그램의 맨 마지막에 일곱 명의 소년이 생방송 무대에 섰다. 황금 시간대였다. 그들은 전 세계 음악 팬들을 끌어모으는 최고의 팀이었다. 그리고 세계에서 가장 유명한 보이 그룹이었다. 그들의 히트곡은 전 세계를 강타했다. 보이 그룹은 서울의 금융 센터인 여의도를 내려다보는 한 건물의 꼭대기에 서 있었다. 장관이 펼쳐졌다. 그들은 놀라운 뮤지션이었다. 그러나 이미 뮤지션을 넘어선 존재였다. 그들은 아티스트였고 아이콘이었다. 보이 그룹은 그들 세대의 마음을 노래했다. 기쁨과 두려움, 그리고 고통을 담아 노래했다. 또한 UN에서 연설을 하기도 했다.[142] 보이 그룹의 팬은 모든 연령대에 걸쳐 있었지만,

그들의 목소리는 떠오르는 세대의 생각을 반영했다. 서울에서 상파울루에 이르기까지. 로스앤젤레스에서 런던에 이르기까지. 그들의 무대는 세계였다. 그리고 마침내 그래미 주최자들도 그 존재를 알아챘다. 이 보이 그룹은 전 세계 청중이 무엇을 원하는지 알았다. 그리고 여의도 빌딩 꼭대기에서 라이브 공연을 하면서 청중에게 꿈을 선사했다. 당시 코로나는 여전히 기승을 부리고 있었다. 많은 사람이 앞으로 나아질 것이라는 희망으로 집에 격리되어 있었고 그런 사람들에게 BTS와 이들의 노래는 희망이었다. 바로 그 노래는 BTS의 최신 히트곡, 「다이너마이트」였다.[143]

　　음악 시장에서 한국이 존재감을 드러내기 시작한 것은 그 나라에 대한 세계의 인식이 크게 달라지던 와중이었다. 1980년 대까지 한국은 거의 알려지지 않았다. 혹은 드라마 「M*A*S*H」 때문에 몹시 가난한 나라 정도로만 알려졌다. 이후 한국은 민주주의를 회복하고, 부유해졌으며, 20세기 말에는 기술적으로 앞서가는 나라가 되었지만, 한국에 대한 세계의 인식은 크게 바뀌지 않았다. 그러나 21세기의 첫 10년에 걸쳐, 특히 두 번째 10년에 걸쳐 큰 변화가 나타났다. 그것은 한류 덕분이었다. 그리고 삼성과 LG를 비롯한 세계적으로 유명한 재벌 기업들 덕분이었다. 또한 2020년 이후 코로나에 맞선 한국 정부의 대응 덕분이었다. 이제 세계는 한국을 현대적이고, 호감이 가고,

멋진 나라로 인식하기 시작했다. 역사상 처음으로 한국은 세계를 앞서가는 나라가 되었다. 진정한 고래가 되었다.

분명하게도 한류의 물결은 계속해서 거세졌다. 케이팝은 어느 곳에서나 울려 퍼졌다. 빅뱅과 엑소, 소녀시대, 트와이스는 세계적으로 큰 성공을 거뒀다. 블랙핑크는 세계 최고의 걸 그룹으로 자리 잡았다. 그리고 한류의 정점에 BTS가 있었다. 코로나 이전부터 이 그룹들의 미국과 유럽 및 아시아 공연은 매진 사례를 기록했다. BTS와 블랙핑크는 인기 차트 정상을 차지하고 수십억 회의 조회 수를 기록했으며, 그룹의 멤버들 모두 스타가 되었다.[144] 2020년 말을 기준으로 1,835개가 넘는 케이팝 관련 팬클럽이 있었고, 그 회원 수는 1억 4백만 명이 넘었다.[145] 케이팝 스타들이 광고하는 제품은 불티나게 팔려 나갔다. BTS만 놓고 보더라도 입장권 판매와 투어 수익, 그리고 제품 판매를 통해 한국 경제 속에서 46억 5천만 달러에 달하는 가치를 갖고 있었다.[146] 이는 바베이도스나 피지와 같은 나라의 경제 규모를 넘어서는 수준이었다. 이후 BTS를 비롯한 케이팝 그룹들의 성공을 기회로 삼기 위해 K-컬처 밸리의 공사가 계획되었다.[147]

물론 한류는 케이팝에만 국한되지는 않았다. 2020년 2월 봉준호는 최우수 작품상을 포함해서 한 번, 두 번도 아닌 네 번이나 오스카 시상식 무대에 섰다. 비영어권 영화로서는 처음으로 최고의 영예를 안았다. 그리고 그의 영화는 칸 영화제와 오스카에서 모두 상을 받은 두 번째 작품이 되었다. 게다가 흥행에도 성공을 거두면서 전 세계적으로 2억 5천만 달러 이상의 수입을 올렸다.[148] 봉준호의 「기생충」이 네 부문에서 오스카상을 수상했을 때 한국은 축제의 분위기였다. 「기생충」은 세계적인 현상이었다. 지극히 한국적인 이야기를 지극히 보편적인 주제로 다룬 그 작품은 전 세계 비평가와 관객의 찬사를 받았다.

　　또한 한국 영화와 TV 산업의 인기는 봉준호의 「기생충」에 머물지 않았다. 「버닝」과 「아가씨」, 「부산행」 또한 비평가들의 호평을 얻었다. 「사랑의 불시착」과 「이태원 클라쓰」, 「미스터 선샤인」과 같은 드라마 역시 세계적으로 인기를 끌었다. 아시아와 서구의 기업들은 그들의 제품을 한국의 최신 드라마에 등장시키기 위해 경쟁을 벌였다. 이는 세계적으로 매출을 올리기 위한 확실한 전략이었다.[149] 또한 유명인들이 기발한 가면과 복장으로 노래를 부르는 프로그램인 「복면가왕」이 세계적인 반향을 불러일으키면서 50개국 이상이 이를 따라 자체적으로 프로그램을 제작했다.[150] 그리고 2021년 오스카는 한국인들이 응원해야 할 더 많은 이유를 가져다주었다. 영화 「미나리」가 최우수 작품상 후보로 올랐던 것이다. 대부분 한국어 대사로 이뤄졌고 한국계 미국인 정이삭이 감독을 맡은

이 작품은 아칸소의 시골 마을에 정착한 한국인 이민자들의 이야기를 담아냈다. 50년 전 드라마 「장희빈」에서 독특한 배역으로 인기를 끌었던 한국의 대표적인 배우인 윤여정은 여우조연상 후보로 선정되었다. 서울에서 태어난 스티브 연은 아시아계 미국인 배우로서는 처음으로 남우주연상 후보에 이름을 올렸다.[151] 그리고 윤여정이 오스카상을 받았을 때 한국인들은 마치 자신이 그 상을 받은 것처럼 기뻐했다. 또한 한국인들은 「오징어 게임」의 성공에 깜짝 놀랐다. 2021년 말, 넷플릭스에서 방영되어 불평등과 계급 투쟁을 다룬 한국 드라마인 이 작품은 1억 4천만 이상의 가구가 시청했다.[152] 한국인과 그들의 이야기가 세계를 집어삼키고 있었다.

세계적인 성공을 거둔 한국 문화에서 흥미로운 한 가지 측면은 아티스트들이 한국의 뿌리를 고수하고자 했다는 사실이었다. BTS와 블랙핑크를 비롯하여 많은 그룹은 한국 문화를 받아들였고 한국어로 노래했다.[153] 한국 영화와 드라마는 국내의 발전상을 말해 주는 지극히 지역적인 이야기를 들려줬다. 그리고 전 세계 수많은 스마트폰 화면상에서 점점 더 인기를 얻어 가는 웹툰 또한 한국 청중에게 말을 걸었다.[154] 물론 힙합에서 할리우드에 이르기까지 다양한 해외 예술 작품이 영향을 미쳤다. 한국의 많은 영화감독은 해외에 머무르면서 그들의 작품을 배우고 전 세계 최고 영화 학교에서 공부했다. 그리고 케이팝 그룹들은 전 세계 아티스트 및 작사가와 협업했다. 그럼에도 그 핵심은 대단히 한국적인 것이었다.

실제로 한국 문화의 세계화는 뿌리에 대한 한국인의 자긍심이 계속해서 높아지는 가운데 이뤄졌다. 더 많은 한국인이 전통적인 주택 양식을 받아들이면서 현대적인 시설을 갖춘 한옥의 수가 계속해서 증가했다.[155] 한옥에서 살고 싶은 소망을 드러내는 한국인을 만나기는 어렵지 않다. 그리고 더 많은 여성이 일상생활 속에서 한복에서 영감을 얻은 옷을 입었다.[156] 마찬가지로 한복의 편안하고 화려한 특성에 관해 이야기하는 여성도 쉽게 만날 수 있다. 또한 일본 식민지 시절로까지 그 기원을 거슬러 올라가는 대중가요인 트로트가 다시 인기를 얻기 시작했다.[157] 나이 많은 한국인들은 지난 공연이나, 혹은 다음번 트로트 공연을 보러 가는 것에 대해 흥분된 마음으로 이야기를 나눴다. 그리고 바쁜 도시 거주민들이 스스로 먹거리를 마련하기 위해 시골 마을로 여행하기 시작하면서 김장이 다시 주목받았다.[158] 많은 한국인은 이러한 공동의 활동이 어떻게 그들에게 아련한 어린 시절의 추억을 떠올리게 했는지 이야기했다. 내 생각에, 김치와 더 깊은 유대감을 느끼기 위해서 한번은 김장에 도전해 볼 필요가 있다.

물론 이러한 자부심의 원천은 생소한 것이 아니었다. 그 원천은 이명박과 박근혜 정부보다 더 앞선 것이었으며, 이들 시절에 더 강화되었다. 2009년 이명박은 한국 역사에서 가장 존경받는 인물인 세종 대왕을 기리기 위해 동상 제작을 의뢰했다. 그리고 한글 창제 563번째 기념일에 세종 대왕은 높이 6.2미터의 동상으로 광화문에 모습을 드러냈다. 이순신 동상과 경복궁 사이에 자리 잡은 세종 대왕 동상은 서울 중심부를 돌아다니다 보면 반드시 마주치게 된다.[159] 그리고 이순신은 그를 기리는 영화의 주인공이 되었다. 1597년 일본 침략자를 물리친 이순신의 업적을 그린 「명량」은 2014년 당시 한국에서 가장 높은 수입을 올린 영화가 되었다. 「명량」은 한국 인구가 5천만을 살짝 넘었던 때에 놀랍게도 1천7백만 관객 수를 기록했다.[160]

과거를 볼 때, 한국이 세계를 앞서 나가도록 만든 원동력은 앞날을 내다보는 한국인의 태도였다. 평창은 4만 3천7백명이 살짝 넘는 인구가 거주하는 작은 도시였다. 그러나 2018년 2월 피겨 스케이팅의 아이콘인 김연아가 올림픽 성화대에 불을 밝히면서 동계 올림픽 시작을 알렸을 때, 세계의 눈은 이 나라에 집중되었다. 이 기회를 통해 한국 정부와 기업들은 5G에서 AI, 자율 운행 버스, 안내 로봇, 360도 가상 현실 카메라에 이르기까지 모든 미래 기술을 보여 주고자 했다.[161] 한국의 기술은 대만과 더불어 최첨단 반도체 생산과 최대 규모의 화물선, 그리고 온전히 한국에서 개발된 최초의 폴더블 스마트폰과 더불어 세계 경제에서 중요한 위상을 차지했다. 2020년 한국은 다시 한번 세계에서 가장 혁신적인 국가로 꼽혔다.[162] 그해 10월 삼성의 회장 이건희가 세상을 떠났다. 그는 자신의 비전을 실현하기 위해 그 누구보다 많은 일을 했던 인물이었다.[163] 그는 아마도 한국을 이끈 지도자들만큼이나 빛나는 영예를 받게 될 것이다.

다음으로 코로나가 있다. 중국 바로 옆에 위치한 한국은 코로나의 타격을 가장 먼저 받은 국가 중 하나였다. 감염자 수가 폭증하면서 한국 사회에서는 메르스 사태에서 아무것도 배우지 못한 것이 아니냐는 두려움이 일었다. 그러나 사실 그들은 분명히 배웠다. 한국 정부는 세계적인 수준의 추적 시스템을 즉각 가동했다. 민간 분야는 수 주일 만에 코로나 시험 키트를 개발했고 이를 세계에 수출했다. 그리고 병원들은 필수적인 음압 병실과 감염을 막기 위한 방호복을 갖췄다.[164] 한국은 전 세계적으로 코로나로 인한 가장 낮은 수준의 사망률을 기록했다. 이러한 결과는 코로나에 대한 모범적인 대응을 포함해서 한국의 혁신을 계속해서 이끈 정부와 대기업, 스타트업의 합작품이었다.

문재인은 〈대기업과 중소기업, 그리고 정부 지원 간의 상호 협력〉이 한국의 성공을 이끈 주요 원동력이었다고 언급했다.[165] 그 협력은 한국뿐만 아니라 다른 국가에도 도움을 줬다.

코로나 백신을 접종한 전 세계 사람은 최소 잔여형 주사기를 개발한 풍림파마텍이라는 중소기업과 그것을 대량 생산한 대기업인 삼성, 그리고 둘 사이에서 협력을 중재한 한국 정부에 고마움을 느껴야 할 것이다. 새로운 주사기의 개발과 중소기업-대기업-정부 사이의 협력을 바탕으로 의사와 간호사들은 같은 용량의 백신을 가지고서 수천만 회나 더 많은 백신 접종을 할 수 있었다.[166] 간단히 말해서, 한국의 혁신 덕분에 세상은 더 빨리 백신을 접종할 수 있게 되었다.

2021년 한국은 유행을 선도했다. 중국이 홍콩에서 언론의 자유를 제한하는 「홍콩 국가 보안법」을 승인하면서, 『뉴욕 타임스』와 『워싱턴 포스트』를 비롯한 여러 세계적인 매체들이 서울에 진출하여 인력을 채용했다. 두 미국 신문은 서울에 글로벌 허브를 구축했다. 한국이 아시아에서 언론의 자유가 가장 높은 국가로 손꼽히면서 이러한 움직임은 당연한 선택이었다.[167] 이와 더불어 〈먹방〉과 〈공방〉이 코로나로 격리된 세상에 널리 퍼져 나갔다. 몇 시간 동안 음식을 먹거나, 공부하는 라이브 스트리밍 영상은 2010년대에 한국에서 인기를 끌었고, 이후 다른 나라로 퍼져 나갔다.[168] 다른 한편으로 2020년 말 코스피는 새로운 기록을 세웠다. 그리고 한국의 개미 투자자와 해외 자본이 투자하면서 선진국에서 가장 높은 성과를 올린 주식 거래소가 되었다.[169] 동시에 한국을 떠난 이민자들은 더 나은 의료 서비스를 받기 위해 한국으로 돌아왔다. 그리고 정치인들은 국민을 전염병으로부터 지키기 위해 애썼다.[170] 또한 한국어 수업을 듣는 학생의 수가 수백만 명으로 늘어났다. 나이대를 떠나 이집트에서 멕시코에 이르기까지, 또 프랑스에서 베트남에 이르기까지 한국어는 그 어느 때보다 인기 있는 언어로 떠올랐다.[171] 게다가 2021년 2월에는 마블이 그들의 최신 슈퍼히어로인 〈태극기〉를 공개했다. 그렇다. 한국의 국기 이름을 딴 슈퍼히어로가 등장했다. 그 캐릭터는 가슴에 태극기 문양이 들어간 옷을 자랑스럽게 입고 있었다.[172]

한국 정부와 국민은 그들의 나라가 세계적인 인정을 받으면서 뿌듯함을 느꼈다. 2021년 4월에는 현대가 포니 전기차의 콘셉트를 발표했다. 이를 통해 현대는 46년 전 조롱을 받았던 그 자동차에 경의를 표했다. 그 반응으로 〈현대적인 자동차 산업의 미래〉를 보여 주는 자동차라는 평가가 이어졌다.[173] 현대는 지속 가능한 교통의 미래에 관한 논의를 이끌어 가는 주역 중 하나였다. 6월에 문재인은 콘월에서 열린 G7 정상 회담에 참석하기 위해 영국 땅을 밟으면서 환한 미소를 지어 보였다. 한국은 세계 최대 경제국들이 조직한 그 회담에 초청받은 네 나라 중 하나였다.[174] 그는 그 자리에 앉을 자격이 충분했고 실제로 그 자리에 권위를 가져다준 경제를 대표했다. 9월에는 BTS가 UN 총회에서 젊은이의 힘에 관해 이야기했다. 백만 명이 넘는 사람들이 그 생방송을 지켜봤다.[175] BTS는 전 세계적으로 그들 자신의 세대를 대표하는 독보적인 아티스트들이었다.

11월에는 블랙핑크가 연례 UN 기후 변화 컨퍼런스에 앞서 경고 메시지를 전했다.[176] 주최측이 생각했던 것처럼, 이들 네 명의 아티스트들이야말로 젊은 세대에게 가장 효과적으로 기후에 관한 메시지를 전달할 수 있는 통로였다. 또한 11월에는 지난 8월에 가석방으로 풀려났던 삼성의 이재용이 북미 출장을 성공적으로 마쳤다. 거기서 그는 텍사스에 반도체 공장을 세우겠다고 발표했다.[177] 20세기 후반에 미국 기업들은 한국에 매장을 열고 그 나라의 발전을 도왔다. 그러나 21세기에는 한국 대기업들이 세계를 이끌어 가는 분야를 중심으로 미국에서 공장을 짓고 있었다. 그리고 12월에 문재인 대통령은 미국이 주최하고 화상으로 열린 민주주의 정상 회의에 참여했다. 그는 미국 대통령 조 바이든이 주최한 12인 지도자 본회의에서 연설했다.[178] 문재인은 세계에서 가장 강력한 민주주의 국가 중 한 국가를 대표했다. 한국의 연이은 성공은 윤석열 대통령 임기 동안에도 계속되었다. 블랙핑크는 2022~2023년 월드 투어에서 걸 그룹으로서는 최고의 수입을 올렸다. 게다가 2023년 4월에는 케이팝 그룹으로서 처음으로 코첼라 뮤직 페스티벌에 주요 공연자로 참여했다. 다른 한편으로 「이상한 변호사 우영우」나 「더 글로리」와 같은 한국 드라마가 세계적인 선풍을 일으켰다. 그리고 2023년 3월에 윤석열 대통령은 제2차 민주주의 정상 회담을 공동 주최했다. 같은 해 5월 19~21일에는 일본에서 열린 히로시마 G7 정상 회담에 참석했다. 한국의 정치인과 비즈니스 리더, 그리고 아티스트들은 전 세계 청중의 요구에 화답했다. 결론적으로 말해서, 세계는 지금도 여전히 한국에게서 더 많은 것을 기대하고 있다.

에필로그
한국의 미래

예측은 이뤄질 것이다

격언은 조언한다. 예측은 하지 말라고. 그러나 우리는 한국이 앞으로 계속해서 강력해질 것이라고 충분히 예상해 볼 수 있다. 한국이라는 나라가 2023년만큼 세계적으로 인정과 존경을 받았던 적이 없었다. 한국은 세계 최대 경제국 중 하나로 반도체와 자동차, 조선, 전기 배터리, 스마트폰과 같은 첨단 기술 분야를 이끌고 있다. 그리고 유행을 선도하는 한국 문화의 존재는 전 세계 어디서나 찾아볼 수 있으며, 수백만 명이 한국어를 배우고 한국의 영화와 음악, 드라마를 더 깊이 감상하길 원하고 있다. 그것은 한국은 멋진 나라이기 때문이다. 한국은 유행을 앞서간다. 한국은 방문하고, 또 살고 싶은 곳이다. 서울 도심에 있는 명동 쇼핑 거리를 거닐다 보면 잔뜩 상기된 관광객들이 여러 가지 언어로 이야기를 나누는 모습을 볼 수 있다. 그리고 경복궁에 가보면 수백 명의 외국인이 그들이 고른 한복을 입고서 사진을 찍는 모습도 볼 수 있다. 또 한국인들이 세계를 여행할 때, 이들 나라의 사람들은 한국을 알아본다. 그들은 한국의 존재를 안다. 삼성과 현대, LG, 강남, 북촌, 제주도.

BTS, 블랙핑크, 빅뱅.「올드보이」,「아가씨」,「기생충」. 그리고 추신수와 김연아, 손흥민까지. 세계는 한국의 영화와 예술, 명소와 그 국민을 안다.

동시에 한국은 전 세계 많은 나라들 역시 어려움을 겪고 있는 다양한 문제와 씨름하고 있다. 경제적 불평등은 세계 기준으로 특히 높은 편은 아니지만, 그 격차는 IMF와 아시아 금융 위기 시절에 비해 훨씬 벌어졌다. 여성은 예전보다 더 자유로워졌지만, 성별 간 격차는 여전히 좁혀지지 않고 있다. 또한 한국은 다문화 사회로 들어서고 있지만, 모두가 한국으로 넘어온 수많은 외국인을 반기는 것은 아니다. 그리고 진보와 보수 사이의 분열이 실체보다 그 형식에 관한 것이라고는 하나, 이념적 갈등은 한국 사회에 분명히 존재한다. 마찬가지로 사람들은 때로 세대 간 사고방식의 차이를 과장해서 말하기도 하지만, 그럼에도 세대 간 분열은 엄연히 존재한다. 국민과 국가의 미래를 생각할 때, 이들은 결코 외면할 수 없는 문제다.

더 이상 고래들 사이의 새우가 아니다

분명한 사실을 말해 보자. 오늘날 한국은 더 이상 고래들 사이에서 등이 터지는 새우가 아니다. 물론 그들 나라의 운명이 미국과 중국, 혹은 다른 외부 세력 간의 경쟁에 달려 있다고 믿는 한국인도 여전히 있다. 그러나 이 글을 쓰는 시점에 완전하고 한층 강화된 민주주의 사회이자[1] 세계에서 열 번째 경제 대국,[2] 그리고 여섯 번째로 강력한 군사력을 확보하고,[3] 소프트 파워 (IT, 문화, 예술 등의 분야에서 미치는 영향력—옮긴이)의 차원에서 열한 번째인 나라.[4] 또한 언론 자유를 기준으로 아시아 최고의 국가이며, G20 테이블에 자리를 차지하고 G7에 초대받는 이 나라는 절대 피라미가 아니다. 전 세계 수많은 나라는 이러한 유형의 〈새우〉가 되기를 원할 것이다.

지금도 한국은 자신의 길을 열어 나가고 있다. 경제는 여전히 무역에 크게 의존하고 있지만 이는 한국의 혁신적인 대기업과 중소기업들이 전 세계 소비자가 원하는 제품과 서비스를 제공하기 때문이다. 그리고 이러한 상황은 앞으로도 분명히 계속될 것이다. 한국은 전 세계에서 연구 개발 분야에 많은 투자를 하는 국가 중 하나이며, 한국 소비자는 신기술 분야에서 대표적인 얼리 어댑터다. 그래서 6G와 AI, 전기차, 수소차, 양자 컴퓨터, 혹은 로봇 자동화든 간에 첨단 시장에서 경쟁하는 한국 기업들은 언제나 있을 것이다. 이들 기업은 삼성이나 현대가 될 수 있을 것이며, 아니면 젊은 한국 기업가가 강남이나 대전에 세우고 싶어 하는 차세대 셀트리온이나 넥슨이 될 수도 있을 것이다.

또한 한국은 다른 나라가 추구하는 경제 성장의 모델이자 후원자로 남을 것이다. 해외 정책 결정자들, 그리고 남미와 동남아시아 및 사하라 이남 아프리카 지역의 개발 전문가들은 한국의 대학이나 아시아 최고 경제 싱크 탱크인 한국 개발 연구원의 공공 정책 대학원으로 계속해서 몰려들 것이다.[5] 그리고 거기서 한국이 놀랍게도 짧은 시간에 가난한 나라에서 부유한 나라로 발전할 수 있었던 비밀을 배울 것이다. 한국 국제 협력단KOICA은 개발 도상국들이 원하는 사회적 개발 및 인프라 구축을 지원하는 도움을 앞으로 계속해서 제공할 것이다. 사실 한국은 원조를 받는 나라에서 원조를 제공하는 나라로 넘어간 최초 사례다.[6] 이러한 사실은 앞으로 한국이 계속해서 원조를 제공하게 만들 자부심의 원천이다.

또한 한국은 동료 선진국들의 모델이기도 하다. 한국은 세계 금융 위기 동안에도 경제 침체를 피했다. 이는 OECD 중 두 나라만이 거둔 성취였다. 물론 코로나 여파로 침체를 겪었지만, 전 세계 어느 선진국보다 경제적 충격을 잘 극복했다. 엄청난 사망자를 보고한 유럽이나 미국의 경우와는 달리, 코로나에 효과적으로 대처한 한국 정부와 의료 전문가들의 역량은 전 세계적으로 인정받았다. 그리고 비교적 덜 알려지긴 했지만, 디지털 개방성을 기준으로 모든 OECD 정부 중 최고의 위치를 차지하고 있는 한국의 위상은 폐쇄적인 정부들이 따라야 할 모델이기도 하다.[7] 세계에서 가장 경쟁력 있고 개방적인 국가들 사이에서 한국이 차지하는 위상은 앞으로도 지속될 것이다. 그리고 그 국민은 지난 수십 년 동안 그래 왔던 것처럼 이러한 사실을 입증해 보일 것이다.

아울러 세계에서 한국의 위상을 거시적으로 바라보게 만드는 중요한 측면도 잊지 말자. 수십 년 동안 남북 간 〈경쟁〉에 관한 이야기는 없었다. 북한은 안타깝게도 어쩌면 한국이 2020년대에 머무를 수 있었던 어떤 상황을 떠올리게 한다. 여전히 가난하고, 전제주의가 통치하고, 진정한 친구가 없는, 그리고 국민은 더 밝은 미래를 동경하는 그러한 나라로 남을 수 있었다. 남북이 서로 다른 리그에 속해 있다는 점에서 오늘날 남북 간의 비교는 적절하지 않지만, 남과 북 중에서 새우가 될 두려움을 느끼는 쪽은 당연히 38선 위, 북쪽이 될 것이다. 그리고 전면적인 통일이 추진된다면 분명하게도 한국을 중심으로 이뤄질 것이다.

한국의 변화하는 특성과 밝은 미래

국내 관점에서 볼 때, 한국은 1988년 서울 올림픽과 더불어 세계를 향해 문을 열었던 시절로부터 크게 변화했다. 그리고 이제 과거 몇십 년 동안의 변화에 비추어 한국의 미래를 내다볼 수 있게 되었다. 다양한 생활 방식과 한국인들이 선택할 수 있는 경력에 대해 먼저 생각해 보자. 남성 가장이 사무실이나 공장에서 일하는 동안 아내는 아이들을 돌보거나, 혹은 〈아줌마 일자리〉를 통해 가구 경제에 보탬을 주는 모델은 이제 먼 과거의 일이 되었다. 2023년 현재, 많은 한국인은 여전히 대기업에 들어가기를 희망한다. 또 다른 이들은 법률이나 의학, 혹은 학계와 같은 사회적으로 권위 있는 화이트칼라 전문 직종을 원한다. 또한 많은 다른 이들은 게임 개발과 로보틱스, 바이오 테크, 카페, 부티크 호텔 등 분야에서 스스로 비즈니스를 운영하길 바란다. 어쨌든 한국은 세계에서 가장 기업가적인 나라 중 한 곳이다.[8] 많은 한국인은 자신이 사장이 되는 꿈을 지금도 좇고 있다.

　　여성의 지위는 최근 몇십 년 동안 한국 사회에서 가장 큰 변화를 보여 줬다. 물론 아직 많은 변화가 남아 있긴 하다. 젊은 한국 여성과 중년의 한국 여성들은 그들의 어머니나 할머니가 꿈도 꿀 수 없었던 기대를 품고 살아간다. 유교의 영향력이 감소하면서 여성들은 점차 더 많은 자유를 누리고 자신이 원하는 대로 행동하고 있다. 한국 여성들은 충족감을 주는 직장 경력을 원한다. 그들은 결혼 후 남편이 가사 일을 분담하기를 기대한다. 전통주의자들은 이를 개탄하며 결혼과 출산율의 감소에 대해 여성을 비난한다. 그러나 결혼과 출산율은 지난 수십 년에 비해 낮은 수준에 계속 머물러 있을 것이다. 여성들은 물론 남성들도 선택권을 갖고 있고, 많은 이들이 한 자녀나 자녀 없는 삶에 완벽하게 만족하기 때문이다. 한국 정부와 사회는 이러한 변화를 받아들여야 한다.

동시에 다문화주의 흐름, 혹은 적어도 한국에서 외국인의 비중이 증가하는 추세는 앞으로 계속 이어질 것이다. 국제 결혼은 한국이 세상을 향해 문을 열고 한국인들이 한반도의 경계 너머로 활동 무대를 확장한 결과다. 이민은 주로 한국인들이 더 이상 원치 않는 일자리가 존재하기 때문에 이뤄지고 있다. 그리고 한국에 거주하는 외국인 대부분 그들 자신의 의지로 그곳에 남아 있다. 한국 전쟁 이후로 볼 수 없었던 한국 경제의 몰락이 없는 한, 한국은 그 나라에 정착하길 원하는 외국인들을 계속해서 끌어모을 것이다. 일부는 이민을 한국의 낮은 출산율에 따른 문제를 해결하는 방안으로까지 생각한다. 아마도 이민은 한국의 정체성에 대한 우리의 이해를 새롭게 정의할 것이다.

이러한 변화의 가운데, 진보와 보수의 분열은 앞으로 지속될 것이다. 그러나 이러한 분열도 정당성을 갖춰야 한다. 사회 속 여성의 지위, 동성애 공동체 및 다른 소수자 집단에 대한 처우, 불평등과 과로 문제를 해결해야 할 필요성에 대한 진보주의적 입장은 특히 한국 젊은이들 사이에서 점차 주류로 자리 잡고 있다. 물론 진보적인 세계관의 확산이 자동으로 진보주의 정당에 대한 지지로 이어지지는 않겠지만, 한국에서 보수 세력은 점차 그들의 입장을 상대 진영의 입장에 가깝게 수

정해 나가고 있다. 이러한 흐름은 예측 가능한 미래에 지속될 것으로 보인다. 대부분의 민주주의 국가에서처럼 한국에서도 선거에서 이기기 위해서는 중도층의 표심을 잡아야 한다. 그리고 진보적인 입장을 취하게 될 유권자 수는 점점 늘어날 것이다.

궁극적으로, 한국 사회의 변화하는 특성은 시민 민족주의를 향한 이동에서 비롯되었다. 민족은 분명히 사라지지 않았다. 민족은 한국인이 자신을 바라보는 관점에서 중요한 요소로 남아 있을 것이다. 동시에 2023년의 한국은 동료 선진국들과 함께 시민 사회의 특성도 공유하고 있다. 시민 민족주의는 여전히 강력한 힘으로 남았다. 이는 대한민국이라는 나라는 물론 한국 사회에 기여해야 한다. 그리고 동시에 권력의 자리에 있는 자들이 그렇게 하도록 만들어야 한다. 한국의 정체성은 새롭게 정의되었다. 물론 민족은 중요하다. 그러나 훌륭한 시민이 되는 것 또한 중요하며, 이는 종종 우선순위를 차지한다. 이러한 사고방식의 진화는 아마도 돌아올 수 없는 지점에 도달한 것으로 보인다.

한국 사회와 한국인들이 진화하는 가운데 한 가지만큼은 분명하다. 그것은 밝은 미래가 한국을 기다리고 있다는 사실이다. 한국은 강력한 사회의 기반이며 앞으로 계속해서 미래를 열어 갈 것이다. 그리고 강력한 사회는 강력한 국가를 만들어 나갈 것이다. 오늘날의 한국이 바로 그렇다. 한국은 유산을 자랑스러워하면서도 미래가 몰고 올 변화를 받아들이는 데 두려워하지 않는다. 이 점만큼은 분명하다. 한국은 그 지점에 도달했으며 흐름은 계속해서 이어질 것이다.

연대표
1945~2023

1945년	8월 15일	한국의 광복.
1945년	9월 8일	남한에 재조선 미국 육군사령부 군정청 수립.
1948년	4월 3일	제주4.3 항쟁 시작.
1948년	5월 10일	한국 최초의 총선거.
1948년	7월 24일	이승만, 한국 초대 대통령으로 취임.
1948년	8월 15일	대한민국 정부 수립.
1948년	12월 1일	국가 보안법 제정.
1950년	3월 10일	토지 개혁법 공포.
1950년	6월 25일	한국 전쟁 발발.
1952년	8월 5일	최초의 대통령 직접 선거.
1953년	7월 27일	한국 전쟁 정전 협정.
1953년	10월 1일	한미 상호 방위 조약 체결.
1960년	4월 19일	4월 혁명의 시작.
1960년	5월 29일	이승만 망명.
1960년	6월 15일	제2공화국 출범.
1960년	8월 12일	윤보선, 한국의 두 번째 대통령으로 선출.
1961년	5월 16일	박정희에 의한 쿠데타.
1961년	6월 13일	중앙정보부 설립.
1962년	1월 5일	박정희의 첫 번째 5개년 계획 공표.

1963년	12월 17일	제3공화국 출범.
		박정희, 한국의 세 번째 대통령으로 취임.
1964년	9월 11일	베트남 전쟁 1차 파병.
1965년	6월 22일	한일 기본 조약 체결.
1967년	4월 1일	구로 산업 단지 준공.
1968년	1월 21일	북한의 박정희 암살 시도.
1968년	4월 1일	포항제철 창립.
1970년	4월 22일	새마을 운동 시작.
1970년	8월 28일	김민기, 「아침이슬」 발표.
1970년	11월 13일	노동 운동가 전태일 분신.
1972년	7월 4일	남북 공동 성명.
1972년	8월 30일	남북 적십자 회담.
1972년	11월 21일	국민 투표로 유신 헌법 통과.
1972년	12월 27일	제4공화국 출범.
1973년	3월 23일	한국군 베트남 철수.
1973년	8월 8일	김대중 납치, 암살 시도.
1974년	8월 15일	박정희에 대한 저격 시도, 육영수 여사 피격.
		서울 지하철 1호선 개통.
1979년	10월 26일	10.26사태, 박정희 암살.
1979년	12월 6일	최규하, 한국의 네 번째 대통령으로 선출.
1979년	12월 12일	전두환의 쿠데타.
1980년	5월 18일	광주 민주화 운동 시작.
1980년	9월 1일	전두환, 한국의 다섯 번째 대통령으로 취임.
1981년	3월 3일	제5공화국 출범.

1982년	3월 18일	부산 미 문화원 방화 사건.
1983년	6월 30일	KBS「이산가족을 찾습니다」첫 방송.
1983년	9월 1일	소련의 대한항공 여객기 격추 사건.
1983년	10월 9일	북한의 전두환 암살 시도.
1985년	9월 21~24일	남북 이산가족 상봉.
1986년	9월 20일	서울 아시안 게임 개최.
1987년	1월 14일	박종철 고문치사 사건.
1987년	6월 9일	이한열, 최루탄 피격.
1987년	6월 10일	6월 민주화 항쟁의 시작.
1987년	6월 29일	노태우, 국가 대통합과 발전을 위한 6.29 민주화 선언.
1987년	10월 29일	대한민국 헌법에 대한 민주적인 수정.
1987년	11월 29일	북한의 대한항공 여객기 폭파 사건.
1987년	12월 16일	근 30년 만에 최초의 진정한 자유 선거.
1988년	2월 25일	제6공화국 출범. 노태우, 한국의 여섯 번째 대통령으로 취임.
1988년	9월 17일	서울 올림픽 개막.
1990년	9월 30일	한국·소련 수교 합의.
1991년	9월 17일	남북한, UN 동시 가입.
1991년	12월 13일	남북 사이의 화해와 불가침 및 교류 협력에 대한 합의.
1992년	3월 23일	서태지와 아이들,「난 알아요」발표.
1992년	8월 24일	중국과 수교.
1993년	2월 25일	김영삼, 한국의 일곱 번째 대통령으로 취임.
1993년	6월 7일	삼성 신경영 선언.
1996년	8월 26일	전두환과 노태우, 1979년 쿠데타에 대한 유죄 판결.

1996년	12월 12일	OECD 가입.
1997년	12월 3일	아시아 금융 위기 속에서 IMF 구제 금융 서명.
1998년	2월 25일	김대중, 한국의 여덟 번째 대통령으로 취임.
2000년	6월 13~15일	분단 이후 첫 남북 정상 회담.
2000년	8월 15~18일	1차 남북 이산가족 상봉(2007년까지).
2000년	9월 8~9일	제1회 퀴어 문화 축제.
2000년	12월 10일	김대중, 노벨 평화상 수상.
2001년	3월 29일	인천 국제공항 공식 개항.
2002년	11월 25일	국가 인권 위원회 설립.
2002년	1월 14일	「겨울연가」 첫 회 방영.
2002년	5월 31일	2002 한일 월드컵 개최.
2002년	6월 13일	두 명의 여중생이 미군 장갑차에 치여 사망.
2003년	2월 25일	노무현, 한국의 아홉 번째 대통령으로 취임.
2004년	3월 12일	국회의 노무현 탄핵 의결.
2004년	5월 14일	헌법 재판소의 노무현 탄핵 기각 결정.
2007년	6월 30일	한미 자유 무역 협정 체결.
2007년	10월 2~4일	두 번째 남북 정상 회담.
2008년	1월 1일	헌법 재판소 결정에 따른 호주제 폐지.
2008년	2월 25일	이명박, 한국의 열 번째 대통령으로 취임.
2008년	5월 24일	미국산 소고기 수입 반대 시위.
2009년	5월 23일	노무현 서거.
2010년	3월 26일	북한 공격에 의한 천안함 침몰.
2010년	11월 11~12일	서울 G20 정상 회의 개최.
2010년	11월 23일	북한의 연평도 포격.

2011년	11월 22일	한미 자유 무역 협정에 대한 국회 비준.
2013년	2월 25일	박근혜, 한국의 열한 번째 대통령으로 취임.
2014년	4월 16일	세월호 침몰.
2016년	10월 29일	촛불 혁명의 시작.
2016년	12월 9일	국회의 박근혜 탄핵 의결.
2017년	3월 10일	헌법 재판소의 박근혜 탄핵 인용, 대통령직 파면.
2017년	5월 10일	문재인, 한국의 열두 번째 대통령으로 취임.
2018년	2월 9일	평창 동계 올림픽 개막.
2018년	4월 6일	박근혜, 국정 농단 사건 혐의로 징역 선고.
2018년	4월 27일	세 번째 남북 정상 회담. 김정은, 북한 최고 지도자로서 첫 방남.
2018년	9월 19일	2018 제3차 남북 정상 회담.
2018년	10월 5일	이명박, 부패 혐의로 징역 선고.
2019년	4월 11일	헌법 재판소의 낙태죄 폐지 결정.
2020년	2월 9일	영화 「기생충」, 오스카 최우수 작품상 수상.
2020년	8월 21일	BTS, 「다이너마이트」 발표.
2021년	6월 11~13일	문재인, 한국 대통령으로 G7 정상 회의 참석.
2021년	9월 20일	BTS, UN 총회 연설.
2022년	5월 10일	윤석열, 한국의 열세 번째 대통령으로 취임.
2022년	10월 29일	이태원 참사.
2023년	3월 29~30일	제2차 민주주의 정상 회의 공동 주최.
2023년	4월 16일	블랙핑크, 코첼라 밸리 뮤직 앤드 아츠 페스티벌 헤드 라이너로 공연.

주요 인물 소개

구인회(1907~1969)   LG(1947) 창업주. 독립운동 자금을 지원한 기업인.

구자경(1925~2019)   LG를 세계적인 기업으로 키운 기업인. LG 그룹 2대 회장.

김구(1876~1949)   독립운동 지도자. 남북 분단에 반대한 대한민국 독립운동가이자 정치인.

김규식(1881~1950)   대한민국 임시 정부 부수석을 지낸 독립운동가, 정치인.

김대중(1924~2009)   대한민국 제15대 대통령(1998~2003). 노벨 평화상 수상자(2000). 〈3김〉 중 한 명으로 활동한 정치인. 민주화 운동가.

김민기(1951~)   독재에 반대하는 민중가요로 불려진 「아침이슬」의 작곡가이자 가수.

김연아(1990~)   밴쿠버 동계 올림픽 금메달리스트(2010), 소치 동계 올림픽 은메달리스트(2014). 〈퀸 연아〉로 알려져 있다.

김영삼(1928~2015)   대한민국 제14대 대통령(1993~1998). 1962년 이후 첫 시민 대통령. 〈3김〉 중 한 명으로 활동한 정치인. 민주화 운동가.

김재규(1926~1980)   중앙정보부 부장(1976~1979). 10.26 박정희 대통령 시해 사건을 일으킨 인물. 군인이자 정치인.

김종필(1926~2018)   국무총리(1971~1975, 1998~2000). 〈3김〉 중 한 명으로 활동한 정치인.

김지하(1941~2022)   시 「오적」으로 박정희 정권을 비판했던 시인. 극작가.

민주화 운동가.

노무현(1946~2009)   대한민국 제16대 대통령(2003~2008). 인권 변호사.
민주화 운동가.

노태우(1932~2021)   대한민국 제13대 대통령(1988~1993). 민주주의 회복
이후 첫 직선제 대통령. 전 국군 장성.

문재인(1953~)   대한민국 제19대 대통령(2017~2022). 인권 변호사.
민주화 운동가.

박근혜(1952~)   대한민국 제18대 대통령(2013~2017). 어머니를
대신하여 퍼스트레이디 역할(1974~1979). 탄핵으로
물러난 최초의 대통령.

박정희(1917~1979)   한국군 장성으로 1961년 5월 16일 쿠데타를 일으킨
인물. 대한민국 제5~9대 대통령(1963~1979). 고속
경제 성장 시대를 이끌었다.

반기문(1944~)   제8대 UN 사무총장(2007~2016). 제7대 외교 통상부
장관(2004~2006).

변진섭(1966~)   1980년대 말과 1990년대 초, 〈발라드의 왕자〉로 알려진
가수.

보아(1986~)   국내외 〈케이팝의 여왕〉으로 알려진 가수.

봉준호(1969~)   영화 「기생충」(2019)으로 오스카 최우수 작품상을
수상한 영화감독.

서지현(1973~)   성추행 고발을 통해 한국에서 미투 운동(2018)을
일으켰던 검사.

서태지(1972~)   서태지와 아이들의 리더. 노래 「난 알아요」는 케이팝의
시작을 열었다.

손기정(1912~2002)   베를린 올림픽 마라톤 챔피언(1936). 서울
올림픽(1988) 개회식에서 성화를 봉송했다.

윤보선(1897~1990) 대한민국 제4대 대통령(1960~1962). 박정희 독재에
반대했으며 그에 맞서 대선에 출마했다(1963, 1967).

윤석열(1960~) 대한민국 제20대 대통령(2022). 전 검찰총장(2019~2021).

윤여정(1947~) 1970년대 인기를 끈 여배우. 영화「미나리」(2021)로
오스카 여우조연상을 받았다.

이건희(1942~2020) 〈신경영〉(1993)을 선언했던 사업가. 삼성 2대 회장.

이명박(1941~) 대한민국 제17대 대통령(2008~2013). 전 서울시장
(2002~2006).

이병철(1910~1987) 삼성(1938) 창업주. 삼성을 최대 재벌 기업으로 키운
기업인.

이승만(1875~1965) 대한민국 임시 정부 및 대한민국 제1~3대
대통령(1919~1925, 1948~1960).

이한열(1966~1987) 최루탄에 맞아 치명상을 입고 사망한 학생 운동가. 그의
죽음은 6월 민주화 항쟁(1987)의 불씨가 되었다.

이효재(1924~2020) 한국 최초로 여성학 교육 과정(1977)을 도입한 여성
인권 운동가. 여성학자.

장면(1899~1966) 이승만 독재에 맞섰던 총리(1950~1952, 1960~1961).
부통령(1956~1960). 교육자이자 정치인.

전두환(1931~2021) 한국군 장성으로 1979년 12월 12일에 군사 쿠데타를
일으킨 인물. 대한민국 제11~12대 대통령
(1980~1988).

전태일(1948~1970) 분신으로 생을 마감한 노동 운동가. 그의 죽음은
대한민국 노동 운동을 촉발했다.

정주영(1915~2001) 현대(1947)를 창업주. 대선(1992)에 출마했던 기업인.

최규하(1919~2006) 한국의 자유화와 민주화를 추구했던
국무총리(1976~1979). 대한민국 제10대

대통령(1979~1980).

최종현(1929~1998)   SK(1953) 제2대 회장. SK를 대표적인 재벌 기업으로
만든 기업인.

한명숙(1944~)   민주주의를 위해 오랫동안 싸운 여성 운동가. 첫 번째
여성 총리(2006~2007)가 된 정치인.

홍석천(1971~)   유명인으로서는 처음으로 동성애자임을 밝힌(2000)
배우이자 방송인.

BTS(2010년 결성)   세계 음악 차트를 석권한 7인조 케이팝 보이 그룹.

주

프롤로그: 한국 역사의 개괄

1. Hwang, Pae-gang, *Korean Myths and Folk Legends*, trans. Young-hie Han, Se-joong Kim and Seung-pyong Chwae, Fremont: Jain Publishing, 2006, pp. 1-12.

2. 위의 책.

3. Kim, Jinwung, *A History of Korea: From Land of the Morning Calm to States in Conflict*, Bloomington: Indiana University Press, 2012, p. 10.

4. Shin, Michael D. (ed.), *Korean History in Maps: From Prehistory to the Twenty-First Century*, Cambridge: Cambridge University Press, 2014, p. 6.

5. 위의 책, p. 13.

6. Lee, Ki-baek, *A New History of Korea*, trans. Edward W. Wagner with Edward J. Shultz, Cambridge, Harvard University Press, 1984, pp. 36-44.

7. 위의 책, pp. 48-65.

8. 위의 책, pp. 66-73.

9. Kim, *History of Korea*, pp. 91-100; Kim, Chong Sun, 'Silla Economy and Society', *Korean Studies*, Vol. 28, 2009, pp. 75-86.

10. Kim, *History of Korea*, pp. 108-111.

11. 위의 자료, p. 109.

12. Lee, *New History of Korea*, pp. 71-72.

13. 위의 책, pp. 88-91.

14. Kim, *History of Korea*, pp. 115-118.

15. 위의 책, p. 120.

16. Hwang, Kyung Moon, *A History of Korea*, London: Palgrave, pp. 30-31;

Lee, *New History of Korea*, pp. 101-104.

17. 위의 책, pp. 29-30.

18. Vermeersch, Sem, *The Power of the Buddhas: The Politics of Buddhism during the Koryŏ Dynasty (918-1392)*, Cambridge: Harvard University Press, 2008, pp. 151-152.

19. 위의 책, pp. 358-359.

20. Song, Minah, 'The History and Characteristics of Traditional Korean Books and Bookbinding', *Journal of the Institute of Conservation*, Vol. 32, No. 1, 2009, p. 74.

21. 위의 자료.

22. Eckert, Carter J., Ki-baek Lee, Young Ick Lew, Michael Robinson and Edward W. Wagner, *Korea Old and New: A History*, Cambridge: Harvard University Press, pp. 76-77.

23. Hwang, *History of Korea*, pp. 44-47; Kim, *History of Korea*, pp. 168-169.

24. Hwang, *History of Korea*, pp. 44-47; Kim, *History of Korea*, pp. 182-183.

25. Eckert 외, *Korea Old and New*, pp. 99-100; Kim, *History of Korea*, p. 183.

26. Shin, *Korean History in Maps*, p. 81.

27. 위의 책, p. 84.

28. 위의 책, p. 82.

29. Kim, Bok Rae, 'Nobi: A Korean System of Slavery', *Slavery & Abolition*, Vol. 24, No. 2, 2003, p. 155.

30. Kim-Renaud, Young-Key (ed.), *King Sejong the Great: The Light of 15th Century Korea*, Washington, DC: International Circle of Korean Linguistics, 1992.

31. 위의 책, p. 34.

32. Hwang, *History of Korea*, pp. 63-64.

33. Yi, Song-mi, 'Sin Saimdang (1504-1551): The Foremost Woman

Painter of the Choson Dynasty', in Young-Key, Kim-Renaud (ed.), *Creative Women of Korea: The Fifteenth through the Twentieth Centuries*, London: Routledge, 2003, p. 58.

34. 위의 책, p. 59.

35. Shin, *Korean History in Maps*, p. 83.

36. Kim, *History of Korea*, pp. 229-234.

37. 위의 책, pp. 237-239.

38. Howard, Keith, *Perspectives on Korean Music: Volume 1; Preserving Korean Music; Intangible Cultural Properties as Icons of Identity*, Aldershot: Ashgate 2006, p. 85.

39. Shin, *Korean History in Maps*, pp. 93-94.

40. 1960년대에도 외교관이자 학자인 그레고리 헨더슨은 1천500년이 넘는 세월 동안 집단의 연속성보다 끊임없이 변화하는 정파 간 분열이 한국 정치를 움직여 왔다고 주장했다. Anderson, Gregory, *Korea: The Politics of the Vortex*, Cambridge: Harvard University Press, 1968.

41. Hwang, *History of Korea*, pp. 104-105.

42. 위의 책, pp. 112-118.

43. Eckert 외, *Korea Old and New*, pp. 194-195.

44. Wang, Dong, *China's Unequal Treaties: Narrating National History*, Lanham: Lexington Books, 2005.

45. Beasley, William G., *The Meiji Restoration*, Stanford: Stanford University Press, 1972.

46. 위의 책, p. 200.

47. Griffis, William Elliot, *Corea, the Hermit Nation*, New York: Charles Scribner's Sons, 1897, https://archive.org/details/coreahermitnation00grif/mode/2up, accessed 16 Feb. 2024.

48. Lowell, Percival, *Choson, the Land of the Morning Calm, a Sketch of Korea*, Boston: Ticknor and Company, 1886, p. 7, https://archive.org/details/chosnlandmornin00lowegoog/page/n29/mode/2up?q=morning+calm, accessed 27 Apr. 2021.

49. Cumings, Bruce, *Korea's Place in the Sun: A Modern History*, updated edn, New York: W. W. Norton, 2005, pp. 120-121.

50. 위의 책, pp. 124-125.

51. 위의 책, p. 123.

52. Hwang, *History of Korea*, p. 126.

53. 위의 책, pp. 119-123.

54. 'The Treaty of Portsmouth', 5 Sept. 1905, http://www.portsmouthpeacetreaty.org/process/peace/TreatyText.pdf, accessed 27 Apr. 2021.

55. Nobel Prize, 'Theodore Roosevelt: Facts', 2021, https://www.nobelprize.org/prizes/peace/1906/roosevelt/facts, accessed 27 Apr. 2021.

56. Eckert 외., *Korea Old and New*, pp. 242-243.

57. Cumings, *Korea's Place in the Sun*, p. 145.

58. Kim, *History of Korea*, p. 320.

59. Schmid, Andre, *Korea between Empires, 1895-1919*, New York: Columbia University Press, 2002, pp. 173-175.

60. Cumings, *Korea's Place in the Sun*, pp. 148-149.

61. Seagrave, Sterling, and Peggy Seagrave, *Gold Warriors: America's Secret Recovery of Yamashita's Gold*, London: Verso, 2003, pp. 19-20.

62. Cumings, *Korea's Place in the Sun*, p. 145.

63. Gragert, Edwin H., *Landownership under Colonial Rule: Korea's Japanese Experience, 1900-1935*, Honolulu: University of Hawai'I Press, 1994, pp. 71-73.

64. 위의 책, pp. 144-145.

65. Schmid, *Korea between Empires*, pp. 173-175.

66. Kim, *History of Korea*, p. 332.

67. Shin, Gi-Wook, and Rennie Moon, '1919 in Korea: National Resistance and Contending Legacies', *Journal of Asian Studies*, Vol. 78, No. 2, May 2019, p. 402.

68. Kim, *History of Korea*, p. 330.

69. Cumings, *Korea's Place in the Sun*, p. 159.

70. Kim, *History of Korea*, p. 346.

71. 위의 책.

72. Shin and Moon, '1919 in Korea', p. 399.

73. Doherty, Thomas, 'Creating a National Cinema: The South Korean Experience', *Asian Survey*, Vol. 24, No. 8, Aug. 1984, p. 840.

74. International Olympic Committee, 'Kitei Son', 2021, https://www.olympic.org/kitei-son, accessed 28 Apr. 2021.

75. Hwang, *History of Korea*, pp. 135-137.

76. Kim, Sebastian C. H., and Kirsteen Kim, *A History of Korean Christianity*, Cambridge: Cambridge University Press, 2018, pp. 107-118.

77. Hwang, *History of Korea*, p. 142.

78. 위의 책, pp. 141, 152.

79. Kim, *History of Korea*, pp. 348-349.

80. 위의 책, p. 350.

81. Min, Pyong Gap, 'Korean "Comfort Women": The Intersection of Colonial Power, Gender, and Class', *Gender & Society*, Vol. 17, No. 3, Dec. 2003, pp. 940-941.

82. Uchida, Jun, 'Between Collaboration and Conflict: State and Society in Wartime Korea', in Masato Kimura and Tosh Minohara (eds), *Tumultuous Decade: Empire, Society, and Diplomacy in 1930s Japan*, Cambridge: Cambridge University Press, 2018, pp. 140-142.

83. *New York Times* staff writers 'Text of Hirohito's Radio Rescript', *New York Times*, 15 Aug. 1945, p. 3.

84. Rusk, Dean, as told to Richard Rusk, Papp, Daniel S. (ed.), *As I Saw It*, New York: W. W. Norton, 1990, pp. 123-124.

85. Cumings, *Korea's Place in the Sun*, pp. 188-189.

86. Johnston, Richard J. H., 'Koreans Angered by "Trusteeship"', *New York Times*, 31 Dec. 1945, p. 1.

87. Hwang, *History of Korea*, pp. 168-169.

88. 위의 책.

89. Kim, *History of Korea*, pp. 392-396.

90. Hwang, *History of Korea*, pp. 170-172.

91. Kraus, Charles, 'Kim Gu on Reunification and War, 1948', NKIDP e-Dossier, No. 19, June 2015, https://www.wilsoncenter.org/publication/kim-gu-reunification-and-war-1948, accessed 28 Apr. 2021.

92. Jeju 4. 3 Peace Foundation, 'Facts & Truth: Introduction', 2018, http://jeju43peace.org/historytruth/fact-truth, accessed 28 Apr. 2021.

독립과 전쟁, 그리고 가난: 1948~1960

1. 『동아일보』사설, 「棄權없는選擧로 獨立政府樹立하자」, 『동아일보』, 1948년 5월 10일, 1면.

2. Croissant, Aurel, 'Korea (Republic of Korea/South Korea)', in Dieter Nohlen, Florian Grotz and Christof Hartmann (eds), *Elections in Asia and the Pacific: A Data Handbook; Volume II; South East Asia, East Asia, and the South Pacific*, Oxford: Oxford University Press, 2001, p. 428.

3. Johnston, Richard J. H., 'South Korea Turns Out 85% Vote Despite Terrorism That Kills 38', *New York Times*, 11 May 1948, p. 1.

4. Cumings, *Korea's Place in the Sun*, pp. 211-212.

5. Stueck, William, *The Korean War: An International History*, Princeton: Princeton University Press, 1995, p. 33.

6. 위의 책.

7. Croissant, *Elections in Asia and the Pacific*, p. 428.

8. Lew, Young Ick, *The Making of the First Korean President: Syngman Rhee's Quest for Independence, 1875-1948*, Honolulu: University of Hawai'i Press, 2014.

9. 『동아일보』사설, 「今日萬代에빗날盛典 憲法公布式擧行」, 『동아일보』, 1948년 5월 17일, 1면.

10. Lew, *Making of the First Korean President*, p. 278.

11. Hyuk, Pak Ki, 'Outcome of the Land Reform in the Republic of Korea', *Journal of Farm Economics*, Vol. 38, No. 4, Nov. 1956, p. 1015.

12. 위의 자료.

13. Johnston, Richard J. H., 'North Korea Gets Full Puppet Rule', *New York Times*, 11 Sept. 1948, p. 4.

14. Hwang, *History of Korea*, p. 173.

15. Kim, Hun Joon, *The Massacres at Mt. Halla: Sixty Years of Truth Seeking in South Korea*, Ithaca: Cornell University Press, 2014, p. 34.

16. Jeju 4. 3 Peace Foundation, 'The Nightmare of the Bukchon Massacre', 9 Dec. 2018, http://jeju43peace.org/the-nightmare-of-the-bukchon-massacre, accessed 29 Apr. 2021.

17. Stueck, *Korean War*, p. 106.

18. US Department of State, 'Review of the Position as of 1950: Address by the Secretary of State, January 12, 1950', *American Foreign Policy 1950-1955: Basic Documents; Volume II; Publication 6446; Genera Foreign Policy Series 117*, Washington, DC: US Government Printing Office, 1957, pp. 2310-2328.

19. Knowles, Clayton, '2 Votes Block Korea Aid Bill: House Test a Blow to Truman', *New York Times*, 20 Jan. 1950, p. 1.

20. Kim, Dong Choon, 'Forgotten War, Forgotten Massacres: The Korean War (1950-1953) as Licensed Mass Killings', *Journal of Genocide Research*, Vol. 6, No. 4, 2004, pp. 533-535.

21. Johnston, Richard J. H., 'Killing of Kim Koo Is "Shock" to Rhee', *New York Times*, 28 June 1949, p. 1.

22. Stueck, *Korean War*, pp. 18-19.

23. United Nations Security Council Resolution 82, 'Resolution of 25 June 1950', S/RES/82/1950 [S/1501], 25 June 1950.

24. United Nations Security Council Resolution 83, 'Resolution of 27 June 1950', S/RES/83/1950 [S/1511], 27 June 1950.

25. Stueck, *Korean War*, pp. 19-20.

26. Cumings, *Korea's Place in the Sun*, p. 266.

27. Hwang, *History of Korea*, p. 178.

28. 위의 책.

29. Cumings, *Korea's Place in the Sun*, pp. 268-270.

30. Kim, *History of Korea*, p. 411.

31. Clodfelter, Michael, *A Statistical History of the Korean War: 1950-1953*, Bennington: Merriam Press, 1989, p. 11.

32. Stueck, *Korean War*, pp. 98-99.

33. Hwang, *History of Korea*, p. 179.

34. Barrett, George, 'Village Massacre Stirs South Korea', *New York Times*, 11 Apr. 1951, p. 4; Parrott, Lindesay, 'Korea Foe Accuses UN of "Massacre" in Prison Camp Riot', *New York Times*, 23 Feb. 1952, p. 1.

35. Croissant, *Elections in Asia and the Pacific*, p. 464.

36. Stueck, *Korean War*, pp. 289-290.

37. MacGregor, Greg, 'Fugitives Mingle with Populace of Pusan; POW Head Says He Lacks Pursuers', *New York Times*, 19 June 1953, p. 2.

38. 'President Is Firm; Pledges Mutual Defense Treaty and Continued Aid to South Korea', *New York Times*, 8 June 1953, p. 1.

39. Keefer, Edward C. (ed.), 'The President of the Republic of Korea (Rhee) to President Eisenhower', *American Foreign Policy 1952-1954, Korea, Volume XV, Part 1, Document 565*, Washington, DC: US Government Printing Office, 1984, pp. 1224-1226.

40. Millett, Allan, 'Battle Casualties of the Korean War (1950-53)', *Encyclopaedia Britannica*, 4 May 1999 [revised 10 Sept. 2020], https://www.britannica.com/event/Korean-War/additional-info#history, accessed 30 Apr. 2021.

41. Bank of Korea, *Economic Statistics Yearbook 1955*, Seoul: Bank of Korea, 1955, pp. 13, 110.

42. World Bank, *Republic of Korea: Four Decades of Equitable Growth*,

Washington, DC: World Bank, 2004, p. 26.

43. Kim, Doo-Sub, 'Population Growth and Transition', in Doo-Sub Kim and Cheong-Seok Kim (eds), *The Population of Korea*, Daejeon: Korea National Statistical Office, 2004, p. 9.

44. Shin, Yong-Ha, 'Land Reform in Korea, 1950', *Bulletin of the Population and Development Studies Center*, Vol. 5, Sept. 1976, p. 14.

45. Han, Ri-hye, 'Graveyard Geomancy in Korea under Japanese Rule: Focusing on the 1930s', *Contemporary Japan*, Vol. 32, No. 1, 2020, p. 25.

46. Oh, Arissa H., *To Save the Children of Korea: The Cold War Origins of International Adoption*, Stanford: Stanford University Press, 2015, pp. 48-75.

47. 위의 책.

48. 위의 책.

49. Hong, Yong-Pyo, *State Security and Regime Security: President Syngman Rhee and the Insecurity Dilemma in South Korea 1953-60*, Basingstoke: Palgrave Macmillan, 2000, pp. 7-8.

50. 위의 책, pp. 40-56.

51. Croissant, *Elections in Asia and the Pacific*, p. 464.

52. 위의 책.

53. Kim, Mi-ju, 'Cho Bong-am Unjustly Executed: Supreme Court', *Korea JoongAng Daily*, 20 Jan. 2011.

54. US Department of State, 'Letter from the Ambassador in Korea (Dowling) to the Director of the Office of Northeast Asian Affairs (Hemmendinger)', *Foreign Relations of the United States, 1955-1957, Korea, Volume XXIII*, Washington, DC: US Government Printing Office, 1993, p. 303.

55. Croissant, *Elections in Asia and the Pacific*, p. 464.

56. USAID, 'Country Summary', 2021, https://data.usaid.gov/ Administration-and-Oversight/U-S-Overseas-Loans-and-Grants-Greenbook-Data/7cnw-pw8v/about_data, accessed 16 Feb. 2024.

57. Kane, Tim, *Global U.S. Troop Deployment, 1950-2005*, Washington, DC: Heritage Foundation, 2006, p. 9.

58. Sorensen, Clark W., 'Success and Education in South Korea', *Comparative Education Review*, Vol. 38, No. 1, Feb. 1994, p. 16.

59. 2.28 민주 운동 기념 사업회, 「The February 28th Democracy Movement」, 2021, http://www.228.or.kr/front/index.php?g_page=guide&m_page=guide02, 2021년 7월 5일 접속.

60. Croissant, *Elections in Asia and the Pacific*, p. 464.

61. Han, Sungjoo, *The Failure of Democracy in South Korea*, Berkeley: University of California Press, 1974, p. 28.

62. Hong, Yong-Pyo, *State Security and Regime Security*, pp. 138–141.

63. Croissant, *Elections in Asia and the Pacific*, p. 477.

64. 위의 책, p. 412.

65. Haggard, Stephan, *Pathways from the Periphery: The Politics of Growth in the Newly Industrializing Countries*, Ithaca: Cornell University Press, 1990, pp. 60, 72.

66. 국가 기록원, 「계획수립 이전 (1948–1962)」, 2021, https://theme. archives.go.kr/next/economicDevelopment/reconstruction.do, 2021년 7월 5일 접속.

67. World Bank, 'Fertility Rate, Total (Births per Woman): Korea, Rep.', 2021, https://data.worldbank.org/indicator/SP.DYN.TFRT.IN?locations=KR, accessed 5 July 2021.

68. Haggard, *Pathways from the Periphery*, p. 60.

69. Han, Yong-Sup, 'The May Sixteenth Military Coup', in Byung-Kook Kim and Ezra Vogel (eds), *The Park Chung Hee Era: The Transformation of South Korea*, Cambridge: Harvard University Press, 2011, p. 41.

70. *New York Times* staff writers, 'Coup in South Korea', *New York Times*, 17 May 1961, p. 36.

71. Kim and Kim, *History of Korean Christianity*, pp. 234–235.

72. 『대한민국 헌법』, 1987년 10월 19일.

박정희 시대: 1961~1979

1. Han, 'May Sixteenth Military Coup', p. 53.

2. 위의 자료, p. 50.

3. Lee, Chong-Sik, *Park Chung Hee: From Poverty to Power*, Seoul: KHU Press, 2012.

4. Kim Hyung-A, 'State Building: The Military Junta's path to Modernity through Administrative Reforms', in Kim and Vogel, *The Park Chung Hee Era*, p. 88.

5. 위의 자료, pp. 91-93.

6. *Korea Journal*, Vol. 1, No. 1, Sept. 1961, p. 54.

7. 국가 기록원, 「제1차 경제개발 5개년 계획 (1962-1966)」, 2021, https://theme.archives.go.kr/next/economicDevelopment/primary.do, 2021년 7월 5일 접속.

8. Kim, 'State Building', pp. 91, 98.

9. 'Summary and Revision of Recommendations of Task Force Report on Korea', 12 June 1961, https://www.jfklibrary.org/asset-viewer/archives/JFKPOF/121/JFKPOF-121-004, accessed 5 July 2021.

10. Kim, 'State Building', pp. 86-87.

11. Croissant, *Elections in Asia and the Pacific*, pp. 465, 474.

12. *New York Times* staff writers, 'Assembly Meets as Military Rule Ends in South Korea', *New York Times*, 18 Dec. 1963, p. 4.

13. Han, 'May Sixteenth Military Coup', pp. 51, 54.

14. Hwang, *History of Korea*, pp. 197-198.

15. 김영삼, 『김영삼 회고록: 민주주의를 위한 나의 투쟁』, 1권 3판, 서울: 백산서당, 2015.

16. Kim, Dae-Jung, *Conscience in Action: The Autobiography of Kim Daejung*, trans. Jeon Seung-hee, London: Palgrave Macmillan, 2019, pp. 68-81., 『행동하는 양심으로』, 금문당, 2009.

17. Kim, Hyung-jin, 'Kim Jong-pil, Spymaster and Two-Time Prime

Minister of South Korea, Dies at 92', *Washington Post*, 25 June 2018.

18. Hwang, *History of Korea*, pp. 198–199.

19. *New York Times* staff writers, 'Korean Protests against Regime Flare in 12 Cities', *New York Times*, 5 June 1964.

20. Kim, Sarah, 'Treaty that Struggled to Be Born Still Confounds', *Korea JoongAng Daily*, 21 June 2015.

21. United Nations Economic and Social Council, 'Report on the Mission to the Democratic People's Republic of Korea, the Republic of Korea and Japan on the Issue of Military Sexual Slavery in Wartime', 4 Jan. 1996, http://hrlibrary.umn.edu/commission/country52/53-add1.htm, accessed 5 July 2021.

22. Lee, Min Yong, 'The Vietnam War: South Korea's Search for National Security', in Kim and Vogel, *Park Chung Hee Era*, pp. 403–429.

23. Kwon, Hyuk-joo, 'Why Move Yi Sun-shin?', *Korea JoongAng Daily*, 23 Jan. 2019.

24. Croissant, *Elections in Asia and the Pacific*, pp. 465, 474.

25. *New York Times* staff writers, 'North Korean Says Aim Was to Assassinate Park', *New York Times*, 23 Jan. 1968, p. 6.

26. Han, Y. C., 'The 1969 Constitutional Revision and Party Politics in South Korea', *Pacific Affairs*, Vol. 44, No. 2, Summer 1971, pp. 242, 246–247.

27. Croissant, *Elections in Asia and the Pacific*, p. 465.

28. Park, Chung-hee, *Major Speeches by Korea's Park Chung Hee*, Seoul: Samhwa Publishing, 1976.

29. Sakong, Il, *Korea in the World Economy*, Washington, DC: Institute for International Economics, 1993, p. 25.

30. World Bank, 'GDP Growth (Annual %): Korea, Rep.', 2021, https://data.worldbank.org/indicator/NY.GDP.MKTP.KD.ZG?locations=KR, accessed 6 July 2021.

31. 산업 연구원 ISTANS, 「1차,2차,3차 기준」, 2021, https://istans.or.kr/su/newSuTab.do?scode=S111, 2021년 7월 6일 접속.

32. World Bank, 'Exports of Goods and Services (Current US$): Korea, Rep.', 2021, https://data.worldbank.org/indicator/NE.EXP.GNFS.CD?end=2019&locations=KR&start=1960, accessed 6 July 2021.

33. World Bank, *Korea: Current Economic Position and Prospects*, Washington, DC: World Bank, 1963.

34. Kim, Eun Mee, *Big Business, Strong State: Collusion and Conflict in South Korean Development, 1960-1990*, New York: SUNY Press, 1997, pp. 102-103.

35. 위의 책, pp. 59, 153.

36. Kim, Eun Mee, and Gil-Sung Park, 'The Chaebol', in Kim and Vogel, *Park Chung Hee Era*, pp. 267, 272.

37. 위의 책, p. 266.

38. 위의 책, pp. 273-274.

39. 국가 기록원, 「제2차 경제개발 5개년 계획 (1967-1971)」, 2021, https://theme.archives.go.kr/next/economicDevelopment/secondary.do, 2021년 7월 5일 접속.

40. 『동아일보』 기사, 「九老 輸出産業工業團地준공」, 『동아일보』, 1967년 4월 1일, 1면.

41. POSCO, 'History of POSCO', 2021, https://www.posco.co.kr/homepage/docs/eng7/jsp/company/posco/s91a1000012c.jsp, accessed 16 Feb. 2024.

42. World Bank, 'School Enrollment (Secondary), Gross, Gender Parity Index (GPI): Korea, Rep.', 2021, https://data.worldbank.org/indicator/SE.ENR.SECO.FM.ZS?locations=KR, accessed 6 July 2021.

43. World Bank, 'School Enrollment (Tertiary), Gross, Gender Parity Index (GPI): Korea, Rep.', 2021, https://data.worldbank.org/indicator/SE.ENR.TERT.FM.ZS?locations=KR, accessed 6 July 2021.

44. KAIST, 'Founding Philosophy', 2021, https://www.kaist.ac.kr/en/html/kaist/011701.html, accessed 6 July 2021.

45. Lee, Jong-Chan, 'Health Care Reform in South Korea: Success or

Failure?', *American Journal of Public Health*, Vol. 93, No. 1, Jan. 2003, p. 48.

46. Lee, Jeong-rok, and Lee Seung-ah, 'Seoul Metro Turns 40: The Subway's Past and Present', 15 Aug. 2014, https://www.korea.net/NewsFocus/Society/view?articleId=121100, accessed 6 July 2021.

47. USAID, 'Country Summary'.

48. Kim, Se Jin, 'South Korea's Involvement in Vietnam and Its Economic and Political Impact', *Asian Survey*, Vol. 10, No. 6, June 1970, pp. 519-523.

49. Kim, Hyun Sook, and Pyong Gap Min, 'The Post-1965 Korean Immigrants: Their Characteristics and Settlement Patterns', *Korea Journal of Population and Development*, Vol. 21, No. 2, Dec. 1992, pp. 121-143.

50. 「이민 및 국적법」, 1965년 10월 3일.

51. Kim and Min, 'Post-1965 Korean Immigrants', pp. 122-124.

52. Garz, Detlef, 'Going Away: Going Home! Coming Home? The Migration of Korean Nurses and Miners to Germany and Their Return in Retirement to Korea's German Village', *OMNES: The Journal of Multicultural Society*, Vol. 6, No. 1, 2015, pp. 161-183.

53. 전태일 재단, 「아름다운 청년 전태일」, 2021, http://www.chuntaeil.org, 2021년 7월 7일 접속.

54. 전태일 재단, 「삶과 죽음」, 2021, http://www.chuntaeil.org/c/1/2, 2021년 7월 7일 접속.

55. Kim, Sang-bon, 'Remembering the Life of Jeon Tae-il and His Sacrifice 49 Years Ago', *The Hankyoreh*, 13 Nov. 2019.

56. Cho, Nam Joo, *Kim Jiyoung, Born 1982*, trans. Jamie Chang, London: Scribner, 2020, p. 20., 『82년생 김지영』, 민음사, 2016.

57. Shin, Ki-young, 'The Politics of the Family Reform Movement in Contemporary Korea', *Journal of Korean Studies*, Vol. 11, No. 1, Fall 2006, pp. 93-125.

58. Cho, *Kim Jiyoung, Born 1982*, pp. 18-19.

59. Lee, Kyong-hee, 'Legacy of a Pioneer Feminist Thinker and Pioneer', *Korea Herald*, 15 Oct. 2020.

60. Trumbull, Robert, 'Seoul Unit Set to Bar Aid Abuse', *New York Times*, 5 May 1960, p. 5.

61. Scott Stokes, Henry, 'He Ran South Korea, Down to Last Detail', *New York Times*, 27 Oct. 1979, p. 1.

62. Kang, David C., *Crony Capitalism: Corruption and Development in South Korea and the Philippines*, Cambridge: Cambridge University Press, 2002.

63. Asian Development Bank, 'The *Saemael Undong* Movement in the Republic of Korea: Sharing Knowledge on Community-Driven Development', Mandaluyong City: Asian Development Bank, 2012.

64. 박정희, 대통령 「신년사」, 1964년 1월 1일.

65. Fischer, Hannah, *North Korean Provocative Actions 1950-2007*, Washington, DC: Congressional Research Service, 2007, pp. 4-6.

66. US Department of State, 'Banquet Honoring President Nixon, Shanghai, February 27', *Department of State Bulletin*, Vol. LXVI, No. 1697, 3 Jan. 1972, p. 432.

67. Office of the Historian of the US Department of State, 'Milestones: 1977-1980', 2021, https://history.state.gov/milestones/1977-1980/china-policy, accessed 7 July 2021.

68. 「7.4 남북 공동 성명」, 1972년 7월 4일.

69. KBS World, 'First Inter-Korean Red Cross Talks in 1972', 2021, https://rki.kbs.co.kr/service/contents_view.htm?lang=e&menu_%20 cate=histor%20y&id=&board_seq=275254&page=3&board_%20 code=koreamoment, accessed 7 July 2021.

70. Fischer, *North Korean Provocative Actions 1950-2007*.

71. Pacheco Pardo, Ramon, *North Korea-US Relations from Kim Jong Il to Kim Jong Un*, 2nd edn, London: Routledge, 2019, p. 23.

72. US Department of State, 'Letter From President Nixon to Korean President Park', *Foreign Relations of the United States, 1969-1976, Korea*, Volume XIX, Washington, DC: US Government Printing Office, 2009, pp.

153-155.

73. Kane, 'Global U.S. Troop Deployment', p. 9.

74. Croissant, *Elections in Asia and the Pacific*, p. 427.

75. 『대한민국 헌법』, 1972년 12월 27일.

76. Croissant, *Elections in Asia and the Pacific*, p. 413.

77. Kim, *Conscience in Action*, pp. 187-191.

78. *New York Times* staff writers, 'Warnings Said to Have Saved Korean', *New York Times*, 20 Aug. 1973, p. 3.

79. 재일 한국인은 넓은 의미로 보면 현재 일본에 살고 있는 모든 한국 국적자 및 그 자손들을 통틀어 일컫는 말이다. 일반적으로는 1965년 한일 국교 정상화 이전에 일본으로 건너와 특별 영주자 자격을 가진 한국계 거주자의 의미로 사용된다.

80. Keon, Michael, *Korean Phoenix: A Nation from the Ashes*, Englewood Cliffs: Prentice-Hall International, p. 199.

81. Park, Chung-hee, quoted in Oberdorfer, Don, *The Two Koreas: A Contemporary History*, New York: Basic Books, 2001, p. 56.

82. 『동아일보』 기사, 「人革黨관련 8명 死刑執行」, 『동아일보』, 1975년 4월 10일, 1면.

83. Select Committee on Ethics of the United States Senate, 'Korean Influence Inquiry', Washington, DC: US Government Printing Office, 1978.

84. Yoon, Min-sik, 'Cho Yong-pil, King of Korean Pop Music', *Korea Herald*, 18 May 2018.

85. Song, Seung-hyun, 'Youn Yuh-jung's Storied 5-Decade Career Culminates in Oscar Win', *Korea Herald*, 16 Apr. 2021.

86. KMDb, 'Winter Woman (Gyeo-ul-yeoja)', 2006-2018, https://www.kmdb.or.kr/eng/db/kor/detail/movie/K/03153, accessed 8 July 2021.

87. 국가 기록원, 「제3차 경제개발 5개년 계획 (1972-1976)」, 2021, https://theme.archives.go.kr/next/economicDevelopment/tertiary.do, 2021년 7월 5일 접속; 국가 기록원, 「제4차 경제개발 5개년 계획 (1977-1981)」, 2021, 2021년 7월 5일 접속.

88. Tom, White 'The Hyundai Pony: Korea's First Home-Grown Car', 2018, https://www.carsguide.com.au/oversteer/the-hyundai-pony-koreas-first-home-grown-car-71469, accessed 16 Feb. 2024.

89. 통계청,「지역별 인구 및 인구밀도」, 2021, https://www.index.go.kr/unity/potal/main/EachDtlPageDetail.do?idx_cd=1007, 2021년 7월 8일 접속.

90. 산업 연구원 ISTANS,「1차,2차,3차 기준」.

91. 통계청,「가구원수」, 2021, https://www.index.go.kr/unify/idx-info.do?idxCd=4229, 2021년 7월 8일 접속.

92. Kim, Jee-hee, 'Shin Choon-ho, Founder of Ramyeon Giant Nongshim, Dies at 91', *Korea JoongAng Daily*, 28 Mar. 2021.

93. Kim and Min, 'Post-1965 Korean Immigrants', pp. 121-143.

94. Croissant, *Elections in Asia and the Pacific*, p. 428.

95. Lee, Jin-kyung, *Service Economies: Militarism, Sex Work, and Migrant Labor in South Korea*, Minneapolis: University of Minnesota Press, pp. 93-99.

96. KMDb, 'Yeong-Ja's Heydays (Yeongja-ui jeonseongsidae)', 2006-2018, https://www.kmdb.or.kr/eng/db/kor/detail/movie/K/02874, accessed 8 July 2021.

97. KMDb, 'Heavenly Homecoming to Stars (Byeoldeul-ui gohyang)', 2006-2018, https://www.kmdb.or.kr/eng/db/kor/detail/movie/K/02746, accessed 8 July 2021.

98. Hwang, Okon, 'Kim Min-ki and the Making of a Legend', in Hyunjoon Shin and Seung-Ah Lee (eds), *Made in Korea: Studies in Popular Music*, Abingdon: Routledge, 2017, pp. 134-135.

99. Hwang, *History of Korea*, pp. 206-207.

100. Kim and Kim, *History of Korean Christianity*, p. 157.

101. 민중은 1970년대 후반부터 1980년대까지 민주주의를 위해 맞서 싸운 집단을 일컫는데, 여기에는 한국의 독재 정권으로부터 억압받지 않을 때 그들의 의견이 반영되지 못한다고 느낀 노동자와 학생, 지식인, 여성, 일반 시민이 포함된다.

102. Lee, Chengpang, and Myungsahm Suh, 'State Building and Religion:

Explaining the Diverged Path of Religious Change in Taiwan and Korea, 1950-1980', *American Journal of Sociology*, Vol. 123, No. 2, Sept. 2017, pp. 491-496.

103. Chapman, William, 'President Park Killed in South Korea', *Washington Post*, 27 Oct. 1979; 'President Park Is Slain in Korea by Intelligence Chief, Seoul Says; Premier Takes Over, G.I.'s Alerted', *New York Times*, 27 Oct. 1979, p. 1.

104. Scott Stokes, Henry, 'Foe of Seoul Regime Asks Decision by U.S.', *New York Times*, 16 Sept. 1979, p. 17.

105. Reuters, 'Martial Law Is Set in South Korea City after Student Riot', *New York Times*, 18 Oct. 1979, p. 1.

106. Scott Stokes, Henry, 'Opposition Attacks Korea Vote Plan', *New York Times*, 11 Nov. 1979, p. 22.

107. Youn, Dong Shin, 'South Korean Women Labourers Protest Closing of YH Wig Manufacturing Company 1979', 5 Apr. 2015, https://nvdatabase.swarthmore.edu/content/south-korean-women-labourers-protest-closing-yh-wig-manufacturing-company-1979, accessed 12 July 2021.

108. Katsiafikas, George N., *Asia's Unknown Uprisings: South Korean Social Movements in the 20th Century*, Oakland: PM Press, pp. 152-155.

109. Breen, Michael, 'Inner Circle Collapses: Kim Jae-gyu and Cha Ji-cheol', *Korea Times*, 15 Feb. 2012.

110. Chun, Young-gi, and Jin-kyu Kang, 'The Inside Story of the Park Chung Hee Killing', *Korea JoongAng Daily*, 2 Nov. 2015.

111. 『동아일보』 기사, 「金載圭·金桂元사형」, 『동아일보』, 1979년 12월 20일, 1면.

112. Keesing's Worldwide, 'Assassination of President Park Chung Hee—Mr Choi Kyu Hah Elected President—Cabinet Formed by Mr Shin Hyon Hwack—Other Internal Developments, August 1979 to March 1980', *Keesing's Record of World Events*, Vol. 26, Apr. 1980, p. 30216.

113. *New York Times* staff writers, 'President Park Is Slain in Korea by Intelligence Chief', *New York Times*, 27 Oct. 1979, p. 1.

114. Scott Stokes, Henry, 'South Korea Calls Presidential Vote', *New York Times*, 10 Nov. 1979, p. 1.

부와 민주주의를 향하여: 1980~1987

1. Chon, Kum-song, *Chun Doo Hwan, Man of Destiny: A Biography of the President of the Republic of Korea*, trans. W. Y. Joh, Los Angeles: North American Press, 1982.

2. Scott Stokes, Henry, '7 Top Generals Are Held in Seoul Military Power Struggle; Military Power Struggle Is Seen', *New York Times*, 14 Dec. 1979.

3. Editors of *Encyclopaedia Britannica*, 'Chung Sung-Hwa', 2021, https://www.britannica.com/biography/Chung-Sung-Hwa, accessed 12 July 2021.

4. Suh, Dae-Sook, 'South Korea in 1981: The First Year of the Fifth Republic', *Asian Survey*, Vol. 22, No. 1, Jan. 1982, pp. 107-115.

5. Kim, *Conscience in Action*, p. 372.

6. Croissant, *Elections in Asia and the Pacific*, p. 413.

7. 위의 책, p. 428.

8. Katsiafikas, *Asia's Unknown Uprisings*, pp. 155-158.

9. Shin, Gi-Wook, and Kyung Moon Hwang, *Contentious Kwangju: The May 18 Uprising in Korea's Past and Present*, Lanham: Rowman & Littlefield, pp. xiv-xx.

10. 5.18 기념 재단, 관련 통계, https://518.org/nsub.php?PID=010208#top, 2021년 7월 21일 접속.

11. Mosler, Hannes B., 'The Contested Political Remembrance of the Kwangju Uprising and Presidential Speeches in South Korea', *S/N Korean Humanities*, Vol. 6, No. 1, pp. 47-92.

12. 위의 자료.

13. Shin and Hwang, *Contentious Kwangju*, pp. xiii-xiv.

14. Mosler, 'Contested Political Remembrance of the Kwangju Uprising', p. 63.

15. Yonhap News Agency, 'Committee Launches Fact-Finding Mission over 1980 Prodemocracy Movement', 12 May 2020.

16. KMDb, 'A Taxi Driver (Taeg-si-un-jeon-sa)', 2006-2018, https://www.kmdb.or.kr/eng/db/kor/detail/movie/K/16150, accessed 8 July 2021.

17. World Bank, 'GDP Growth (Annual %): Korea, Rep.'.

18. Suh, 'South Korea in 1981', p. 112.

19. Kwon, Hyeong-ki, *Changes by Competition: The Evolution of the South Korean Developmental State*, Oxford: Oxford University Press, 2021, pp. 90-91.

20. 위의 책, pp. 95-96.

21. Williamson, John, 'What Washington Means by Policy Reform', in John Williamson (ed.), *Latin American Adjustment: How Much Has Happened?*, Washington, DC: Institute for International Economics, 1989, pp. 7-20.

22. 국가 기록원, 「제5차 경제개발 5개년 계획 (1982-1986)」, 2021, https://theme.archives.go.kr/next/economicDevelopment/fifth.do, 2021년 7월 5일 접속.

23. 국가 기록원, 「제6차 경제개발 5개년 계획 (1987-1991)」, 2021, https://theme.archives.go.kr/next/economicDevelopment/sixth.do, 2021년 7월 5일 접속.

24. World Bank, 'School Enrollment (Primary), Gross, Gender Parity Index (GPI): Korea, Rep.', 2021, https://data.worldbank.org/indicator/SE.ENR.PRIM.FM.ZS?locations=KR, accessed 6 July 2021.

25. World Bank, 'School Enrollment (Secondary), Gross, Gender Parity Index (GPI): Korea, Rep.', 2021, https://data.worldbank.org/indicator/SE.ENR.SECO.FM.ZS?locations=KR, accessed 6 July 2021.

26. World Bank, 'School Enrollment (Tertiary), Gross, Gender Parity Index (GPI): Korea, Rep.', 2021, https://data.worldbank.org/indicator/SE.ENR.TERT.FM.ZS?locations=KR, accessed 6 July 2021.

27. Lee, 'Health Care Reform in South Korea', p. 64.

28. Kwon, *Changes by Competition*, p. 92.

29. Lars, Bruno, and Stig Tenold, 'The Basis for South Korea's Ascent in the Shipbuilding Industry, 1970–1990', *Mariner's Mirror*, Vol. 97, No. 3, 2011, pp. 201–217.

30. Stern, Milton, 'To Excel in America: Hyundai's First Car Sold in the United States', Jan. 2020, https://www.hemmings.com/stories/article/to-excel-in-america, accessed 12 July 2021.

31. Kim, 'Shin Choon-ho, Founder of Ramyeon Giant Nongshim, Dies at 91'.

32. 산업 연구원 ISTANS, 「1차,2차,3차 기준」.

33. Boyer, William W., and Byong Man Ahn, *Rural Development in South Korea: A Sociopolitical Analysis*, Newark: University of Delaware Press, 1991, p. 53.

34. 위의 책, pp. 51–52.

35. Korea Labor Institute, '2018_V_Industrial Relations', 22 Nov. 2018, https://www.kli.re.kr/board.es?mid=a20501000000&bid=0072&act=view&list_no=134320&tag=&nPage=3, accessed 16 Feb. 2024.

36. Economic Planning Board, '1985 Population and Housing Census Report', Seoul, 1987, pp. 72–76.

37. World Bank, 'Fertility Rate, Total (Births per Woman): Korea, Rep.'.

38. 산업 연구원 ISTANS, 「1차,2차,3차 기준」.

39. KMDb, 'Deep Blue Night (Gipgo puleun bam)', 2006–2018, https://www.kmdb.or.kr/eng/db/kor/detail/movie/K/03851, accessed 8 July 2021.

40. KMDb, 'Whale Hunting (Goraesanyang)', 2006–2018, https://www.kmdb.or.kr/eng/db/kor/detail/movie/K/03778, accessed 8 July 2021.

41. Gillett, Chris, 'Understanding the Phenomenon That Is K-Pop', *South China Morning Post*, 14 Nov. 2018.

42. Den Boer, Andrea, and Valerie Hudson, 'Patrilineality, Son Preference, and Sex Selection in South Korea and Vietnam', *Population and Development*

Review, Vol. 43, No. 1, Mar. 2017, p. 119.

43. 통계청, 「국내 입양아 수 및 입양 비율」, 2021, https://www.index.go.kr/ unity/potal/main/EachDtlPageDetail.do?idx_cd=2708, 2021년 7월 8일 접속.

44. Kong, Sae Kwon, and Minja Kim Choe, 'Labor Force Participation of Married Women in Contemporary Korea', *Journal of Population and Health Studies*, Vol. 9, No. 2, Dec. 1989, p. 124.

45. Suh, Doowon, and Inn Hea Park, 'Framing Dynamics of South Korean Women's Movements. 1970s–1990s: Global Influences, State Responses, and Interorganizational Networks', *Journal of Korean Studies*, Vol. 19, No. 2, Fall 2014, p. 339.

46. UNESCO, 'The Archives of the KBS Special Live Broadcast "Finding Dispersed Families"', 2014, https://en.unesco.org/sites/default/files/korea_dis persed_persons_eng.pdf, accessed 16 Feb. 2024.

47. Lohr, Steve, 'War–Scattered Korean Kin Find Their Kin at Last', *New York Times*, 18 Aug. 1983, p. 2.

48. UNESCO, 'Archives of the KBS Special Live Broadcast "Finding Dispersed Families"'.

49. Park, Kyung Ae, and Sung–Chull Lee, 'Changes and Prospects in Inter–Korean Relations', *Asian Survey*, Vol. 32, No. 5, May 1992, p. 432.

50. Chapman, William, 'North Korean Leader's Son Blamed for Rangoon Bombing', *Washington Post*, 3 Dec. 1983: Oberdorfer, Don, and *Washington Post* staff writer, 'Blast Kills Top Aides to South Korean President', *Washington Post*, 10 Oct. 1983.

51. Selth, Andrew, 'The Rangoon Bombing: A Historical Footnote', 16 May 2012, https://www.jstor.org/stable/pdf/j.ctv1d5nm3z.50.pdf, accessed 16 Feb. 2024.

52. Feaver, Douglas B., David Hoffman and *Washington Post* staff writers, 'Plane's Tragic Odyssey Mysterious', *Washington Post*, 4 Sep. 1983.

53. KBS World, 'N. Korea's Flood Relief Aid for S. Korea in 1984', 22 Mar. 2018, http://world.kbs.co.kr/service/contents_view.htm?lang=e&menu_

cate=history&id=&board_seq=275253, accessed 12 July 2021.

54. Kim, C. I. Eugene, 'South Korea in 1985: An Eventful Year amidst Uncertainty', *Asian Survey*, Vol. 26, No. 1, Jan. 1986, p. 72.

55. BBC, 'Nine Charts Which Tell You All You Need to Know about North Korea', 26 Sept. 2017.

56. Haberman, Clyde, '5 Dead, 36 Hurt in an Explosion at Seoul Airport', *New York Times*, 15 Sep. 1986, p. 1.

57. Associated Press, 'Woman Says She Put Bomb on a Korean Jet, Killing 115', *New York Times*, 15 Jan. 1988, p. 8.

58. Kim, E. Tammy, 'Korea's Tireless Patriot Revolutionary', *New York Review*, 17 Dec. 2020.

59. Scott Stokes, Henry, 'Anti-U.S. Sentiment Is Seen in Korea', *New York Times*, 28 Mar. 1982, p. 3.

60. Burgess, John, 'Kim Dae Jung Stays Home after Fracas at Airport', *Washington Post*, 9 Feb. 1985.

61. Croissant, *Elections in Asia and the Pacific*, p. 428.

62. Koh, B. C., 'The 1985 Parliamentary Election in South Korea', *Asian Survey*, Vol. 25, No. 9, Sept. 1985, p. 896.

63. '57,561 People Reeducated in Social Purification Drive', *Korea Herald*, 9 Jan. 1981; Stokes, Henry Scott, 'Seoul Said to Hold 15,000 in Camps without Trial', *New York Times*, 20 Sept. 1981, p. 5.

64. Kim, Tong-Hyun, and Foster Klug, 'S. Korea Covered Up Mass Abuse, Killings of "Vagrants"', Associated Press, 20 Apr. 2016.

65. Lim, C. W., 'South Korea to Build Dam against "Water Offensive"', Associated Press 27 Nov. 1986.

66. Hiatt, Fred, 'Death of Student Triggers Renewed Clashes in Seoul', *Washington Post*, 6 July 1987.

67. Lee, Namhee, *The Making of Minjung: Democracy and the Politics of Representation in South Korea*, Ithaca: Cornell University Press, 2007, pp. 301-302.

68. Haberman, Clyde, 'President of South Korea Orders a Halt to Debate on Constitution', *New York Times*, 13 Apr. 1987, p. 1.

69. 위의 자료.

70. 『중앙일보』 기사, 「김영삼 위원장 내일상오 회견」, 『중앙일보』, 1987년 4월 13일.

71. Special Reporting Team, '30 Years On, Son's Murder Still Haunts Family', *Korea JoongAng Daily*, 12 Jan. 2017.

72. Korea Labor Institute, '2018_V_Industrial Relations', 22 Nov. 2018, https://www.kli.re.kr/board.es?mid=a20501000000&bid=0072&act=view&list_no=134320&tag=&nPage=3, accessed 16 Feb. 2024.

73. Oberdorfer, Don, 'U.S. Intensifies Pressure on Chun', *Washington Post*, 27 June 1987.

74. Samaranch, Juan-Antonio, Roh, Tae-woo and Chun, Doo-hwan, 'Meeting between President Chun Doo Hwan and President Samaranch', 25 Apr. 1986, https://digitalarchive.wilsoncenter.org/document/113918, accessed 13 July 2021.

75. Haberman, Clyde, 'Fury and Turmoil: Days that Shook Korea', *New York Times*, 6 July 1987, p. 1.

76. MBC 뉴스, 「[6.29 선언]직선제 개정관련 특별선언발표」, MBC, 1987년 6월 29일.

77. 위의 자료.

78. KBS 뉴스, 「〈이한열 열사 사망사건〉 고 이한열군 유해 고향에 영면」, KBS, 1987년 7월 9일.

79. Croissant, *Elections in Asia and the Pacific*, p. 427.

80. 『대한민국 헌법』, 1987년 10월 29일.

81. Croissant, *Elections in Asia and the Pacific*, pp. 467, 470.

82. Mundy, Simon, and Song Jung-a, 'Lee Kun-hee, Samsung Family Patriarch, 1942-2020', *Financial Times*, 25 Oct. 2020; Yonhap News Agency, 'Samsung Chief Lee, Staunch Force behind S. Korea's Rise to Tech Powerhouse, Dies', 25 Oct. 2020.

자유와 위기: 1988~1997

1. 노태우, 「보통사람들의 위대한 시대: 제13대 대통령 취임사」, 1988년 2월 25일.

2. Hiatt, Fred, 'Roh Grants Partial Amnesty to Political Prisoners', *Washington Post*, 27 Feb. 1988.

3. Haberman, Clyde, 'Koreans Install a New President', *New York Times*, 25 Feb. 1988, p. 6.

4. Kang, WooJin, 'Conservative Democratisation', in JeongHun Han, Ramon Pacheco Pardo and Yongho Cho (eds), *The Oxford Handbook of South Korean Politics*, Oxford: Oxford University Press, 2023, ch. 6.

5. Haberman, 'Koreans Install a New President'.

6. Kang, 'Conservative Democratisation'.

7. Korea Labor Institute, '2018_V_Industrial Relations', 22 Nov. 2018, https://www.kli.re.kr/board.es?mid=a20501000000&bid=0072&act=view&list_no=134320&tag=&nPage=3, accessed 16 Feb. 2024.

8. 위의 자료.

9. Associated Press, 'S. Korea's Chief Justice Resigns as Judges Urge Independent Courts', *Los Angeles Times*, 18 June 1988.

10. Ahn, Chung-si, 'Democratization and Political Reform in South Korea: Development, Culture, Leadership and Institutional Change', *Asian Journal of Political Science*, Vol. 1, No. 2, 1993, pp. 93–109.

11. Kim, Hunjoon, 'Seeking Truth after 50 Years: The National Committee for Investigation of the Truth about the Jeju 4. 3 Events', *International Journal of Transitional Justice*, Vol. 3, No. 3, Nov. 2009, p. 414.

12. Croissant, *Elections in Asia and the Pacific*, p. 428.

13. *New York Times* staff writers, '2 Parties in Seoul Agree to a Merger with Ruling Group', *New York Times*, 23 Jan. 1990, p. 1.

14. 위의 자료.

15. Olympics, 'Seoul 1988: Opening Ceremony | Seoul Replays', 9 June

2020, https://www.youtube.com/watch?v=KeWSC7iCnpM, accessed 13 July 2021.

16. Joo, Yu-Min, Yooil Bae and Eva Kassens-Noor, *Mega-Events and Mega-Ambitions: South Korea's Rise and the Strategic Use of the Big Four Events*, London: Palgrave Macmillan, 2017, p. 36.

17. Olympics, 'Seoul 1988: Opening Ceremony'.

18. Joo, Bae and Kassens-Noor, *Mega-Events and Mega-Ambitions*, p. 28.

19. 위의 책, p. 38.

20. Pacheco Pardo, Ramon, 'South Korea's Strategic Reset under Roh Tae-woo: *Nordpolitik*', in Andrew Ehrhardt and Nicholas Kaderbhai (eds), *Historical Case Studies for the Integrated Review*, Part I, London: King's College London, 2020, p. 11.

21. Chung, Tae Dong, 'Korea's *Nordpolitik*: Achievements & Prospects', *Asian Perspective*, Vol. 15, No. 2, Fall-Winter 1991, p. 152.

22. Lee, Manwoo, *The Odyssey of Korean Democracy: Korean Politics, 1987-1990*, New York: Praeger, 1990, p. 108.

23. Cha, Victor, *The Impossible State: North Korea, Past and Future*, New York: Vintage, 2013, p. 118.

24. United Nations, 'Member States', 2021, https://www.un.org/en/about-us/member-states, accessed 13 July 2021.

25. Agreement on Reconciliation, Non-Aggression and Exchanges and Cooperation between the South and the North, 13 Dec. 1991.

26.「한반도 비핵화 공동 선언」, 1992년 1월 20일.

27. Rosenbaum, David E., 'U.S. to Pull A-Bombs from South Korea', *New York Times*, 20 Oct. 1991, p. 3.

28. Sanger, David E., 'Death of a Leader: Kim Il Sung, Enigmatic "Great Leader" of North Korea for 5 Decades Dies', *New York Times*, 10 July. 1994, p. 13.

29. Crossette, Barbara, 'Korean Famine Toll: More than 2 Million', *New York Times*, 20 Aug 1999, p. 6.

30. Satterwhite, David H., 'North Korea in 1997: New Opportunities in a

Time of Crisis', *Asian Survey*, Vol. 38, No. 1, Jan. 1998, pp. 16-20.

31. Croissant, *Elections in Asia and the Pacific*, p. 466.

32. Shin, Gi-Wook, *Ethnic Nationalism in Korea: Genealogy, Politics, and Legacy*, Stanford: Stanford University Press, 2006, pp. 185-187.

33. Kim, Kyong Ju, *The Development of Modern South Korea: State Formation, Capitalist Development and National Identity*, Abingdon: Routledge, 2006, pp. 155-158.

34. Hoffman, Diane M., 'Culture, Self, and "URI": Anti-Americanism in Contemporary South Korea', *Journal of Northeast Asian Studies*, Vol. 12, No. 2, 1993, pp. 3-18.

35. Park, Chae Bin, and Nam-Hoon Cho, 'Consequences of Son Preference on a Low-Fertility Society', *Population and Development Review*, Vol. 91, No. 1, Mar. 1995, pp. 59-84.

36. Den Boer and Hudson, 'Patrilineality, Son Preference, and Sex Selection', pp. 126, 142.

37. Suh and Park, 'Framing Dynamics of South Korean Women's Movements, 1970s-90s', pp. 342-347.

38. Chung, Woojin, and Monica Das Gupta, *Why Is Son Preference Declining in South Korea? The Role of Development and Public Policy, and Implications for China and India*, Washington, DC: World Bank, p. 5.

39. 위의 책.

40. Lewis, Linda S., 'Female Employment and Elite Occupations in Korea', *Korean Studies*, Vol. 21, 1997, p. 54.

41. Koh, B. C., 'South Korea in 1995: Tremors of Transition', *Asian Survey*, Vol. 36, No. 1, Jan. 1996, pp. 56-57.

42. Jordan, Mary, 'President's Son Jailed in S. Korea', *Washington Post*, 18 May 1987.

43. Bong, Youngshik D., 'The Gay Rights Movement in Democratizing Korea', *Korean Studies*, Vol. 32, 2008, pp. 86-103.

44. Kim, Suk-Young, *K-Pop Live: Fans, Idols, and Multimedia*

Performance, Stanford: Stanford University Press, 2018.

45. Kim, Jiyoon, 'National Identity under Transformation: New Challenges to South Korea', in Gilbert Rozman (ed.), *Asia's Alliance Triangle: US-Japan-South Korea Relations at a Tumultuous Time*, London: Palgrave Macmillan, 2015, pp. 208–211.

46. Cho, Myhie, *Entrepreneurial Seoulite: Culture and Subjectivity in Hongdae, Seoul*, Ann Arbor: University of Michigan Press, 2019.

47. 『중앙일보』 기사, 「전두환씨 내일증언」, 『중앙일보』, 1989년 12월 30일.

48. Tamyalew, Arsema, *A Review of the Effectiveness of the Anti-corruption and Civil Rights Commission of the Republic of Korea*, Washington, DC: World Bank, 2014, p. 48.

49. Editors of *Encyclopaedia Britannica*, 'Chung Sung-Hwa'.

50. Pollack, Andrew, 'New Korean Leader Agrees to Pardon of 2 Ex-Dictators', *New York Times*, 21 Dec. 1997, p. 10.

51. Federation of American Scientists, 'National Intelligence Service', 18 July 1999, https://fas.org/irp/world/rok/nis.htm, accessed 13 July 2021.

52. World Bank, 'GDP growth (Annual %): Korea, Rep.'.

53. US Department of the Treasury, 'Report to the Congress on International Economic and Exchange Rate Policies', Washington, DC: US Government Printing Office, 1992, pp. 21–22.

54. 국가 기록원, 「제7차 신경제 경제개발 5개년 계획 (1992-1997)」, 2021, https://theme.archives.go.kr/next/economicDevelopment/newEconomy.do, 2021년 7월 5일 접속.

55. Ministry of Economy and Finance, 'History', 1 Aug. 2018, https://english.moef.go.kr/co/selectAboutMosf.do?boardCd=C0005, accessed 13 July 2021.

56. Graham, Edward M., *Reforming Korea's Industrial Conglomerates*, Washington, DC: Peterson Institute for International Economics, 2003, p. 91.

57. Kim, 'Seeking Truth after 50 Years', pp. 275–276.

58. Mundy and Song, 'Lee Kun-hee'; Yonhap News Agency, 'Samsung

Chief Lee'.

59. Jin, Dal Yong, Kyong Yoon and Wonjung Min, *Transnational Hallyu: The Globalization of Korean Digital and Popular Culture*, Lanham: Rowman & Littlefield, 1990, p. 31.

60. KMDb, 'Swiri (Swili)', 2006-2018, https://www.kmdb.or.kr/eng/db/kor/detail/movie/K/04983, accessed 8 July 2021.

61. World Bank, 'GDP Growth (Annual %): Korea, Rep.'.

62. 통계청, 「취업자 수/실업률 추이」, 2021, https://www.index.go.kr/unity/potal/main/EachDtlPageDetail.do?idx_cd=1063, 2021년 7월 8일 접속.

63. Kang, Seoghoon, 'Globalization and Income Inequality in Korea: An Overview', Dec. 2001, p. 31, https://web-archive.oecd.org/2012-06-15/161353-2698445.pdf, accessed 16 Feb. 2024.

64. 김영삼, 「OECD 가입 축하 리셉션 연설: 세계화시책 더욱 강력히 추진」, 1996년 12월 12일.

65. KBS 뉴스, 「공식활동 개시」, KBS, 1996년 12월 12일.

66. World Bank, *The East Asian Miracle: Economic Growth and Public Policy*, Oxford: Oxford University Press, 1993.

67. Park, Se-il, *Managing Education Reform: Lessons from the Korean Experience; 1995-1997*, Sejong: Korea Development Institute, 2000.

68. World Bank, 'School Enrollment (Tertiary), Gross, Gender Parity Index (GPI): Korea, Rep.', 2021, https://data.worldbank.org/indicator/SE.ENR.TERT.FM.ZS?locations=KR, accessed 6 July 2021.

69. Seth, Michael J., *Education Fever: Society, Politics, and the Pursuit of Schooling in South Korea*, Honolulu: University of Hawai'i Press, 2002, p. 232.

70. 위의 책, p. 256.

71. 위의 책, pp. 186-187.

72. 위의 책, p. 187.

73. 「정보화 촉진 기본법」, 1995년 8월 4일.

74. Schuman, Michael, 'Korea's Big Cellular Gamble Appears to Be Paying Off', *Wall Street Journal*, 30 Sept. 1997.

75. 'Letter of Intent of the Government of Korea', 3 Dec. 1997, https://www.imf.org/external/np/loi/120397.htm, accessed 13 July 2021.

76. International Monetary Fund, 'IMF Stand-By Arrangement: Summary of the Economic Program', 5 Dec. 1997, https://www.imf.org/external/np/oth/korea.htm, accessed 13 July 2021.

77. Pollack, Andrew, 'Crisis in South Korea: The Bailout: Package of Loans Worth $55 Billion Is Set for Korea', *New York Times*, 4 Dec. 1997, p. 1.

78. International Monetary Fund, 'Crisis, Restructuring, and Recovery in Korea: Remarks by Michael Camdessus', 2 Dec. 1999, https://www.imf.org/en/News/Articles/2015/09/28/04/53/sp120299, accessed 13 July 2021.

79. Haggard, Stephan, and Jongryn Mo, 'The Political Economy of the Korean Financial Crisis', *Review of International Political Economy*, Vol. 7, No. 2, 2000, pp. 197-218.

80. 위의 자료.

81. Reuters, 'Hanbo Steel Founder Given 15 Years in Korean Scandal', *New York Times*, 2 June 1997, p. 2.

82. Economist Intelligence Unit, *Country Report: South Korea, North Korea*, London: Economist Intelligence Unit, 1997.

83. Lauridsen, Laurids S., 'The Financial Crisis in Thailand: Causes, Conduct and Consequences?', *World Development*, Vol. 26, No. 8, Aug. 1998, pp. 1575-1591.

84. International Monetary Fund, 'Camdessus Welcomes Korea's Request for IMF Assistance', 21 Nov. 1997, https://www.imf.org/en/News/Articles/2015/09/29/18/03/nb9725, accessed 13 July 2021.

진보주의 10년: 1998~2007

1. Croissant, *Elections in Asia and the Pacific*, pp. 466, 474.

2. Effron, Sonni, and David Holley, 'Opposition Leader Wins Presidential Race in S. Korea', *Los Angeles Times*, 19 Dec. 1997.

3. Kang, Won-Taek, and Hoon Jaung, 'The 1997 Presidential Election in South Korea', *Electoral Studies*, Vol. 18, No. 4, Dec. 1999, p. 606.

4. World Bank, 'GDP Growth (Annual %): Korea, Rep.'.

5. OECD, 'Unemployment Rate', 2021, https://data.oecd.org/unemp/unemployment-rate.htm, accessed 13 July 2021.

6. World Bank, 'GDP Growth (Annual %): Korea, Rep.'.

7. OECD, 'Unemployment Rate'.

8. OECD, 'OECD Economic Surveys: Korea 2001', Paris, OECD, 2001, pp. 152-153.

9. Fackler, Martin, 'South Korea Makes a Quick Economic Recovery', *New York Times*, 6 Jan. 2011.

10. 코스피 종합 지수 및 상장사 가치에 대한 데이터(2015)는 한국 거래소에서 확인할 수 있음. https://www.krx.co.kr/main/main.jsp, 2021년 7월 13일 접속.

11. Korea Fair Trade Commission, 'Annual Report 1998', Seoul: Korea Fair Trade Commission, 1998.

12. Kim, *Conscience in Action*, pp. 480-491.

13. Seok, Kyong-Hwa, 'Hyundai to Take Over Kia Motors,' Associated Press, 19 Oct. 1998.

14. Strieber, Andrew, 'Hyundai-Kia Now the Fifth Largest Automaker in the World', *MotorTrend*, 2 July 2008.

15. OECD, 'Incidence of Permanent Employment', 2021, https://stats.oecd.org/Index.aspx?DataSetCode=TEMP_I, accessed 13 July.

16. OECD, 'Part-time Employment Rate', 2021, https://data.oecd.org/emp/part-time-employment-rate.htm, accessed 13 July 2021.

17. OECD, 'Youth Unemployment Rate', 2021, https://data.oecd.org/unemp/youth-unemployment-rate.htm, accessed 13 July 2021.

18. Klingler-Vidra, Robyn, and Ramon Pacheco Pardo, 'Beyond the Chaebol? The Social Purpose of Entrepreneurship in South Korea', *Asian Studies Review*, Vol. 43, No. 4, 2019, p. 645.

19. Lee, Jae Kyu, Choonmo Ahn and Kihoon Sung, 'IT Korea: Past, Present and Future', in Soumitra Dutta and Irene Mia (eds), *The Global Information Technology Report: Mobility in a Networked World*, Geneva: INSEAD and World Economic Forum, 2009, p. 126.

20. Naver, 'Company', 2021, https://www.navercorp.com/en/naver/company, accessed 13 July 2021.

21. Daum Kakao, 'Mobile Life Platform', Nov. 2014, pp. 4-5, https://www.kakaocorp.com/upload_resources/ir/event/ir_event_20141121114858.pdf, accessed 13 July 2021.

22. Celltrion, 'History', 2021, https://www.celltrionhealthcare.com/en-us/aboutus/history, accessed 13 July 2021.

23. National Human Rights Commission of Korea, 'Purpose', 2021, https://www.humanrights.go.kr/eng/contents/view?contentsNo=124&menuLevel=3&menuNo=123, accessed 13 July 2021.

24. Kim, Dae-jung, 'Is Culture Destiny? The Myth of Asia's Anti-democratic Values', *Foreign Affairs*, Vol. 73, No. 6, Nov.-Dec. 1994, pp. 189-194.

25. National Human Rights Commission of Korea, 'Action Plans', 2021, https://www.humanrights.go.kr/eng/contents/view?contentsNo=126&menuLevel=3&menuNo=125, accessed 16 Feb. 2024.

26. National Human Rights Commission of Korea, 'History', 2021, https://www.humanrights.go.kr/eng/contents/view?contentsNo=125&menuLevel=3&menuNo=124, accessed 16 Feb. 2024.

27. Bae, Sangmin, 'South Korea's De Facto Abolition of the Death Penalty', *Pacific Affairs*, Vol. 82, No. 3, Fall 2009, p. 421.

28. 「국가 정보원법」, 2006년 10월 4일.

29. Larkin, John, 'Cleaning House', *Washington Post*, 9 June 2003.

30. Kwon, Jong-bum, 'Exorcizing the Ghosts of Kwangju: Policing Protest in the Post-Authoritarian Era', in Gi-Wook Shin and Paul Y. Chang (eds), *South Korean Social Movements: From Democracy to Civil Society*,

Abingdon: Routledge, 2011, pp. 63–65.

31. Tamyalew, *Review of the Effectiveness of the Anti-corruption and Civil Rights Commission of the Republic of Korea*, p. 6.

32. 위의 책, p. 49.

33. 위의 책, p. 51.

34. 위의 책, pp. 14, 53.

35. Koreanet, 'The Reunion Awaited Half a Century (2000)', 17 Apr. 2018, https://www.youtube.com/watch?v=TFaeLdD2fd4, accessed 13 July 2021.

36. 위의 자료.

37. Kim, *Conscience in Action*.

38. Koreanet, 'Reunion Awaited Half a Century (2000)'.

39. Kim, *Conscience in Action*.

40. Cha, Victor D., 'The Rationale for "Enhanced" Engagement of North Korea: After the Perry Policy Review', *Asian Survey*, Vol. 39, No. 6, Nov.-Dec. 1999, pp. 848, 857.

41. KBS, 'Inter-Korean Summit', KBS World Radio, 2020.

42. 「6.15 남북 공동 선언」, 2000년 6월 15일.

43. Nobel Prize, 'The Nobel Peace Prize 2000: Kim Dae-jung', 2021, https://www.nobelprize.org/prizes/peace/2000/summary, accessed 14 July 2021.

44. Ha, Yoong-Chol, 'South Korea in 2000: A Summit and the Search for New Institutional Identity', *Asian Survey*, Vol. 41, No. 1, Jan.-Feb. 2001, pp. 30–31.

45. Associated Press, 'Two Koreas, One Flag in Ceremonies', ESPN, 15 Sept. 2000.

46. Foley, James A., *Korea's Divided Families: Fifty Years of Separation*, London: Routledge Curzon, 2003, pp. 120–137.

47. Pacheco Pardo, *North Korea-US Relations from Kim Jong Il to Kim Jong Un*.

48. Lee, Soyoung, with Ahn Daehoe, Chin-Sung Chang and Lee Soomi,

Diamond Mountains: Travel and Nostalgia in Korean Art, New York: Metropolitan Museum, 2018, p. 117.

49. Kim, Suk Hi, and Eul-Chul Lim, 'The Kaesong Inter-Korean Industrial Complex: Perspectives and Prospects', *North Korean Review*, Vol. 5, No. 2, Fall 2009, p. 83.

50. Lee, Jong-Heon, 'Analysis: Hyundai Facing Payments Scandal', UPI, 27 Feb. 2003.

51. BBC, 'Korean Dream Lives On', 22 June 2002.

52. ESPN, 'Match Commentary', 2002, https://tv5.espn.com/football/commentary?gameId=48866, accessed 13 July 2002.

53. Incheon Airport, 'History', 2021, https://www.airport.kr/ai_cnt/en/story/history.do, accessed 14 July 2021.

54. Kim, 'National Identity under Transformation', pp. 203-217.

55. Campbell, Emma, *South Korea's New Nationalism: The End of 'One Korea'?*, Boulder: First Forum Press, 2016, pp. 2-3.

56. Seoul Solution, 'Bukchon Conservation Project (2001-2004)', 2014, https://seoulsolution.kr/en/content/urban-regeneration-historic-neighborhood-bukchon, accessed 14 July 2021.

57. Lee, Charles, 'U.S. Army Apologizes for Korean Toxic Dump', UPI, 24 July 2000.

58. Kirk, Don, 'Road Accident Galvanizes the Country: Deaths in Korea Ignite Anti-American Passion', *New York Times*, 31 July 2002.

59. Kirk, Don, 'Bush Apologizes to Koreans for Killing of 2 Girls by G.I.'s', *New York Times*, 28 Nov. 2002, p. 12.

60. 『동아일보』 기사, 「'여중생 사망' 광화문 촛불시위… 휴일 도심 곳곳 항의집회」, 『동아일보』, 2002년 12월 2일, 30면.

61. Associated Press, 'South Korea DQ'd: Officials Promised Protest', ESPN, 20 Feb. 2002.

62. Demick, Barbara, '50,000 in South Korea Protest U.S. Policies', *Los Angeles Times*, 14 June 2003.

63. Lee, Dong Sun, 'Democratization and the US-South Korean Alliance', *Journal of East Asian Studies*, Vol. 7, No. 3, Sept.-Dec. 2007, p. 479.

64. CNN, 'Countries Move to Ban U.S. Beef', 24 Dec. 2003.

65. Jin, Yoon and Min, *Transnational Hallyu*, p. 25.

66. Shim, Doobo, 'Hybridity and the Rise of Korean Popular Culture in Asia', *Media, Culture & Society*, Vol. 28, No. 1, 2006, p. 31.

67. Kim, *K-Pop Live*, p. 220.

68. Shim, 'Hybridity and the Rise of Korean Popular Culture in Asia', p. 29.

69. Short, Stephen, 'Girl, Interrupted', *Time*, 4 Mar. 2002.

70. Shim, 'Hybridity and the Rise of Korean Popular Culture in Asia', p. 34.

71. Chun, Su-jin, 'A "Korean Wave" in Japan', *Korea JoongAng Daily*, 24 June 2004.

72. Kim, *K-Pop Live*.

73. Shim, 'Hybridity and the Rise of Korean Popular Culture in Asia', p. 28.

74. Jin, Yoon and Min, *Transnational Hallyu*, p. 32.

75. 서일호,「가수 비/ 춤판의 "짱" 스크린에 서다」,『주간조선』, 2002년 12월 26일.

76. Jin, Yoon and Min, *Transnational Hallyu*, pp. 31-32.

77. Shim, 'Hybridity and the Rise of Korean Popular Culture in Asia', pp. 34-35.

78. Kim, Hee Min, *Korean Democracy in Transition: A Rational Blueprint for Developing Societies*, Lexington: University Press of Kentucky, 2011, p. 88.

79. 위의 책, p. 89.

80. Shin, Eui Hang, 'Presidential Elections, Internet Politics, and Citizens' Organizations in South Korea', *Development and Society*, Vol. 34, No. 1, June 2005, p. 25.

81. 위의 자료.

82. Demick, Barbara, 'South Korea Proposes a Capital Change', *Los Angeles Times*, 9 July 2004.

83. Salmon, Andrew, 'Korea Court Rejects Plan for Capital Relocation',

New York Times, 22 Oct. 2004.

84. Yang, Jae-jin, *The Political Economy of the Small Welfare State in South Korea*, Cambridge: Cambridge University Press, 2017, pp. 125–153.

85. OECD, 'Average Annual Hours Actually Worked per Worker', 2021, https://stats.oecd.org/index.aspx?DataSetCode=ANHRS, accessed 13 July 2021.

86. 「진실·화해를 위한 과거사 정리 기본법」, 2005년 5월 31일.

87. 진실·화해를 위한 과거사 정리 위원회, 「진실 그리고 화해: 지난 3년간의 활동」, 2009년.

88. 「한국-칠레 자유 무역 협정」, 2003년 2월 15일.

89. 『동아일보』 기사, 「철도노조 파업 나흘 만에 '백기'」, 『동아일보』, 2006년 3월 6일, 8면.

90. Yonhap News Agency, 'S Korean Man Attempts Self-immolation against FTA with US', 1 Apr. 2007.

91. Choe, Sang-Hun, 'South Korea's Governing Party Suffers a Blow in Local Elections', *New York Times*, 1 June 2006.

92. Onishi, Norimitsu, 'Conservative Wins Vote in South Korea', *New York Times*, 20 Dec. 2007.

93. Korean Statistical Information Service, 'General Divorce Rates of Husband and Wife for Provinces', 2021, https://kosis.kr/eng/statisticsList/statisticsListIndex.do?menuId=M_01_01&vwcd=MT_ETITLE&parmTabId=M_0 1_01#SelectStatsBoxDiv, accessed 14 July 2021.

94. World Bank, 'Fertility Rate, Total (Births per Woman): Korea, Rep.'.

95. Korean Statistical Information Service, 'Mean Age at First Marriage of Bridegroom and Bride for Provinces', 2021, https://kosis.kr/statHtml/statHtml.do?orgId=101&tblId=DT_1B83A05&vw_cd=MT_ETITLE&list_id=&scrId=&seqNo=&language=en&obj_var_id=&itm_id=&conn_path=E3&path=%252Feng%252Fsearch%252Fsearch01_List.jsp, accessed 14 July 2021.

96. Lee, Ji-young, and Jae-un Limb, 'Single Parents Changing Korean Society', *Korea JoongAng Daily*, 26 Jan. 2006.

97. Cho, Nam-Joo, *Kim Ji-young, Born 1982: A Novel*, trans. Jamie Chang, London: Scribner, 2020, p. 85.

98. 위의 책.

99. OECD, 'Incidence of Permanent Employment'.

100. Choi, Eleanor Jawon, and Jisoo Hwang, 'Transition of Son Preference: Evidence from South Korea', *Demography*, Vol. 57, 2020, p. 627.

101. Ministry of Gender Equality and Family, 'History', 2015, http://www.mogef.go.kr/eng/am/eng_am_f005.do, accessed 14 July 2021.

102. Shin, Ki-young, 'The Politics of the Family Law Reform Movement in Contemporary Korea', *Journal of Korean Studies*, Vol. 11, No. 1, Fall 2006, pp. 93-94.

103. Smith, Simon, James Choi, Michael Danagher, Michael Reiterer, Philip Turner, Frode Solberg and Harry Harris, '20 Years of the Seoul Queer Culture Festival', *Korea Times*, 4 June 2019.

104. Gluck, Caroline, 'Gay Actor Stuns S Korea', BBC, 1 Nov. 2000.

105. Shim, Sun-ah, 'Landmark Supreme Court Ruling Allows Legal Change of Sex', *The Hankyoreh*, 22 June 2006.

106. World Values Service, 'Time Series Data (1981-2020)', 2021, https://www.worldvaluessurvey.org/WVSOnline.jsp, accessed 14 July 2021.

107. OECD, 'Recruiting Immigrant Workers: Korea 2019', Paris: OECD, 2019, pp. 43-66.

108. 위의 자료.

109. 위의 자료.

110. World Values Service, 'Time Series Data (1981-2020)'.

글로벌 한국: 2008~2023

1. Lee, Myung-bak, *The Uncharted Path: An Autobiography*, Naperville: Sourcebooks, 2011., 『신화는 없다』, 김영사, 1999.

2. Choe, Sang-Hun, 'Beef Furor Provokes a Turnover in Seoul', *New York*

Times, 21 June 2008.

  3. World Bank, 'GDP Growth (Annual %): Korea, Rep.'.

  4. 박용근, 신지은, 「"7% 성장, 4만불 소득, 7위 경제대국"」, 『조선비즈』, 2007년 8월 20일.

  5. Kim, Jae-kyoung, 'Is Tax Cut Hanging the Underprivileged to Dry?', *Korea Times*, 3 Nov. 2010.

  6. Yonhap News Agency, 'Presidential Contenders Gear Up to Strengthen Public Support Ahead of Chuseok', 17 Sept. 2012.

  7. Yonhap News Agency, 'Park Geun-hye Wins Presidential Election', 20 Dec. 2012.

  8. Ramstad, Evan, 'How Did Park Win? A Breakdown', *Wall Street Journal*, 20 Dec. 2012.

  9. Kasulis, Kelly, 'Inside Ilbe: How South Korea's Angry Young Men Formed a Powerful New Alt-Right Movement', Mic, 19 Sept. 2017.

  10. Cho, Chung-un, 'Queen of Isolation: Park Geun-hye's "Frozen" Image', *Korea Herald*, 18 Feb. 2014.

  11. Limb, Jae-un, 'Gov't Move to Sejong Now Complete', Korea.net, 24 Dec. 2014.

  12. Lee, Joo-hee, 'Park Maintains Over 60 Percent Approval', *Korea Herald*, 1 Aug. 2013.

  13. Korean Cultural Centre UK, 'Hallyu (Korean Wave)', 2021, https://kccuk.org.uk/en/about-korea/culture-and-arts/hallyu-korean-wave, accessed 14 July 2021.

  14. Jin, Yoon and Min, *Transnational Hallyu*, pp. 70-71.

  15. 『동아일보』 기사, 「드라마, K팝, 게임… "중동韓流의 허브로"」, 『동아일보』, 2016년 4월 30일.

  16. Korean Cultural Centre UK, 'Hallyu (Korean Wave)'.

  17. Cook, Ryan, 'KCON 2014 Doubles Attendance for Second Year: Features Performances from Girls' Generation and G-Dragon', *Music Times*, 15 Aug. 2014.

18. Jung, SooKeung, and Hongmei Li, 'Global Production, Circulation, and Consumption of Gangnam Style', *International Journal of Communication*, Vol. 8, 2014, pp. 2790-2810.

19. G20, 'About the G20', 2021, https://www.g20.org/en/about-the-g20, accessed 16 Feb. 2024.

20. G20 서울 정상 회의, 「서울 선언」, 2010년 11월 12일.

21. Global Green Growth Institute, 'About GGGI', 2021, https://gggi.org/about, accessed 14 July 2021.

22. International Olympic Committee, '2018 Host City Election', 2021, https://olympics.com/ioc/2018-host-city-election, accessed 14 July 2021.

23. United Nations, 'UN Office for Sustainable Development', 2021, https://unosd.un.org, accessed 14 July 2021.

24. 2012 핵안보 정상 회의, 「서울 코뮈니케 선언」, 2012년 3월 27일.

25. Editors of *Encyclopaedia Britannica*, 'Kim Yuna', 2021, https://www.britannica.com/biography/Kim-Yu-Na, accessed 14 July 2021.

26. Jason, Kim, Dong-hwan Kim and Seek Kim, 'Even among the Alltime Greats, Kim Yu-na Skates Apart', *Korea JoongAng Daily*, 1 Mar. 2010.

27. BBC, '"Fake Photo" Reviews Kim Rumours', 12 Nov. 2008.

28. CSIS, 'North Korean Missile Launches & Nuclear Tests: 1984-Present', 20 Apr. 2017, https://missilethreat.csis.org/north-koreamissile-launches-1984-present, accessed 14 July 2021.

29. Yonhap News Agency, 'Chronology of Events Related to Sinking of S. Korean Naval Ship', 20 May 2010.

30. BBC, 'North Korean Artillery Hits South Korean Island', 23 Nov. 2010.

31. BBC, 'North Korea's Kim Jong-un Named Marshal', 18 July 2012.

32. Lee, Hanhee, 'Inevitable Reform? The Politico-Economic Choices Facing North Korea under Kim Jong-Un's Rule', *North Korean Review*, Vol. 11, No. 1, Spring 2015, pp. 84-85.

33. CSIS, 'North Korean Missile Launches & Nuclear Tests'.

34. KCNA, 'Traitor Jang Song Thaek Executed', 13 Dec. 2013.

35. 「북한 인권법」, 2016년 3월 3일.

36. Pacheco Pardo, *North Korea-US Relations from Kim Jong Il to Kim Jong Un*.

37. Kim, Jiyoon, Karl Friedhoff, Kang Chungku and Lee Euicheol, *South Korean Attitudes toward North Korea and Reunification*, Seoul: Asan Institute for Policy Studies, 2014.

38. Klingler-Vidra, Robyn, and Ramon Pacheco Pardo, 'Legitimate Social Purpose and South Korea's Support for Entrepreneurial Finance since the Asian Financial Crisis', *New Political Economy*, Vol. 25, No. 3, 2020, pp. 337-353.

39. Boston Consulting Group, National Association of Manufacturers and Manufacturing Institute, 'International Innovation Index', 2009.

40. 이명박, 「대통령 취임사: 선진화의 길, 다 함께 열어갑시다」, 2008년 2월 25일.

41. Chung, Y. S., and H. S. Kim, 'Observations of Massive Air-Pollution Transport and Associated Air Quality in the Yellow Sea Region', *Air Quality, Atmosphere & Health*, Vol. 1, 2008, p. 69.

42. OECD, 'PISA 2009 Assessment Framework: Key Competencies in Reading, Mathematics and Science', Paris: OECD, 2009; OECD, 'PISA 2012 Frameworks: Mathematics, Problem Solving and Financial Literacy', Paris: OECD, 2012.

43. OECD, 'Understanding the Drivers of Trust in Government Institutions in Korea', Paris: OECD, 2018, p. 48.

44. Duffy, Bobby, and Kully Kaur-Ballagan, *Inequalities around the Globe: What the World Sees as Most Serious*, London: King's College London, 2021.

45. Schleicher, Andreas, 'PISA 2018: Insights and Interpretations', Paris: OECD, 2019.

46. 유럽 연합 및 그 회원국과 대한민국 간의 자유 무역 협정, 2010년 10월 6일; 한-미 자유 무역 협정, 2007년 6월 30일.

47. Pacheco Pardo, Ramon, and Robyn Klingler-Vidra, 'The

Entrepreneurial Developmental State: What Is the Perceived Impact of South Korea's Creative Economy Action Plan on Entrepreneurial Activity?', *Asian Studies Review*, Vol. 43, No. 2, 2019, pp. 313-331.

48. Klingler-Vidra and Pacheco Pardo, 'Legitimate Social Purpose and South Korea's Support for Entrepreneurial Finance', pp. 337-353.

49. 위의 자료.

50. Google Asia Pacific Blog, 'Coming Soon: Campus Seoul!', 27 Aug. 2014, https://asia.googleblog.com/2014/08/coming-soon-campus-seoul.html, accessed 14 July 2021.

51. Pacheco Pardo and Klingler-Vidra, 'Entrepreneurial Developmental State', pp. 313-331.

52. Dayton, Leigh, 'How South Korea Made Itself a Global Innovation Leader', *Nature*, 27 May 2020.

53. Jamrisko, Michelle, Wei Lu and Alexandra Tanzi, 'South Korea Leads World in Innovation as U.S. Exits Top Ten', Bloomberg, 3 Feb. 2021.

54. Ock, Hyun-ju, 'More than 2 Million Take to Streets Calling for Park's Resignation', *Korea Herald*, 3 Dec. 2016.

55. Delury, John, 'The Candlelight Revolution', *Dissent*, Vol. 64, No. 2, Spring 2017, pp. 98-101.

56. Cho, Chung-un, 'Political Tension Rises over NIS Probe', *Korea Herald*, 27 Oct. 2013.

57. Nam, Eun-ju, 'After Choi Sun-sil Scandal, Blacklisted Movies Coming into the Light', *The Hankyoreh*, 18 Dec. 2016.

58. Park, Madison, 'What Went Wrong on Sewol', CNN, 15 May 2014.

59. Choe, Sang-Hun, 'An Overloaded Ferry Flipped and Drowned Hundreds of Schoolchildren: Could It Happen Again?', *New York Times*, 10 June 2019; Park, 'What Went Wrong on Sewol?', CNN.

60. Ser, Myo-ja, 'Seven Hour Mystery about Park, Sewol Solved', *Korea JoongAng Daily*, 28 Mar. 2018.

61. World Health Organization, 'MERS Outbreak in the Republic of Korea,

2015', 2021, https://www.who.int/westernpacific/emergencies/2015-mers-
outbreak, accessed 16 July 2021.

62. Lee, Kyu-Myong, and Kyujin Jung, 'Factors Influencing the Response
to Infectious Diseases: Focusing on the Case of SARS and MERS in South
Korea', *International Journal of Environmental Research and Public Health*,
Vol. 16, No. 8, 2019, pp. 1-19.

63. Kim, Victoria, 'Zombies Are Everywhere in South Korea, Feeding on
Fears and Anxieties', *Los Angeles Times*, 23 Feb. 2021.

64. Kil, Sonia, 'Korean Box Office Flat in 2016 Despite Local Hits',
Variety, 2 Jan. 2017.

65. Park, 'It's Time for Justice'.

66. 위의 자료.

67. Campbell, Charlie, 'Moon Jae-in Elected South Korea's New President
by Landslide', *Time*, 9 May 2017.

68. 문재인, 『문재인의 운명』, 초판, 서울: 가교, 2011.

69. Park, S. Nathan, 'South Korea Is a Liberal Country Now', *Foreign
Policy*, 16 Apr. 2020.

70. Park, S. Nathan, 'It's Time for Justice, Not Healing', *Foreign Policy*, 20
Jan. 2021.

71. Chase-Lubitz, Jesse, 'South Korean Spy Agency Admits to Meddling in
2012 Election', *Foreign Policy*, 4 Aug. 20.

72. Jeong, Eun-Young, 'Samsung Heir Lee Jae-yong Convicted of Bribery,
Gets Five Years in Jail', *Wall Street Journal*, 25 Aug. 2017.

73. Choe, Sang-Hun, 'Former South Korean Spy Chief Sentenced for
Trying to Sway Election', *New York Times*, 30 Aug. 2017.

74. Choe, Sang-Hun, 'Former South Korean President Gets 15 Years in
Prison for Corruption', *New York Times*, 5 Oct. 2018.

75. Jeong, Eun-Young, 'South Korea's Former President Park Geun-hye Is
Jailed for 24 Years', *Wall Street Journal*, 6 Apr. 2018.

76. Yoon, Dasl, 'South Korea's Disgraced Former President Park Geunhye

Is Pardoned', *Wall Street Journal*, 24 Dec. 2021.

77. Choe, 'Former South Korean President Gets 15 Years in Prison for Corruption'.

78. Kim, Yeong-Soon, *A Balanced Understanding of the South Korean Welfare State: Development and Underdevelopment*, Seoul: East Asia Foundation, July 2021, pp. 2, 4.

79. Duffy and Kaur-Ballagan, 'Inequalities around the Globe'.

80. World Economic Forum, 'Social Mobility Index, 2021', http://reports. weforum.org/social-mobility-report-2020/social-mobility-rankings, accessed 19 July 2021.

81. Yonhap News Agency, 'Labor, Management Struggle to Narrow Gaps over Next Year's Minimum Wage', 17 June 2021.

82. OECD, 'Minimum Relative to Average Wages of Full-Time Workers', 2021, https://stats.oecd.org/Index.aspx?DataSetCode=MIN2AVE, accessed 13 July 2021.

83. OECD, 'Hours Worked', 2021, https://data.oecd.org/emp/hours-worked. htm, accessed 13 July 2021.

84. OECD, 'Government at a Glance 2017', Paris: OECD, 2017, p. 91.

85. OECD, 'Income Inequality', 2021, https://data.oecd.org/inequality/ income-inequality.htm, accessed 13 July 2021.

86. OECD, 'Unemployment Rate'.

87. OECD, 'Incidence of Permanent Employment'.

88. Klingler-Vidra and Pacheco Pardo, 'Legitimate Social Purpose and South Korea's Support for Entrepreneurial Finance', pp. 337-353.

89. Pacheco Pardo, Ramon, Tongfi Kim, Linde Desmaele, Maximilian Ernst, Paula Cantero Dieguez and Riccardo Villa, *Moon Jae-In's Policy towards Multilateral Institutions: Continuity and Change in South Korea's Global Strategy*, Brussels: Institute for European Studies and KF-VUB Korea Chair, 2019, p. 21.

90. 평창 동계 올림픽 조직 위원회는 북한의 수도인 〈평양Pyeonyang〉과

동계 올림픽이 개최되는 도시 이름 〈평창Pyeongchang〉을 더욱
뚜렷하게 구분하기 위해 대회 공식 명칭에 〈c〉를 대문자로 표기하기로
결정했다(PyeongChang 2018 Olympic).

91. Pacheco Pardo, *North Korea-US Relations from Kim Jong Il to Kim Jong Un*.

92. 위의 책.

93. Park, 'South Korea Is a Liberal Country Now'.

94. 윤호우, 「X세대였던 40대, '일편단심 민주당'」, 『경향신문』, 2020년 10월 24일.

95. Park, S. Nathan, 'Anti-Balloon Launching Laws Are No Threat to South Korean Democracy', *Foreign Policy*, 31 Dec. 2020.

96. Min, Kyoung-sun, 'Corruption', in Han, Pacheco Pardo and Cho, *Oxford Handbook of South Korean Politics*, chapter 31.

97. Duffy and Kaur-Ballagan, 'Inequalities around the Globe'.

98. KBS World, 'Half of S. Korea's Population Resides in Seoul Metro Area as of 2019', 28 Aug. 2020.

99. Jung, Damin, 'Anti-discrimination Law Back in Table at National Assembly', *Korea Times*, 3 July 2020.

100. 문재인, 「대한민국의 2050 탄소중립 비전 선언」에 관한 발언, 2020년 12월 10일.

101. Gallo, William, and Lee Juhyun, 'In South Korea, Universal Basic Income Is Having a Pandemic Moment', VOA, 9 Mar. 2021.

102. BBC, 'Global Citizenship a Growing Sentiment among Citizens of Emerging Economies: Global Poll', 27 Apr. 2016.

103. Kim, 'National Identity under Transformation', pp. 208-211.

104. 박소영, 「국민 10명 중 9명 차별금지법 제정에 찬성」, 『한국일보』, 2020년 6월 15일.

105. OECD, 'Gender Wage Gap', 2021, https://data.oecd.org/earnwage/gender-wage-gap.htm, accessed 13 July 2021; OECD, 'LFS by Sex and Age', 2021, https://stats.oecd.org/Index.aspx?DataSetCode=lfs_sexage_i_r,

accessed 13 July 2021.

106. Kim, Bo-eun, 'Random Murder Triggers Angry Response from Women', *Korea Times*, 19 May 2016.

107. Song, Jung-a, and Edward White, 'Seoul Mayor Found Dead after Media Publish Sexual Harassment Claims', *Financial Times*, 10 July 2020.

108. Yonhap News Agency, 'Prosecution Indicts Former Busan Mayor for Sexual Assault', 28 Jan. 2021.

109. Cho, *Kim Jiyoung, Born 1982*.

110. Kim, Hiyeoon, 'Six Poems by Choi Young-mi', *Azalea: Journal of Korean Literature & Culture*, Vol. 14, 2021, pp. 205-206.

111. Lee, Youjin, 'The Prosecutor Who Exploded #MeToo in Korea: The JTBC Interview with Seo Ji-hyun', *April Magazine*, 6 Feb. 2018.

112. Lee, Sun-Min, and Min-ji Jin, 'Art World Joins the Chorus of #MeToo', *Korea JoongAng Daily*, 7 Feb. 2018.

113. Yonhap News Agency, 'Ex-prosecutor in "Me Too" Case Gets 2 Years in Jail', 23 Jan. 2019.

114. World Bank, 'Fertility Rate, Total (Births per Woman): Korea, Rep.'.

115. Yonhap News Agency, 'S. Korea's Total Population to Fall for First Time This Year: Agency', 9 Dec. 2021.

116. Song, Ju-Eun, Jeong-Ah Ahn, Sun-Kyoung Lee and Eun Ha Roh, 'Factors Related to Low Birth Rate among Married Women in Korea', *PLoS One*, Vol. 13, No. 3, 2018.

117. Kim, Seung-yeon, 'More Fathers Opt for Parental Leave amid Changing Culture, Strong Policy Drive', Yonhap News Agency, 24 Feb. 2021.

118. Botelho, Greg, and K. J. Kwon, 'Court Rules: Adultery No Longer a Crime in South Korea', CNN, 27 Feb. 2015.

119. Song, Jung-a, 'South Korean Court Rules Abortion Ban "Unconstitutional"', *Financial Times*, 11 Apr. 2019.

120. Jung, Damin, 'Seoul Mayoral Candidate's Remarks on LGBTQ Bring Controversy', *Korea Times*, 21 Feb. 2021.

121. Poushter, Jacob, and Nicholas Kent, 'The Global Divide on Homosexuality Persists', 25 June 2020, https://www.pewresearch.org/global/2020/06/25/global-divide-on-homosexuality-persists, accessed 16 July 2021.

122. World Values Service, 'Time Series Data (1981-2020)'.

123. Ko, Jun-tae, 'What Seoul Mayor Candidates Have to Say on LGBTQ Festival', *Korea Herald*, 23 Feb. 2021.

124. Cha, Sangmi, and Josh Smith, 'Death of South Korea's First Transgender Soldier Spurs Calls for Change', Reuters, 4 Mar. 2021.

125. 통계청 국가 통계 포털, 「국적(지역) 및 연령별 등록외국인 현황」, 2021, https://kosis.kr/statHtml/statHtml.do?orgId=111&tblId=DT_1B040A8&conn_path=I2, 2021년 7월 14일 접속.

126. 통계청, 「국제결혼 현황」, 2021, https://www.index.go.kr/unity/potal/main/EachDtlPageDetail.do?idx_cd=2430, 2023년 5월 11일 접속.

127. 통계청 국가 통계 포털, 「국적(지역) 및 연령별 등록외국인 현황」.

128. Ministry of Unification, 'Policy on North Korean Defectors', 2021, https://www.unikorea.go.kr/eng_unikorea/relations/statistics/defectors, accessed 16 July 2021.

129. Kim, Hyung-Jin, 'North-South Korean Couples Trying to Bridge 75-Year Division', Associated Press, 9 Sept. 2020.

130. Stangarone, Troy, 'Young Koreans Are Winning Their Generational War', *Foreign Policy*, 9 May 2017.

131. Heo, Jeong-Won, and Seo Ji-Eun, 'Singe Household Registrations Hit a High of 40.1%', *Korea JoongAng Daily*, 6 Oct. 2021.

132. Poushter and Kent, 'Global Divide on Homosexuality Persists'.

133. Pew Research Center, 'The Age Gap in Religion around the World', 13 June 2018, https://www.pewforum.org/2018/06/13/the-age-gap-in-religion-around-the-world/, accessed 16 July 2021.

134. Park, Madison, and Paula Hancocks, 'Korean Air Executive Jailed over "Nut Rage" Incident', CNN, 12 Feb. 2015.

135. Duffy and Kaur-Ballagan, 'Inequalities around the Globe'.

136. 황민수,『연애, 결혼, 출산을 포기한 '삼포 세대'』, 인천: 상원, 2011.

137. Sohn, Julie, 'TBS' "Kim OuJoon's News Factory" Ranked No. 1 Radio Show in Seoul', TBS, 11 May 2020.

138. Kim, Ji-hyun, 'Why Are South Korea's Young Men Turning against Moon Jae-in and His Ruling Party?', *South China Morning Post*, 30 Apr. 2021.

139. Kwon, Jake, 'South Korea's Young Men Are Fighting against Feminism', CNN, 24 Sept. 2019.

140. Cha, Sangmi, 'South Korea Roiled by Property Scandal amid Soaring Prices', Reuters, 9 Mar. 2021.

141. Shin, Hyonhee, 'South Korea Ruling Party Suffers Defeat in Mayoral Elections', Reuters, 8 Apr. 2021.

142. Hiatt, Brian, 'The Triumph of BTS', *Rolling Stone*, 13 May 2021.

143. Lynch, Joe, 'BTS Beam in "Dynamite" from South Korea at 2021 Grammy Awards: Watch Full Performance', *Billboard*, 22 Apr. 2021.

144. Yoon, So-yeon, 'Bloomberg Names Blackpink "Biggest Band in the World"', *Korea JoongAng Daily*, 11 Nov. 2020.

145. Yonhap News Agency, 'Number of Global "Hallyu" Fans Crosses 100 Million Mark', 15 Jan. 2021.

146. Liu, Marian, 'The Branding Genius of K-pop Band BTS', *Washington Post*, 30 Jan. 2020.

147. Williams, Jazmin, 'There's Plans for a Stadium to Be Built in South Korea to Accommodate High Demand for BTS Concerts: The Power Is Unreal!', Honey Pop, 11 Aug. 2020.

148. Chow, Andrew R., *'Parasite's* Best Picture Oscar Is Historic: Is This the Beginning of a New Era in Film?', *Time*, 9 Feb. 2020.

149. Berkman, Seth, 'Korean TV's Unlikely Star: Subway Sandwiches', *New York Times*, 14 Mar. 2021; Nguyen, Sue, 'Korean Cosmetic Industry: Complete Overview of the K-Beauty Market', Seoulz, 8 Mar. 2021.

150. Middleton, Richard, 'MBC's South Korean Format "The Masked

Singer" Reaches 50 Country Milestone', *Television Business International*, 13 Jan. 2020.

151. Song, 'Youn Yuh-jung's Storied 5-Decade Career Culminates in Oscar Win'.

152. Yonhap News Agency, '"Squid Game" Becomes Most-Watched Netflix Show with Record 1.65 bln Hours', 15 Jan. 2021.

153. Park, T. K., and Youngdae Kim, 'How BTS's Embrace of Korean Tradition Helped Them Blow Up', Vulture, 25 Sept. 2018.

154. Lee, David D., 'The Unreal World of Korean Webtoons', Vice, 24 Mar. 2021.

155. Hopfner, Jonathan, 'A Look at Seoul's Flourishing Hanok Culture', *DestinAsian*, 4 Sept. 2019.

156. Yoon, Hahna, 'A Centuries-Old Korean Style Gets an Update', *New York Times*, 19 Oct. 2020.

157. Park, Ju-min, 'Trot Is Hot: It's Not Just K-pop in South Korea', Reuters, 13 Nov. 2020.

158. Choe, Sang-Hun, 'Kimchi Making at Home Was Going Out of Style: Rural Towns to the Rescue', *New York Times*, 21 Nov. 2020.

159. *Korea JoongAng Daily* staff writers, 'Statue of King Sejong Is Unveiled', *Korea JoongAng Daily*, 9 Oct. 2009.

160. Evans, Stephen, 'Naval Epic Takes South Korea by Storm', BBC, 3 Oct. 2014.

161. Turak, Natasha, 'The Coolest Tech Innovations You'll See at South Korea's 2018 Winter Olympics', CNBC, 8 Feb. 2018.

162. Jamrisko, Lu and Tanzi, 'South Korea Leads World in Innovation as U.S. Exits Top Ten'.

163. Mundy and Song, 'Lee Kun-hee'; 'Samsung Chief Lee'.

164. Pacheco Pardo, Ramon, Mauricio Avendano Pabon, Xuechen Chen, Bo-jiun Jing, Jeong-ho Lee, Joshua Ting, Takuya Matsuda and Kaho Yu, *Preventing the Next Pandemic: Lessons from East Asia*, King's College

London, 2020, pp. 17-19.

165. Kim Hyelin and Yoon Hee Young, 'President Visits Plant for Making Syringes to Inject Vaccine', KOREA.net, 19 Feb. 2021.

166. Cha, Sangmi, 'How South Korea Turbocharged Specialty Syringe Production for COVID-19 Vaccines', Reuters, 22 Apr. 2021.

167. Reporters Without Borders, '2021 World Press Freedom Index', 2021, https://rsf.org/en/ranking, accessed 16 July 2021.

168. Koh, Ewe, 'The Wholesome Appeal of Watching People Study on YouTube', Vice, 16 Feb. 2021.

169. Jie, Ye-eun, 'Rise of Retail Investors Pushes Stocks, Mitigates "Korea Discount": Experts', *Korea Herald*, 14 Jan. 2021.

170. Lee, David D., 'As Their "American Dream" Sours, Koreans in the US Eye a Return Home', *South China Morning Post*, 22 Nov. 2020.

171. *Korea Herald* staff writers, 'Korean Language Learning Booming on Back of Hallyu: Report', *Korea Herald*, 7 Feb. 2021.

172. McGuire, Liam, 'Marvel's South Korean Hero Is One of the Strongest Ever', Screen Rant, 30 June 2021.

173. Robinson, James, 'Hyundai Pony EV Concept Shows Off Retro Style', Car, 16 Apr. 2021.

174. Yonhap News Agency, 'Moon's G-7 Presence Highlights S. Korea's Bigger Role on Global Stage', 13 June 2021.

175. Vigdor, Neil, 'BTS Took Center Stage at the U.N. Over One Million Fans Watched Live', *New York Times*, 22 Sep. 2021.

176. Yonhap News Agency, 'BLACKPINK Calls for Global Actions to Tackle Climate Change', 3 Nov. 2021.

177. Song, Jung-a, 'Samsung to Build $17bn Chip Plant in Texas', *Financial Times*, 24 Nov. 2021.

178. Ji, Da-gyum, 'S. Korea's President, Top Diplomat Attend Global Summits Excluding China', *Korea Herald*, 10 Dec. 2021.

에필로그: 한국의 미래

1. Economist Intelligence Unit, 'Democracy Index 2020: In Sickness and in Health?', 2021, https://www.eiu.com/n/campaigns/democracy-index-2020, accessed 20 Dec. 2021: OECD Better Life Index, 'Civic Engagement', 2021, https://www.oecdbetterlifeindex.org/topics/civic-engagement, accessed 20 Dec. 2021.

2. International Monetary Fund, 'World Economic Outlook Database', 2021, https://www.imf.org/en/Publications/WEO/weo-database/2021/April, accessed 19 July 2021.

3. Global Firepower, '2021 Military Strength Ranking', 2021, https://www.globalfirepower.com/countries-listing.php, accessed 19 July 2021.

4. Brand Finance, 'Global Soft Power Index 2021', London: Brand Finance, 2021, p. 4.

5. McGann, James G., '2020 Global Go To Think Tank Index Report', *TTCSP Global Go To Think Tank Index Reports*, Vol. 18, 2021, p. 55.

6. Ministry of Foreign Affairs of the Republic of Korea, 'Korea's Accession to the OECD Development Assistance Committee (DAC) Approved', 27 Nov. 2009, https://www.mofa.go.kr/eng/brd/m_5676/view.do?seq=307957&srch Fr=&amp%3BsrchTo=&amp%3BsrchWord=Outcome&amp%3BsrchTp=0&a mp%3Bmulti_itm_seq=0&amp%3Bitm_seq_1=0&amp %3Bitm_seq_2=0&am p%3Bcompany_cd=&amp%3Bcompany_nm=, accessed 19 July 2021.

7. OECD, 'Digital Governance Index: 2019 Results', Paris: OECD, 2020, p. 3.

8. Global Entrepreneurship Monitor, 'GEM 2020/2021 Global Report', London: Global Entrepreneurship Research Association, 2021, p. 79.

옮긴이의 말

우리, 한국인은 길지 않은 시간에 참으로 많은 일을 해냈다. 경제를 발전시켰고 민주화를 일궈 냈고 고유한 문화 콘텐츠를 창조했다. 그리고 그 과정에서 치열하게 경쟁했고 성공했으며 동시에 많은 고통을 감내했다. 그래도 다행스럽게 이제 뭔가를 이뤄 낸 듯한 느낌이 든다. 경제 지표나 세계 시장으로 진출하는 한국 문화 콘텐츠의 저력에 우리의 위상이 높아진 듯한 자부심도 든다.

그런데 문득 드는 물음, 우리의 자부심은 과연 근거가 있는 것일까? 세계의 다른 이들도 인정하는 정당한 감정일까? 혹시 흔히 말하는 〈국뽕〉에 불과한 건 아닐까? 그래서 우리는 궁금해한다. 다른 이들도 우리가 걸어온 이 길을 성공이라고 부르는지 말이다.

유튜브를 보면 외국인들이 우리나라의 뮤직비디오나 드라마, 예능 프로그램을 시청하는 관찰 영상을 쉽게 만나게 된다. 여기서 우리는 콘텐츠가 아니라 그것을 시청하는 이들의 표정과 반응을 지켜본다. 그들이 웃고 놀라고 환호성을 지를 때, 우리는 그런 그들의 모습에서 묘한 짜릿함을 느낀다.

　　이러한 감정은 아마도 우리의 존재와 성과를 객관적으로 인정받고 싶어 하는 욕망에서 비롯된 것이리라 생각해 본다. 우리는 성공을 거뒀다. 그리고 이제 그 성공을 타인으로부터 인정받고 싶어 한다. 〈새우에서 고래가 되었다〉는 사실을 확인하고 싶어 한다.

　　이러한 점에서 라몬 파체코 파르도는 우리의 이러한 욕구를 가득 채워 준다. 스페인 교환 학생으로 한국과 인연을 맺은 파체코 파르도는 참으로 한국을 사랑하고 아끼는 사람이다. 그의 글 곳곳에서 한국에 대한 진심 어린 애정과 소망이 진하게 묻어난다. 그럼에도 타인의 시선으로 멀찍이 바라보는 이의 이점을 놓치지 않는다. 특히 민주화와 이후로 이어진 중요한 정치적 흐름에 최대한 신중하게 접근하려 애쓴 흔적이 역력하다. 그래서 한국을 알고 싶어 하는 이들에게 안심하고 추천할 만한 책이라는 생각이 든다.

　　사실 이 책은 한국에 관심 있는 전 세계 독자를 위한 책이다. 한국인이라면 모두 익히 알고 있을 내용이지만 제삼자의 눈으로 우리의 발자취를 따라가 보는 것도 의미 있는 시도라고 생각한다. 우리가 익숙하게 겪고 느꼈던 이야기와는 조금은 결이 다르기 때문이다.

　　저자의 글을 우리말로 옮기면서 한 번도 만나 본 적 없는 그의 얼굴을 계속 떠올렸다. 이 부분을 쓸 때 미소를 지었을까? 이 대목에서는 어떤 표정이었을까? 마치 유튜브 영상 속 외국인들의 반응을 관찰하는 느낌이었다. 독자들도 이 책을 읽으면서 저자의 이러저러한 표정을 떠올려 본다면 아마도 글 속에 담긴 뉘앙스를 더 잘 파악할 수 있지 않을까.

저자는 한국 사회의 가장 큰 특징으로 〈변화〉를 꼽았다. 한국인이라면 쉽게 동의할 대목이다. 우리는 정말로 많은 변화를 겪었고 지금도 겪고 있다. 그리고 그 흐름은 앞으로 더 거세질 것으로 보인다. 때문에 우리는 그 변화를 너무도 당연시하게 된 것인지 모른다. 저자가 변화를 한국의 대표적인 특성으로 꼽았다는 사실은 우리에게 익숙한 변화를 다른 시각으로 바라보게끔 만든다. 나아가 그는 이러한 변화의 특성을 절대 잃어버리지 말라고 우리에게 당부한다. 그렇다. 우리는 변화 속에서 언제나 길을 잃고 어려움을 겪지만, 변화야말로 차별화를 만드는, 그리고 고유한 경쟁력을 가져다주는 핵심 가치가 아닐까 새삼 떠올려 본다.

2024년 3월

박세연

찾아보기

◬

사진 출처

옮긴이 **박세연** 고려대학교 철학과를 졸업하고 글로벌 IT 기업에서 마케터와 브랜드 매니저로 일했다. 현재 파주 출판 단지 번역가 모임 〈번역인〉의 공동 대표를 맡고 있다. 『플루토크라트』, 『죽음이란 무엇인가』, 『어떻게 민주주의는 무너지는가』 등 인문학과 비즈니스가 만나는 곳에서 지금까지 80여 권의 책을 우리말로 옮겼다.

새우에서 고래로

발행일	2024년 3월 30일 초판 1쇄
	2024년 5월 10일 초판 3쇄

지은이	라몬 파체코 파르도
옮긴이	박세연
발행인	홍예빈 · 홍유진
발행처	주식회사 열린책들

경기도 파주시 문발로 253 파주출판도시
전화 031-955-4000 팩스 031-955-4004
홈페이지 www.openbooks.co.kr 이메일 humanity@openbooks.co.kr